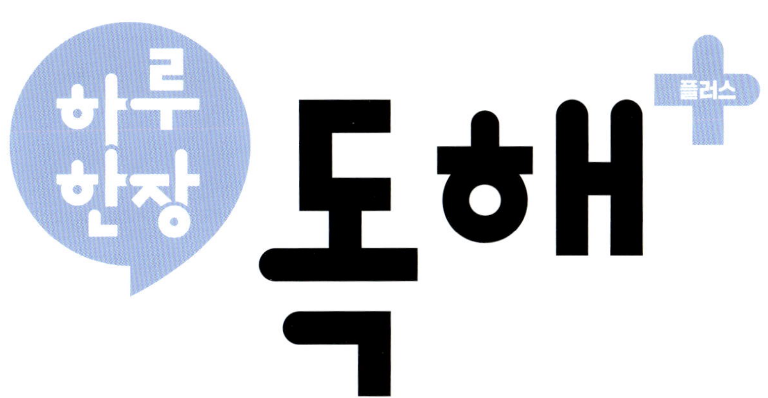
하루
한장
독해
플러스

독해 실력을 키울 때마다 달콤하게 채워지는

__________ 의 과자 집

↑ 이름을 쓰세요.

과자 집을 다 채웠을 때
부모님과의 약속♥

붙임딱지는 교재 뒤편에 있어요.

하루 한장 독해⁺ 학습 계획표

학습 계획을 세워 스스로 공부하는 습관을 길러요.

1주 1일
멸종 위기에 빠진 산호초

학습 계획　　월　　일

1주 2일
아낌없이 주는 나무

학습 계획　　월　　일

1주 3일
경주 첨성대 관람 안내

학습 계획　　월　　일

1주 4일
삶을 편리하게 만드는 시각 디자인

학습 계획　　월　　일

1주 5일
분수

학습 계획　　월　　일

2주 5일
바위나리와 아기별

학습 계획　　월　　일

2주 4일
눈물을 흘려요

학습 계획　　월　　일

2주 3일
벼농사를 지키자

학습 계획　　월　　일

2주 2일
도깨비를 골탕 먹인 농부

학습 계획　　월　　일

2주 1일
우리말과 외국어

학습 계획　　월　　일

3주 1일
외부 효과란 무엇일까요

학습 계획　　월　　일

3주 2일
바람의 딸, 우리 땅에 서다

학습 계획　　월　　일

3주 3일
인생과 함께한 모란

학습 계획　　월　　일

3주 4일
우리나라의 재래식 부엌

학습 계획　　월　　일

3주 5일
새들의 왕 뽑기

학습 계획　　월　　일

4주 5일
바다

학습 계획　　월　　일

4주 4일
장애를 이겨 낸, 윌마

학습 계획　　월　　일

4주 3일
독서의 필요성

학습 계획　　월　　일

4주 2일
별주부전

학습 계획　　월　　일

4주 1일
안면 인식 기술로 편리한 생활을 하다

학습 계획　　월　　일

5주 1일
이가 없는 동물들

학습 계획　　월　　일

5주 2일
프린들 주세요

학습 계획　　월　　일

5주 3일
선물 상자 포장하기

학습 계획　　월　　일

5주 4일
인공조명이 빛 공해를 일으킨다

학습 계획　　월　　일

5주 5일
요술 항아리

학습 계획　　월　　일

6주 5일
고양이야, 미안해!

학습 계획　　월　　일

6주 4일
교통사고를 줄이려면

학습 계획　　월　　일

6주 3일
재사용과 재활용의 가치

학습 계획　　월　　일

6주 2일
산꼭대기에 열차가?

학습 계획　　월　　일

6주 1일
삭가지 떼어 내기 놀이를 해요

학습 계획　　월　　일

7주 1일
과거와 현대의 매체

학습 계획　　월　　일

7주 2일
울타리의 못 자국

학습 계획　　월　　일

7주 3일
인사말의 특성

학습 계획　　월　　일

7주 4일
새로운 운동의 세계

학습 계획　　월　　일

7주 5일
박석 고개 이야기

학습 계획　　월　　일

8주 5일
딱 하루만 더 아프고 싶다

학습 계획　　월　　일

8주 4일
장기려, 우리 곁에 살다 간 성자

학습 계획　　월　　일

8주 3일
식탁 위의 작은 변화를 일으켜요

학습 계획　　월　　일

8주 2일
숲속의 대장간

학습 계획　　월　　일

8주 1일
악어의 특징을 알아보다

학습 계획　　월　　일

하루 한장 독해⁺
문해력 쌓기

1 지문을 꼼꼼히 읽고, '쏙쏙! 내용 정리'에서 핵심 내용을 정리해요.

2 내용 이해 문제부터 추론, 적용 등 심화 문제까지 풀며 실전 감각을 익혀요.

3 지문 구조도 문제를 풀며 글의 짜임을 확실하게 정리해요.

4 '어휘 탄탄 마무리'를 통해 지문에서 학습한 어휘의 뜻을 한 번 더 살펴요.

5 '바른답·알찬풀이'의 지문 주요 내용과 문제 해설로 완벽하게 마무리해요.

눈으로 글자를 읽는 것은 누구나 할 수 있어요.
그러나 이것은 '독해'가 아니에요.

글에 담긴 내용이 무엇인지 분석하여
정확하게 이해하고, 핵심을 파악할 수 있어야
비로소 '독해'를 했다고 할 수 있지요.

하루 한장 독해⁺는
글을 분석적으로 읽어 낼 수 있는 꼼꼼한 눈과
어떤 문제라도 술술 풀 수 있는 힘을 기를 수 있는 교재입니다.

그럼 이제 하루 한장 독해⁺와 함께
40일간 독해 실력을 체계적으로 키워 볼까요?

이 책의 구성과 특징

지문 분석력과 문제 해결력을 동시에!

지문 분석 3단계로
지문 분석력⁺

문단별 핵심어로 지문의 흐름을 잡고, 문장 구조도 문제로 지문을 완벽히 분석하고, 해설에서 지문의 문장을 쪼개 보며 **지문 분석력⁺**

엄선된 7문항으로
문제 해결력⁺

핵심 내용 파악 문제로 기본기를 다지고, 어휘 문제로 어휘력을 더하고, 추론이나 적용 문제까지 풀며 **문제 해결력⁺**

지문 고난도 지문

문제 엄선된 7문항

  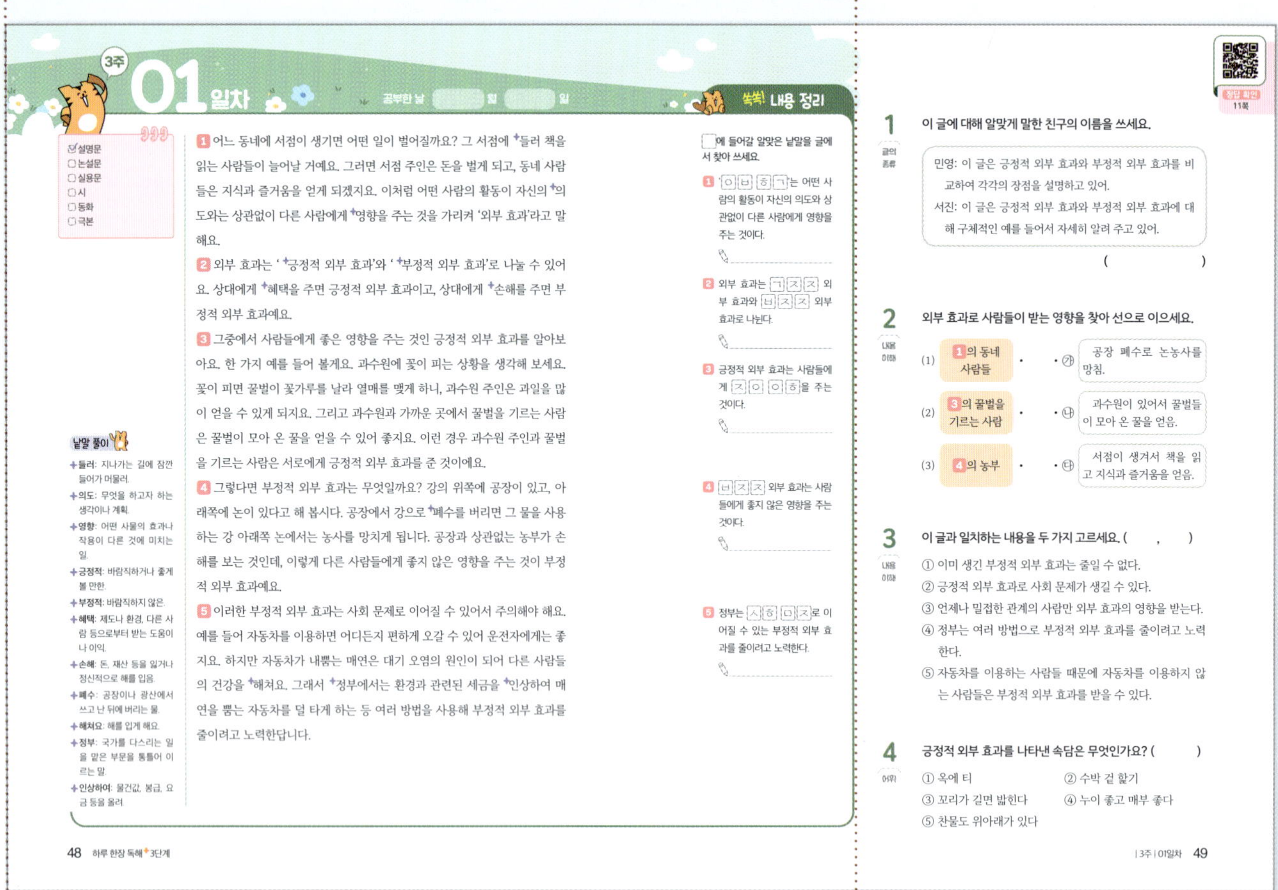

고난도 지문의 흐름 파악하기

고난도 지문을 제시하여 어렵고 긴 글을 읽어 내는 힘을 기를 수 있게 했습니다. 문제를 풀기 전 단계인 '쏙쏙! 내용 정리'에서 지문의 핵심어를 쓰며 글의 흐름을 짚을 수 있도록 했습니다.

핵심 문제 풀기

앞에서는 주로 중심 소재, 내용 이해 문제 등 지문의 핵심 내용을 파악하는 문제들로 구성했습니다.

 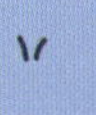  

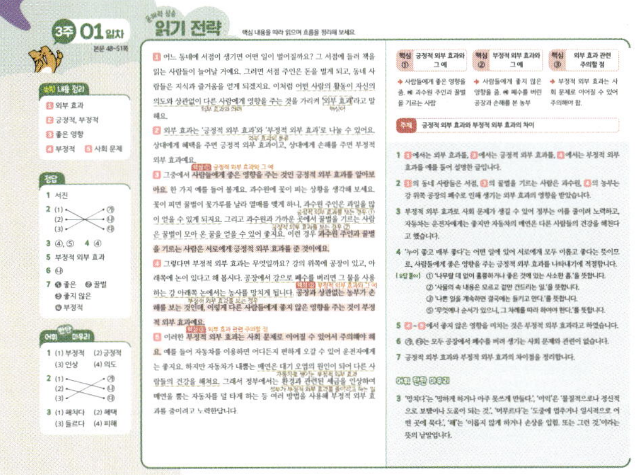

꼼꼼한 지문 분석으로 지문의 핵심을 한 번 더 짚어 주었습니다. 또한 자세하고 친절한 문제 풀이를 통해 심화 문제도 완벽하게 이해할 수 있습니다.

심화 문제 다수 수록　　　　　지문 속 어휘 확장

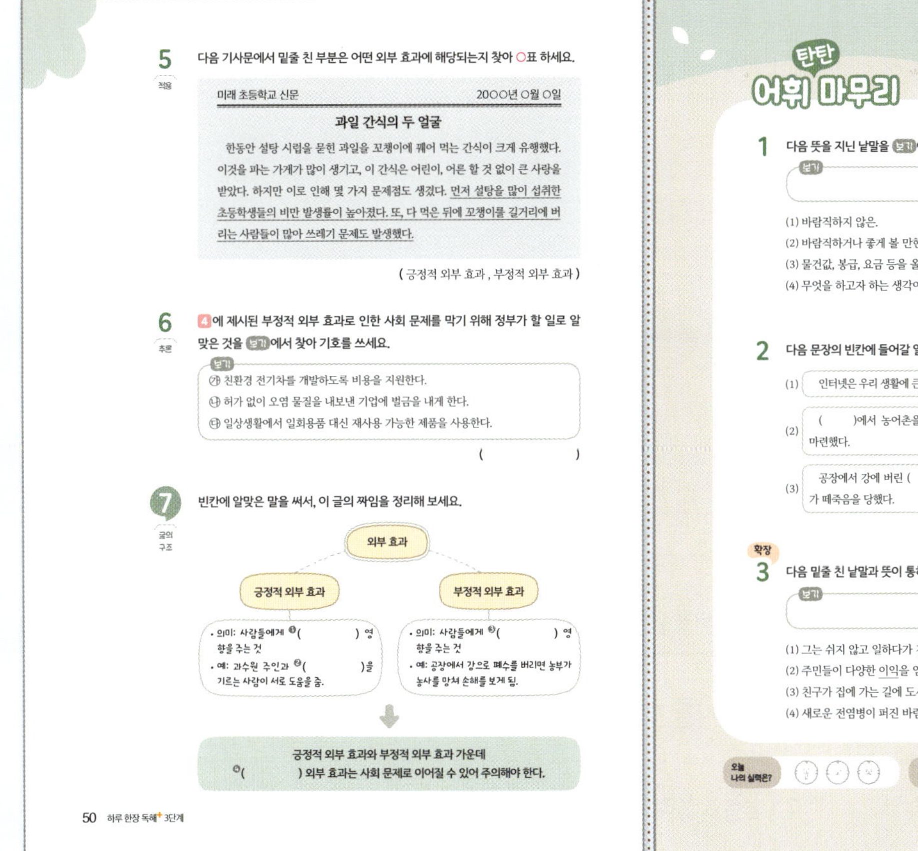

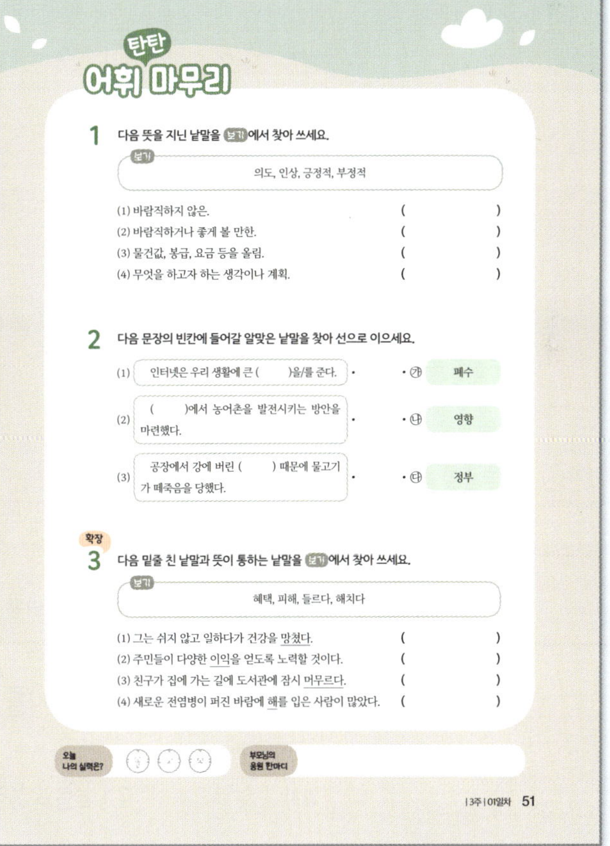

○ **심화 문제와 지문 구조도 문제 풀기**

뒤에서는 깊이 있게 생각해야 하는 추론 문제와 적용 문제로 구성했습니다. 7번은 지문 구조도 문제로, 지문을 완벽하게 파악하며 마무리할 수 있게 했습니다.

○ **어휘 학습으로 마무리**

지문에 나오는 어려운 어휘의 뜻을 다시 한번 확인하고 쓰임을 익힙니다. 또한 뜻이 여러 가지인 낱말, 헷갈리는 낱말 등과 같은 어휘 확장 문제를 풀며 어휘력을 키울 수 있습니다.

이 책의 차례

1주

2주

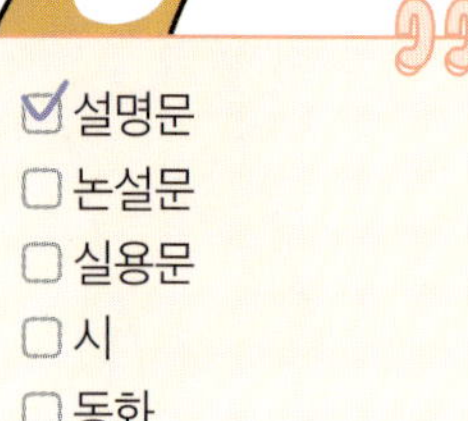

☑ 설명문
☐ 논설문
☐ 실용문
☐ 시
☐ 동화
☐ 극본

1 바닷속에 사는 산호는 식물처럼 생겼지만, 사실은 동물이에요. 산호는 달걀 껍데기의 주성분인 탄산 칼슘으로 만들어진 단단한 ✚골격이 있어요. 그 속에는 말미잘처럼 연한 몸을 가진 작은 동물들이 모여 사는데, 이 동물들을 '폴립'이라고 부르지요. 산호 폴립은 물속에 떠다니는 플랑크톤이나 물고기 등의 작은 생물을 잡아먹어요.

2 산호는 다양한 모양과 아름다운 색깔을 가지고 있어요. 산호는 커다란 부채 모양, 나뭇가지 모양, 사슴뿔 모양 등 여러 가지 모양이 있어요. 또 색깔도 여러 가지예요. 빨간산호는 작은 가지가 많고, 연분홍산호는 깊은 바다에 살며 크기가 크고, 흰산호는 가장 얕은 바다에 살며 가지가 적어요.

3 산호가 많이 모여 있는 곳을 말하는 '산호초'는 바다 ✚생태계에서 중요한 역할을 해요. 산호초는 물고기, 조개, 꽃게 등 다양한 생물의 ㉠✚서식지가 되지요. 또, 산호초는 바닷물을 ✚정화하고, 태풍이나 ✚해일의 피해를 줄여 주는 역할을 해요.

4 그런데 최근에 서울 ✚면적의 약 20배나 되는 산호초가 사라졌어요. 그 이유는 지구 온난화 때문이에요. 이산화 탄소 같은 온실가스가 늘어나고 지구가 더워지면서 바닷물의 온도도 ✚상승해 산호들이 살기 힘들어졌어요. 지금 같은 속도로 이산화 탄소가 ✚배출되면 10년 후에는 산호초의 대부분이 사라져서 ✚멸종될 수도 있어요.

5 바다 생물들의 ✚보금자리인 산호초를 지키려면 어떻게 해야 할까요? 지구 평균 기온이 빠르게 높아지지 않도록 이산화 탄소 배출을 줄이는 것이 중요해요. 우리가 할 수 있는 일은 일상생활에서 일회용품 사용을 줄이고, 에너지를 ✚절약하는 것 등이에요. 그리고 이산화 탄소 배출을 많이 하면 더 많은 비용을 지불하게 하는 '탄소 가격제'와 같은 제도를 도입하는 것도 이산화 탄소 배출량을 감소시키는 좋은 방법이에요.

낱말 풀이

✚ **골격**: 몸의 형태를 이루고 몸을 지탱하는 뼈.

✚ **생태계**: 일정한 지역이나 환경에서 여러 생물이 서로 적응하고 관계를 맺으며 어우러진 자연의 세계.

✚ **서식지**: 생물 등이 일정한 곳에 자리를 잡고 사는 곳.

✚ **정화하고**: 더러운 것을 깨끗하게 하고.

✚ **해일**: 지진이나 기상 변화로 갑자기 바닷물이 크게 일어서 육지로 넘쳐 들어오는 것.

✚ **면적**: 공간을 차지하는 넓이의 크기.

✚ **상승해**: 낮은 데서 위로 올라가.

✚ **배출되면**: 안에서 밖으로 밀어 내보내면.

✚ **멸종될**: 생물의 한 종류가 아주 없어질.

✚ **보금자리**: 지내기에 매우 포근하고 아늑한 곳을 비유적으로 이르는 말.

✚ **절약하는**: 함부로 쓰지 않고 꼭 필요한 데에만 써서 아끼는.

☐에 들어갈 알맞은 낱말을 글에서 찾아 쓰세요.

1 산호는 단단한 골격이 있고, 그 속에는 연한 몸을 가진 작은 동물인 '☐☐'이 모여 산다.

2 산호는 다양한 모양과 아름다운 ☐☐을 가지고 있다.

3 산호가 많이 모여 있는 '산호초'는 바다 ☐☐☐에서 중요한 역할을 한다.

4 산호초가 사라지는 이유는 지구 ☐☐☐ 때문이다.

5 산호초를 지키기 위해서는 ☐☐☐☐☐ 배출을 줄이는 것이 중요하다.

---

1 핵심어

이 글의 제목으로 가장 알맞은 것은 무엇인가요? (　　　)

① 멸종 위기에 빠진 산호초
② 바다 생태계를 망치는 산호
③ 물속에 떠다니는 산호 폴립
④ 지구 온난화로 늘어나는 산호
⑤ 다양한 모양과 아름다운 색깔의 동식물

2 내용 이해

산호의 종류와 그 특징으로 알맞은 것끼리 선으로 이으세요.

(1) 흰산호　·　　　·㉮ 작은 가지가 많음.

(2) 빨간산호　·　　　·㉯ 깊은 바다에 살며 크기가 큼.

(3) 연분홍산호　·　　　·㉰ 가장 얕은 바다에 살며 가지가 적음.

3 내용 이해

산호에 대한 설명으로 알맞지 <u>않은</u> 것은 무엇인가요?

(　　　)

① 산호는 식물처럼 생겼지만 동물이다.
② 산호 폴립은 플랑크톤을 잡아먹는다.
③ 산호초는 물고기, 꽃게 등이 사는 곳이다.
④ 산호의 뼈는 말미잘과 달리 가늘고 무르다.
⑤ 산호초는 태풍이나 해일의 피해를 감소시킨다.

4 어휘

㉠'서식지' 대신에 쓸 수 있는 알맞은 낱말을 **5**에서 찾아 쓰세요.

(　　　　　)

5 이 글을 통해 알 수 있는 산호초가 사라지는 까닭은 무엇인가요? (   )

추론

① 물고기들이 산호를 먹이로 삼기 때문에
② 태풍과 해일이 산호에 피해를 주기 때문에
③ 이산화 탄소 배출량이 점차 감소하기 때문에
④ 바다 생태계에서 다양한 생물이 사라지기 때문에
⑤ 지구가 더워지면서 바닷물의 온도가 올라가기 때문에

6 이 글을 읽고, 이산화 탄소 배출을 줄이기 위해 할 일을 말한 것으로 알맞은 것을
적용   보기 에서 찾아 기호를 쓰세요.

> **보기**
> ㉮ 사용하지 않는 전자 제품이나 전등은 전원을 바로 꺼야겠어.
> ㉯ 어머니께 대중교통 대신에 자가용을 이용하자고 말씀드려야겠어.
> ㉰ 일회용 종이컵 대신에 위생적인 일회용 플라스틱 컵만 사용해야겠어.
> ㉱ 정부는 정해진 양 이상의 이산화 탄소를 배출하면 비용을 지불하지 않는 탄소
>   가격제를 도입하는 것이 좋겠어.

(   )

7 빈칸에 알맞은 말을 써서, 이 글의 짜임을 정리해 보세요.

글의
구조

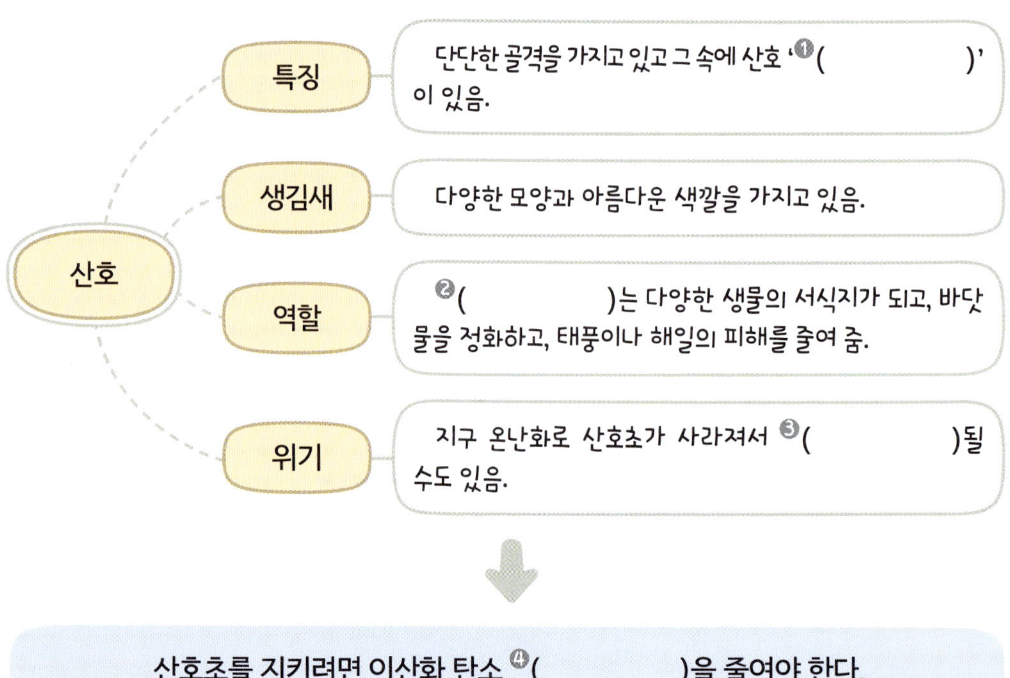

1 다음 뜻을 지닌 낱말을 보기 에서 찾아 쓰세요.

> 보기
>
> 골격, 해일, 생태계, 보금자리

(1) 몸의 형태를 이루고 몸을 지탱하는 뼈. ( )

(2) 지내기에 매우 포근하고 아늑한 곳을 이르는 말. ( )

(3) 지진이나 기상 변화로 갑자기 바닷물이 크게 일어서 육지로 넘쳐 들어오는 것.
( )

(4) 일정한 지역이나 환경에서 여러 생물이 서로 적응하고 관계를 맺으며 어우러진 자연의 세계. ( )

2 다음 문장의 빈칸에 들어갈 알맞은 낱말을 찾아 선으로 이으세요.

(1) 중국은 국토의 ( )이/가 넓은 나라이다. • • ㉮ 면적

(2) 숲이 망가져 동물의 ( )이/가 사라졌다. • • ㉯ 정화

(3) 강물을 새로운 기계로 ( )하여 먹는 물로 사용했다. • • ㉰ 서식지

확장

3 다음 밑줄 친 낱말과 뜻이 통하는 낱말을 보기 에서 찾아 쓰세요.

> 보기
>
> 멸종되다, 상승하다, 배출되다, 절약하다

(1) 하루가 다르게 기온이 올라가다. ( )

(2) 주말 외식을 줄여 생활비를 아끼다. ( )

(3) 천연기념물인 두루미가 사라지지 않게 보호해야 한다. ( )

(4) 자동차에서 나오는 매연이 심각한 환경 오염을 일으킨다. ( )

오늘
나의 실력은?    부모님의
응원 한마디

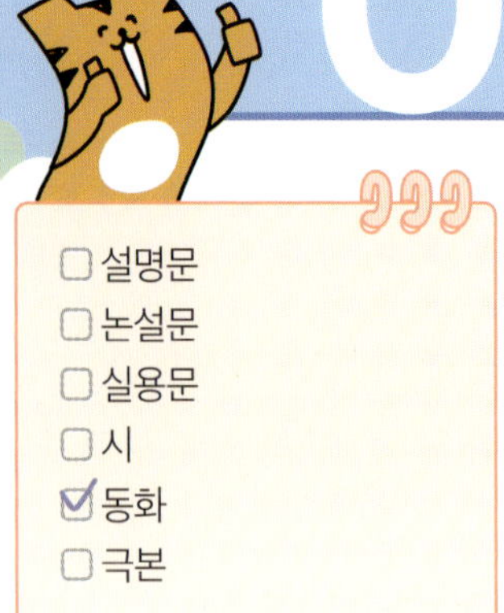

□ 설명문
□ 논설문
□ 실용문
□ 시
☑ 동화
□ 극본

1 소년은 나무줄기를 타고 올라가서는 나뭇가지에 매달려 그네도 뛰고, 사과도 +따 먹고는 하였습니다.

나무와 소년은 때로는 숨바꼭질도 하였습니다. 그러다가 피곤해지면 소년은 나무 그늘에서 +단잠을 자기도 하였습니다.

소년은 나무를 무척 사랑하였고……, 나무는 행복하였습니다.

2 소년도 점점 나이가 들어 갔습니다. 나무는 홀로 있을 때가 많아졌습니다.

그러던 어느 날, 소년이 나무를 찾아갔을 때 나무가 말하였습니다.

"얘야, 내 +줄기를 타고 올라오렴. 가지에 매달려 그네도 뛰고, 사과도 따 먹고, 그늘에서 놀면서 즐겁게 지내자."

"난 이제 나무에 올라가 놀기에는 너무 커 버렸는걸. 난 물건을 사고 싶고, 신나게 놀고 싶단 말이야. 그래서 돈이 필요해. 내게 돈을 좀 줄 수 없겠어?" 소년이 말하였습니다.

"미안하지만 내겐 돈이 없는데……." / 나무가 말하였습니다.

"내겐 나뭇잎과 사과밖에 없어. 얘야, 내 사과를 따다가 +도회지에서 팔지 그러니? 그러면 돈이 생기고 행복해질 거야."

그러자 소년은 나무 위로 올라가 사과를 따서 가지고 갔습니다. 그래서 나무는 행복하였습니다.

3 나무는 +한숨을 지었습니다.

"무언가 너에게 주고 싶은데……, 내겐 남은 것이 아무것도 없단다. 나는 그저 늙어 버린 나무 +밑동일 뿐이야. 미안해."

"이젠 나도 필요한 게 별로 없어. +그저 편안히 앉아서 쉴 곳이나 있었으면 좋겠어. 몹시 피곤하거든." / 소년이 말하였습니다.

"아, 그래?"

나무는 +안간힘을 다하여 몸뚱이를 펴면서 말하였습니다.

"자, 앉아서 쉬기에는 늙은 나무 밑동이 그만이야. 얘야, 이리 와서 앉으렴. 앉아서 쉬도록 해."

소년은 그렇게 하였습니다. 그래서 나무는 행복하였습니다.

낱말 풀이

+**따**: 붙어 있는 것을 잡아떼어.

+**단잠**: 아주 달게 곤히 자는 잠.

+**줄기**: 나무나 풀의 작은 가지나 잎이 붙는, 중심이 되는 부분.

+**도회지**: 사람이 많이 살고 물건을 만들거나 사고파는 일이 발달한 지역.

+**한숨**: 걱정이나 설움이 있을 때, 또는 긴장하였다가 안심할 때 길게 몰아서 내쉬는 숨.

+**밑동**: 나무줄기에서 뿌리에 가까운 부분.

+**그저**: 다른 조건은 가릴 것 없이 다만.

+**안간힘**: 어떤 일을 이루기 위해서 몹시 애쓰는 힘.

□에 들어갈 알맞은 낱말을 글에서 찾아 쓰세요.

1 ㄴㅁ는 자신의 곁에서 그네도 뛰고, 사과도 따 먹고, 숨바꼭질도 하고, 단잠을 자는 소년이 있어 행복했다.

________________

2 어느 날, 어른이 되어 돈이 필요하다고 말하는 소년에게 나무는 돈 대신에 ㅅㄱ를 주고 행복했다.

____

3 시간이 흘러 늙어 버린 나무는 자신에게 마지막으로 남아 있는 ㅁㄷ까지 소년에게 내어 주고 행복했다.

________________

1 갈래

이 글에 등장하는 인물을 모두 찾아 쓰세요.

(   )

2 내용 이해

나무가 소년에게 해 준 일이 <u>아닌</u> 것은 무엇인가요?

(   )

① 밑동을 내어 주었다.
② 사과를 먹게 해 주었다.
③ 도회지에 함께 놀러 갔다.
④ 나무 그늘에서 잠을 잘 수 있게 해 주었다.
⑤ 나뭇가지에 매달려 그네를 타게 해 주었다.

3 내용 이해

이 글에서 알 수 있는 나무의 마음을 보기에서 찾아 기호를 쓰세요.

보기

㉮ 미안함.　㉯ 행복함.

(1) 자신의 그늘에서 소년이 단잠을 잘 때:

(   )

(2) 소년에게 줄 돈을 가지고 있지 않을 때:

(   )

(3) 소년이 자신의 위로 올라와 사과를 따서 가지고 갈 때:

(   )

(4) 소년에게 무언가 주고 싶지만 남은 것이 아무것도 없다고 말할 때: (   )

4 어휘

소년을 대하는 나무의 태도를 표현한 사자성어로 알맞은 것을 찾아 ○표 하세요.

(1) 애지중지(愛之重之): 매우 사랑하고 소중히 여김.

(   )

(2) 결초보은(結草報恩): 죽은 뒤에라도 은혜를 잊지 않고 갚음.

(   )

이 글의 나무와 가장 비슷한 사람은 누구인가요? (　　　)

① 교통질서를 잘 지키는 운전자
② 다 쓴 물건도 버리지 않고 재활용하시는 아버지
③ 길에 떨어진 돈을 주워 경찰서에 신고하신 아주머니
④ 평생 김밥을 팔아 모은 돈을 사회에 기부하신 할머니
⑤ 누가 보지 않아도 바닥에 떨어진 휴지를 줍는 어린이

이 글에서 다음의 표현을 반복하여 사용한 까닭을 짐작한 것으로 가장 알맞은 것은 무엇인가요? (　　　)

> 나무는 행복하였습니다.

① 소년이 사랑한다고 직접 표현해 주어서
② 소년이 변해 가는 모습을 지켜볼 수 있어서
③ 소년이 자신을 잊지 않고 찾아와 보살펴 주어서
④ 소년의 꿈이 실현된 것을 가까이에서 볼 수 있어서
⑤ 소년을 위하여 자신이 가진 모든 것을 줄 수 있어서

빈칸에 알맞은 말을 써서, 이 글의 짜임을 정리해 보세요.

소년이 어렸을 때	나무는 소년이 놀 수 있게 해 주고, 사과를 따 먹게 해 주었으며 자신의 ❶(　　　　　)에서 잠을 자게 해 줌.
소년이 나이 들었을 때	나무는 돈이 필요한 소년에게 돈 대신에 ❷(　　　　　)를 따다 팔게 해 줌.
소년이 늙었을 때	나무는 편안히 앉아서 쉴 곳을 찾는 소년을 위해 ❸(　　　　　)을 내어 줌.

❹(　　　　　)는 소년에게 아낌없이 내어 주며 헌신적인 사랑을 보여 주었다.

1 다음 낱말의 뜻으로 알맞은 것을 찾아 선으로 이으세요.

(1) 한숨 •

• ㉮ 나무나 풀의 작은 가지나 잎이 붙는, 중심이 되는 부분.

(2) 줄기 •

• ㉯ 사람이 많이 살고 물건을 만들거나 사고파는 일이 발달한 지역.

(3) 도회지 •

• ㉰ 걱정이나 설움이 있을 때, 또는 긴장하였다가 안심할 때 길게 몰아서 내쉬는 숨.

2 다음 문장의 빈칸에 들어갈 알맞은 낱말을 보기 에서 찾아 쓰세요.

보기
그저, 밑동, 단잠, 안간힘

(1) 나무꾼이 나무 (   )을 도끼로 쳤다.
(2) 형은 (   )을 다해 혼자 책상을 옮겼다.
(3) (   ) 이번 주말에는 푹 쉬고 싶을 뿐이다.
(4) 저녁에 시원한 바람이 불자 이이기 (   )에 푹 빠졌다.

확장

3 다음 밑줄 친 낱말의 알맞은 뜻을 보기 에서 찾아 번호를 쓰세요.

보기
따다
① 붙어 있는 것을 잡아떼다.
② 글이나 말 등에서 필요한 부분을 찾아 쓰다.

(1) 아버지께서 바닷가 바위에서 굴을 <u>따셨다</u>.　　　　　(   )
(2) 수업 시간에 선생님의 말씀에서 요점을 <u>따서</u> 적었다.　　　　　(   )

오늘
나의 실력은?　　부모님의
응원 한마디

- ☐ 설명문
- ☐ 논설문
- ☑ 실용문
- ☐ 시
- ☐ 동화
- ☐ 극본

- ● 위치: 경상북도 경주시 인왕동 839-1
- ● 개요: 경주 첨성대는 신라 시대에 별의 움직임을 ✛관찰하기 위해 만들어졌습니다. 첨성대는 7세기 신라 선덕여왕 때 지어진 것으로 ✛추정되며, 동양에서 가장 오래된 별 ✛관측대입니다.

첨성대는 높이 9.17미터, 밑면 ✛지름 4.93미터, 윗면 지름 2.85미터로 술병 모양을 하고 있습니다. 돌로 27단을 쌓아 올린 첨성대는 매끄럽게 잘 다듬어진 ✛외부의 벽면과 달리, ✛내부는 돌의 뒷부분이 삐죽삐죽 나와 벽면이 고르지 않다는 특징이 있습니다.

첨성대 꼭대기에 놓은 네모난 돌의 각 면은 동서남북을 가리키고, 남동쪽으로 난 창을 통해 꼭대기에 올라 별을 관찰할 수 있습니다. 이와 같은 구조는 신라인들의 건축 기술과 ✛천문학 지식이 뛰어났음을 보여 줍니다.

첨성대를 통해 신라 시대 사람들이 별을 어떻게 관찰했는지 짐작할 수 있습니다. 예를 들어, 첨성대 꼭대기의 돌은 '정(井)' 자 모양으로 되어 있어 사다리를 걸칠 수 있고 앉거나 누워서 별을 관찰하기에 좋았습니다. 첨성대는 신라 사람들의 지혜와 높은 과학 기술 수준을 보여 주는 중요한 ✛국가유산입니다.

오시는 길   경주역 → 시내버스 이용 → 월성동 주민센터 정류장에서 ✛하차

관람 시간   오전 9시~오후 10시 (✛연중무휴)

낱말 풀이

- ✛ **관찰하기**: 사물이나 현상을 주의하여 자세히 살펴보기.
- ✛ **추정되며**: 미루어 생각하여 판정되며.
- ✛ **관측대**: 천체나 기상을 관측하는 시설.
- ✛ **지름**: 원이나 구에서, 중심을 지나는 직선으로 그 둘레 위의 두 점을 이은 선분. 또는 그 선분의 길이.
- ✛ **외부**: 바깥 부분.
- ✛ **내부**: 안쪽의 부분.
- ✛ **천문학**: 과학의 한 분야로, 우주의 구조와 운동, 천체의 생성과 진화를 연구하는 학문.
- ✛ **국가유산**: 보존·계승할 만한 가치가 큰 유산.
- ✛ **하차**: 타고 있던 차에서 내림.
- ✛ **연중무휴**: 일 년 내내 하루도 쉬지 않음.

쏙쏙! 내용 정리

□에 들어갈 알맞은 낱말을 글에서 찾아 쓰세요.

1 첨성대는 ⌈ㅅㄹ⌉ 시대에 지어진, 동양에서 가장 오래된 별 관측대이다.

 ____________

2 첨성대의 높이는 9.17미터이며 ⌈ㅅㅂ⌉ 모양을 하고 있다.

 ____________

3 첨성대는 돌로 27단을 쌓아 올렸으며, ⌈ㅇㅂ⌉ 벽면은 매끄럽지만 ⌈ㄴㅂ⌉ 벽면은 고르지 않다.

 ____________

4 첨성대 꼭대기에 있는 돌의 각 면은 ⌈ㄷㅅㄴㅂ⌉을 가리키고, 남동쪽으로 창이 나 있다.

____

5 첨성대는 신라 사람들의 지혜와 높은 과학 기술 수준을 보여 주는 중요한 ⌈ㄱㄱㅇㅅ⌉이다.

 ____________

1 〔중심 내용〕 글쓴이가 이 글을 쓴 까닭은 무엇인가요? (   )

① 신라 사람들의 생활을 묘사하기 위해
② 천문학이 발전한 과정을 설명하기 위해
③ 첨성대 관람을 위한 정보를 안내하기 위해
④ 경주 시내의 여러 관광지를 홍보하기 위해
⑤ 신라 시대와 오늘날의 건축 기술을 비교하기 위해

2 〔내용 이해〕 첨성대에 대한 설명으로 알맞은 것은 무엇인가요?

(   )

① 첨성대는 주로 측우기로 사용되었다.
② 첨성대는 서양에서 가장 오래된 관측대이다.
③ 첨성대는 전체적으로 '정(井)' 자 모양을 하고 있다.
④ 첨성대는 꼭대기에 올라서 해를 관찰하기에 좋았다.
⑤ 첨성대는 신라 선덕여왕 때 지어진 것으로 추정된다.

3 〔내용 이해〕 이 글의 내용을 잘못 요약한 것을 찾아 기호를 쓰세요.

> ### 첨성대
> - 만든 목적: ㉮ 별의 움직임을 관찰하기 위해서
> - 생김새: ㉯ 높이 9.17미터, 밑면 지름 4.93미터, 윗면 지름 2.85미터, 술병 모양
> - 구조와 특징: ㉰ 꼭대기의 네모난 돌의 각 면이 동서남북을 가리킴. ㉱ 북동쪽으로 난 창으로 별을 관찰할 수 있음.
> - 알 수 있는 것: 신라인들의 건축 기술과 천문학 지식이 뛰어났음.

(   )

4 〔어휘〕 다음 낱말과 반대되는 뜻의 낱말을 이 글에서 찾아 쓰세요.

- 　외부　↔ (   )

5 　이 글에서 답을 찾을 수 있는 질문을 모두 고르세요. (　　,　　,　　)

추론

① 첨성대의 외관은 어떠한가?
② 첨성대가 가진 가치는 무엇인가?
③ 첨성대를 구경할 수 있는 시간은 언제인가?
④ 첨성대에서 볼 수 있는 별자리는 무엇인가?
⑤ 첨성대를 지을 때 사용된 돌의 종류는 무엇인가?

6 　첨성대에 대한 추가 정보 수집을 위해 사용할 수 있는 방법으로 알맞지 <u>않은</u> 것은 무엇인가요? (　　　　)

적용

① 첨성대에 관한 책 읽기
② 경주 관광 안내소에 문의하기
③ 국가문화유산 누리집 검색하기
④ 첨성대에 관한 다큐멘터리 시청하기
⑤ 첨성대와 유사한 외형의 국보 탐색하기

7 　빈칸에 알맞은 말을 써서, 이 글의 짜임을 정리해 보세요.

글의
구조

첨성대는 신라 사람들의 지혜와 높은 과학 기술 수준을 보여 주는
중요한 국가유산이다.

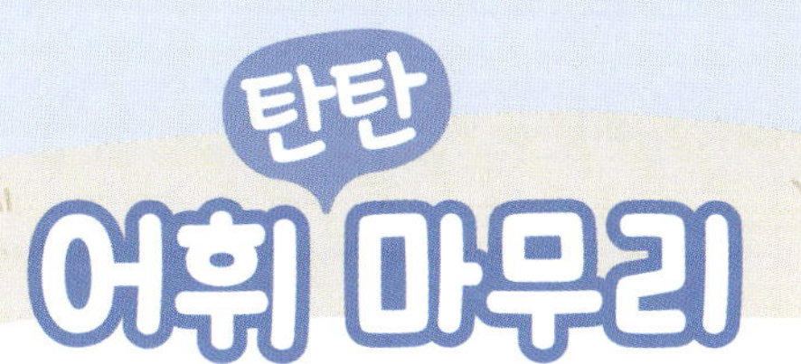

1 다음 뜻에 알맞은 낱말을 완성하여 쓰세요.

(1) 타고 있던 차에서 내림. → ㅎ ㅊ

(2) 천체나 기상을 관측하는 시설. → ㄱ ㅊ ㄷ

(3) 일 년 내내 하루도 쉬지 않음. → ㅇ ㅈ ㅁ ㅎ

(4) 우주의 구조와 운동, 천체의 생성과 진화 등을 연구하는 학문. → ㅊ ㅁ ㅎ

2 다음 낱말이 들어갈 문장을 찾아 선으로 이으세요.

(1) 관찰 •

(2) 추정 •

(3) 내부 •

• ㉮ 문틈 사이로 (   )이/가 잘 보인다.

• ㉯ 방울토마토 모종을 심고 (   ) 일기를 매일 썼다.

• ㉰ 이번 사고로 부상자가 스무 명 정도인 것으로 (   )한다.

확장

3 다음 낱말의 뜻을 보고, 문장에 알맞은 낱말을 찾아 ○표 하세요.

지었다	재료를 들여 밥, 옷, 집 등을 만들었다.
짖었다	동물이 시끄럽고 크게 소리를 내었다.
짙었다	빛깔이 보통 정도보다 뚜렷하고 강했다.

(1) 우리 조상들은 나무를 사용하여 집을 (지었다, 짖었다, 짙었다).

(2) 옆집 강아지가 낯선 사람을 보자 크게 (지었다, 짖었다, 짙었다).

(3) 혜주가 입고 온 티셔츠는 내 것보다 파란색이 (지었다, 짖었다, 짙었다).

오늘
나의 실력은?   

부모님의
응원 한마디

☑ 설명문
☐ 논설문
☐ 실용문
☐ 시
☐ 동화
☐ 극본

낱말 풀이

✦ **실용적인**: 실제로 쓰기에 알맞은.

✦ **설계**: 건설·공사·제작 등에 관해 자세하게 나타낸 계획.

✦ **도안**: 미술품·공예품·상품·건축물 같은 것의 모양·색채·배치 등의 계획을 그림으로 나타내는 것.

✦ **시각**: 물체의 모양이나 움직임이나 빛깔 등을 알아보는 눈의 감각.

✦ **픽토그램**: 사물, 시설, 행위, 개념 등을 단순화하여 나타낸 그림 문자.

✦ **배열할**: 일정한 차례나 간격에 따라 벌여 놓을.

✦ **가독성**: 인쇄물이 얼마나 쉽게 읽히는가 하는 능률의 정도.

✦ **심미성**: 아름다움을 식별하여 가늠할 수 있는 성질.

✦ **편집**: 일정한 방침 아래 여러 가지 재료를 모아 신문, 잡지, 책 등을 만드는 일.

✦ **메시지**: 언어나 기호에 의하여 전달되는 정보 내용.

✦ **수단**: 어떤 목적을 이루기 위한 방법. 또는 그 도구.

✦ **조력자**: 도와주는 사람.

1 디자인은 어디에나 있다는 사실을 알고 있나요? 디자인이란, ✦실용적인 목적을 가진 것의 ✦설계나 ✦도안을 말해요. 쉽게 말해 우리가 실제로 사용하는 옷이나 상품, 건축물 등을 멋있고 기능이 좋게 만들도록 도와주는 것이에요. 디자인은 ✦시각 디자인, 산업 디자인, 환경 디자인 등으로 나눌 수 있어요. 그중 시각 디자인에 대해서 자세히 알아보아요.

2 시각 디자인은 정보를 그림이나 사진, 기호, 문자, ✦픽토그램 등을 이용해서 전달하는 것이에요. 시각 디자인은 정보를 효과적으로 전달하고, 아름답게 보여 주기 위해 사용돼요. 그래서 우리는 책이나 영화 포스터, 컴퓨터 화면, 거리의 광고판 등 매우 다양한 것에서 시각 디자인을 접할 수 있어요.

3 예전에는 시각 디자인을 하기 위해 주로 종이와 펜을 사용했어요. 요즘은 포토샵, 인디자인 등의 컴퓨터 프로그램이 발달하면서 글자, 사진, 그림 등의 요소를 더욱 조화롭게 ✦배열할 수 있게 되었어요. 그리고 글자의 크기나 위치, 간격, 색상 등을 조정하여 ✦가독성과 ✦심미성을 높일 수 있게 되었어요. 또한, 그림뿐만 아니라 디지털 사진이나 영상을 이용한 디자인도 가능해졌어요.

4 시각 디자인에는 여러 가지 종류가 있어요. 책이나 잡지를 만드는 '✦편집 디자인', 회사 상표와 광고물을 만드는 '광고 디자인', 상품을 보호하고 상품의 성격을 잘 드러내는 포장을 만드는 '포장 디자인', 그리고 정보 전달을 위해 사진, 영화 등의 영상을 가공하고 아름답게 만드는 '영상 디자인' 등이 있어요.

5 디자인을 전문적으로 하는 디자이너들은 디자인을 통해 어떤 ✦메시지를 전달하려고 해요. 그래서 시각 디자인은 우리가 정보를 잘 이해할 수 있도록 도움을 주어요. 또, 디자인한 대상에 관심을 갖게 하는 ㉠✦수단이 되지요. 이처럼 시각 디자인은 단순히 아름다움을 위한 것이 아니라, ㉡우리 삶을 편리하게 만들어 주는 ✦조력자 역할을 한답니다.

□에 들어갈 알맞은 낱말을 글에서 찾아 쓰세요.

1 디자인은 실용적인 목적을 가진 것의 │ㅅ│ㄱ│나 │ㄷ│ㅇ│을 말한다.

 ______________

2 시각 디자인은 │ㅈ│ㅂ│를 그림이나 사진, 기호, 문자 등을 이용해서 전달하는 것이다.

____

3 요즘은 시각 디자인을 하기 위한 │ㅋ│ㅍ│ㅌ│ 프로그램이 발달하였다.

____

4 시각 디자인에는 '│ㅍ│ㅈ│ 디자인', '광고 디자인', '포장 디자인', '│ㅇ│ㅅ│ 디자인' 등이 있다.

____

5 시각 디자인은 우리가 정보를 잘 이해할 수 있도록 도와주고, 디자인한 대상에 │ㄱ│ㅅ│을 갖게 하는 수단이 된다.

____

1 핵심어

이 글에서 설명하는 대상을 찾아 쓰세요.

(   )

2 내용 이해

이 글의 내용과 일치하지 <u>않는</u> 것은 무엇인가요? (   )

① 디자이너들은 디자인으로 메시지를 전달한다.

② 디자인은 환경 디자인, 산업 디자인 등 다양하다.

③ 영화 포스터는 시각 디자인이 활용된 예라고 할 수 없다.

④ 시각 디자인에는 영상 디자인을 포함해 다양한 종류가 있다.

⑤ 상품을 보호하고 상품의 성격을 잘 드러내는 포장을 만드는 것은 포장 디자인이다.

3 내용 이해

포토샵이나 인디자인 프로그램의 발달이 가져온 변화는 무엇인가요? (   )

① 편집 디자인이 사라졌다.

② 디자인하는 속도가 느려졌다.

③ 영상을 이용한 디자인이 불가능해졌다.

④ 종이와 펜을 더 이상 사용하지 못하게 되었다.

⑤ 글자, 사진, 그림 등을 어울리게 배열할 수 있게 되었다.

4 어휘

㉠ '수단'의 뜻으로 알맞은 것을 찾아 ○표 하세요.

(1) 언어나 기호에 의하여 전달되는 정보 내용. (   )

(2) 어떤 목적을 이루기 위한 방법. 또는 그 도구. (   )

(3) 학문, 기술, 문명, 사회 등의 현상이 보다 높은 수준에 이름. (   )

5 다음 중 시각 디자인을 사용한 사례로 알맞지 <u>않은</u> 것은 무엇인가요? (   )

적용

6 시각 디자인을 ㉡에서 '조력자'라고 한 까닭으로 가장 알맞은 것을 보기 에서 찾아 기호를 쓰세요.

추론

보기

㉮ 시각 디자인으로 가독성을 낮추고, 심미성을 높일 수 있기 때문에

㉯ 시각 디자인이 보여 주는 아름다움이 우리를 행복하게 해 주기 때문에

㉰ 시각 디자인이 우리가 정보를 잘 이해할 수 있도록 도움을 주기 때문에

(   )

7 빈칸에 알맞은 말을 써서, 이 글의 짜임을 정리해 보세요.

글의 구조

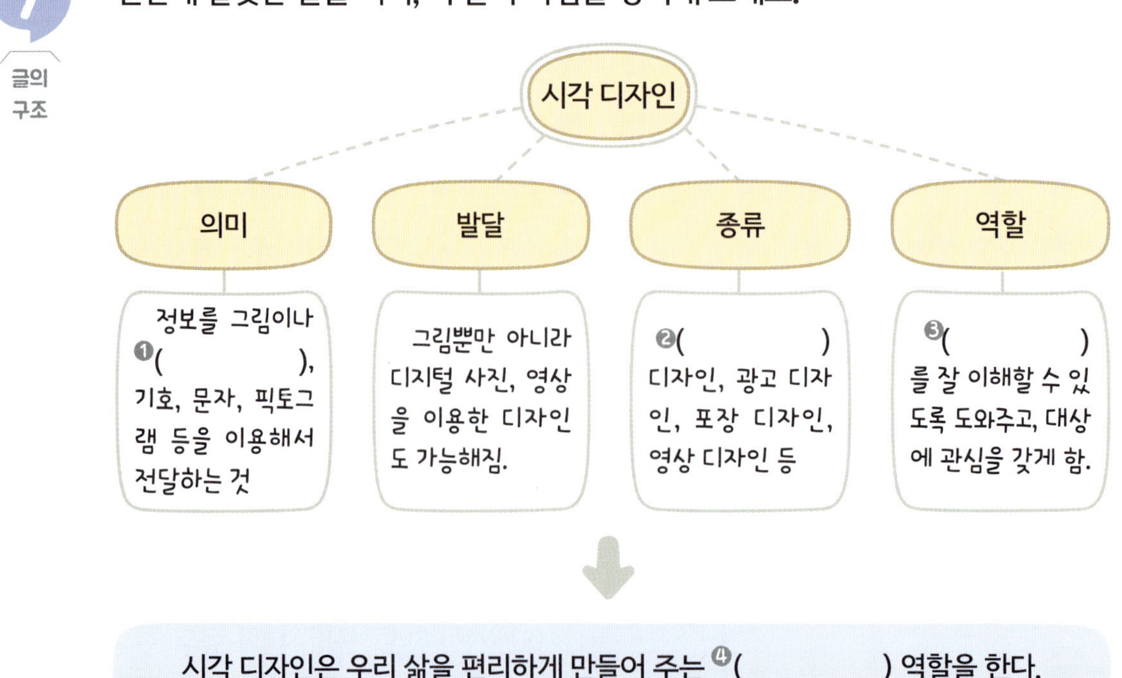

1 다음 낱말의 뜻을 [보기]에서 찾아 기호를 쓰세요.

[보기]

㉮ 도와주는 사람.

㉯ 일정한 차례나 간격에 따라 벌여 놓음.

㉰ 건설·공사·제작 등에 관해 자세하게 나타낸 계획.

㉱ 물체의 모양이나 움직임이나 빛깔 등을 알아보는 눈의 감각.

(1) 배열: (   )   (2) 설계: (   )

(3) 시각: (   )   (4) 조력자: (   )

2 다음 초성과 뜻을 참고하여 빈칸에 알맞은 낱말을 쓰세요.

(1) ㅅㄷ: 어떤 목적을 이루기 위한 방법. 또는 그 도구.

　　㉄ 예전에는 수레와 말이 주요 교통(   )이었다.

(2) ㅅㅇㅈ: 실제로 쓰기에 알맞은 것.

　　㉄ 겉모양이 예쁜 것보다 쓰기 편한 (   )인 가방을 사자.

(3) ㅍㅈ: 일정한 방침 아래 여러 가지 재료를 모아 신문, 잡지, 책 등을 만드는 일.

　　㉄ 책 한 권을 (   )하는 데 많은 사람의 노력이 필요하다.

확장

3 다음 밑줄 친 낱말과 비슷한 뜻을 가진 낱말을 찾아 ○표 하세요.

　　옛날에는 흙이나 나무, 돌처럼 주로 자연에서 얻을 수 있는 재료로 집을 지었어요. 흙이나 나무, 돌과 같은 자연 재료는 주변에서 쉽게 구할 수 있었기 때문이에요. 그리고 시간이 흘러 좀더 튼튼한 집을 지을 수 있는 재료를 연구한 끝에 시멘트, 철, 유리 등의 인공 재료가 등장하게 되었어요. 이러한 인공 재료를 사용하게 되면서 건축 기술이 빠른 속도로 <u>발달</u>하게 되었지요.

(발견, 발병, 발전)

오늘
나의 실력은?　　　　부모님의
응원 한마디

□ 설명문
□ 논설문
□ 실용문
☑ 시
□ 동화
□ 극본

분수

이상교

1 물이라고
+고여 있거나
흐르기만 하는 것은
아냐

2 키를 세워
일어설 줄도
알아

3 선 +채
+버틸 줄도
알아

4 +추켜들었던 고개를
꺾어
+수그릴 줄도
알아

5 촤르륵 촤르륵!

낱말 풀이

+**고여**: 물 따위의 액체나 가스, 냄새 따위가 우묵한 곳에 모여.
+**채**: 이미 있는 상태 그대로 있다는 뜻을 나타내는 말.
+**버틸**: 어려운 일이나 외부의 압력을 참고 견딜.
+**추켜들었던**: 치올리어 들었던.
+**수그릴**: 깊이 숙일.

정답 확인
5쪽

□에 들어갈 알맞은 낱말을 글에서 찾아 쓰세요.

1 □은 고여 있거나 흐르기만 하는 것은 아니다.

2 분수(물)은 ○○ㅅ 줄도 안다.

3 분수(물)은 선 채 ㅂㅌ 줄도 안다.

4 분수(물)은 ㅅㄱㄹ 줄도 안다.

5 분수(물)은 ㅊㄹㄹ 좌르륵 소리를 낸다.

---

1 〔중심 글감〕 이 시에 대한 설명을 보고, 빈칸에 들어갈 알맞은 낱말을 두 글자로 쓰세요.

> (   )의 모습을 사람이 하는 행동처럼 표현하고 있다.

(   )

2 〔내용 이해〕 이 시에서 말하는 이가 바라본 분수의 모습을 모두 고르세요.

(,   ,   )

① 선 채 버티는 모습
② 바다로 흘러가는 모습
③ 키를 세워 일어서는 모습
④ 고개를 꺾어 수그리는 모습
⑤ 동물들에게 마실 물을 나누어 주는 모습

3 〔내용 이해〕 이 시에서 분수가 쏟아지는 소리를 나타낸 연은 무엇인가요? (   )

① **1**연　　② **2**연　　③ **3**연
④ **4**연　　⑤ **5**연

4 〔어휘〕 다음 낱말의 관계는 무엇인가요? (   )

> 버티다 – 견디다, 수그리다 – 숙이다

① 뜻이 반대인 낱말
② 뜻이 비슷한 낱말
③ 소리가 같은 낱말
④ 모양이 같은 낱말
⑤ 포함하는 낱말과 포함되는 낱말

이 시에서 말하는 이가 분수를 보고 생각한 것으로 가장 적절한 것은 무엇인가요?

( )

① 쉬지 않고 일하는 분수를 쉬게 해 주고 싶다.

② 흘러가지 못하고 고여 있는 분수를 바다로 보내 주고 싶다.

③ 물을 위로 세차게 올렸다가 다시 아래로 내릴 줄 아는 분수를 본받고 싶다.

④ 물줄기를 가늘고 길게 만드는 분수처럼 맡은 일에 최선을 다해 목표한 일을 이루고 싶다.

⑤ 소란스럽게 쏟아지는 분수보다는 조용히 흘러가는 강물 같은 사람이 되어 살아가고 싶다.

다음 시의 표현과 가장 관련이 깊은 낱말을 보기 에서 찾아 쓰세요.

보기

강인함, 정직함, 이기심, 겸손함, 성급함, 인내심

(1)
키를 세워
일어설 줄도
알아

( )

(2)
선 채
버틸 줄도
알아

( )

(3)
추켜들었던 고개를
꺾어
수그릴 줄도 / 알아

( )

빈칸에 알맞은 말을 써서, 이 글의 짜임을 정리해 보세요.

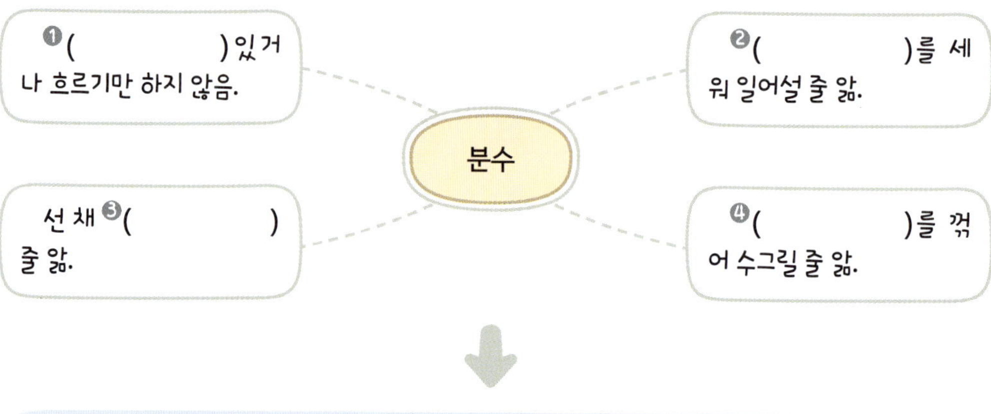

❺( )처럼 강한 사람, 어려움을 참고 견디는 사람,
자기를 내세우지 않는 사람이 되자.

1 다음 뜻을 가진 낱말을 찾아 선으로 이으세요.

(1) 몸의 한 부분을 구부리거나 굽히다. • • ㉮ 채

(2) 어려운 일이나 외부의 압력을 참고 견디다. • • ㉯ 꺾다

(3) 이미 있는 상태 그대로 있다는 뜻을 나타내는 말. • • ㉰ 분수

(4) 좁은 구멍을 통하여 물을 위로 세차게 내뿜거나 뿌리도록 만든 것. 또는 그 물. • • ㉱ 버티다

2 다음 문장의 빈칸에 들어갈 알맞은 낱말을 보기에서 찾아 쓰세요.

보기
고이다, 추켜들다, 수그리다

(1) 비가 내려 웅덩이에 물이 (　　　　　　).
(2) 바닥에 떨어진 연필을 주우려고 몸을 (　　　　　　).
(3) 응원하러 모여든 사람들이 높이 깃발을 (　　　　　　).

확장
3 다음 낱말이 아래의 문장에서 어떤 뜻으로 사용되었는지 찾아 번호를 쓰세요.

채
① 집을 세는 단위.
② 아직 이르지 못한 상태를 이르는 말.
③ 이미 있는 상태 그대로 있다는 뜻을 나타내는 말.

(1) 우리 집 옆에 기와집 두 채가 있다. (　　　)
(2) 옷을 입은 채로 물에 들어가 보기로 했다. (　　　)

오늘
나의 실력은?   　　부모님의
응원 한마디

☑ 설명문
□ 논설문
□ 실용문
□ 시
□ 동화
□ 극본

1 고유어는 우리말에 ✦본디부터 있던 말이나 그것에 기초하여 새로 만들어진 말을 일컫는다. 우리말의 어휘 중 한자어와 외래어를 제외한 고유의 말이 바로 고유어이다. ㉠고유어는 우리말의 기본 바탕을 이루고 있다. '어버이', '하늘', '땅', '아름답다' 등이 고유어이다. 고유어를 순우리말, 토박이말이라고도 한다.

2 한자어는 한자를 바탕으로 만들어진 말이다. ✦삼국 시대에 사람 이름, 땅 이름 등을 한자로 ✦표기하면서 한자어가 우리말에 많이 생기게 되었다. 고려 시대 이후에는 일상어까지 한자어를 만들어 쓰면서 ㉡한자어가 우리말의 ✦절반 ✦이상을 ✦차지하게 되었다. 한자어가 생기면서 고유어가 사라지기도 하였는데, '고뿔' 대신에 '감기', '샛바람' 대신에 '동풍', '즈믄 해' 대신에 '천 년'이라고 쓰는 경우가 이에 해당한다. 고유어와 한자어가 함께 쓰이는 말로는 '달걀'과 '계란', '오누이'와 '남매' 등이 있다.

3 외래어는 다른 나라에서 들어와서 우리말처럼 쓰이는 말이다. 이러한 말을 차용어 또는 들온말이라고도 한다. 나라 사이의 ✦교류에 따라 일본어, 영어 등이 함께 들어오면서 쓰게 된 말이다. '버스', '빵', '텔레비전', '냄비' 등이 외래어이다. ㉢외래어는 우리말을 더 ✦풍성하게 해 주는 반면, 고유어를 사라지게 하기도 한다. 최근에는 영어에서 온 외래어가 너무 많아 문제가 되고 있다.

4 외국어는 다른 나라의 말이다. 외래어는 처음에는 다른 나라의 말이었으나 지금은 우리말이 된 말이다. 그러나 외국어는 다른 나라의 말이어서 바꾸어 쓸 수 있는 우리말이 있다. 외국과의 교류가 활발해지면서 그 나라의 말이 그대로 들어와서 그 쓰임에 따라 ㉣외국어의 사용이 점점 늘어나는 ✦추세이다. '오뎅', '무비', '밀크' 등이 외국어이다. 이 말은 '어묵', '영화', '우유' 등의 우리말로 다듬어 쓸 수 있다.

낱말 풀이

✦**본디**: 처음.

✦**삼국**: 우리나라에 있었던 세 나라. 신라, 백제, 고구려를 이름.

✦**표기하면서**: 문자나 기호로 말이나 생각을 쓰면서.

✦**절반**: 전체의 반.

✦**이상**: 수량이나 기준을 나타내는 말 뒤에 써서 그보다 더 많은 것.

✦**차지하게**: 어떤 위치나 자리를 얻어서 누리게.

✦**교류**: 문화나 사상 등이 서로 오감.

✦**풍성하게**: 넉넉하고 많게.

✦**추세**: 어떤 일이나 현상이 일정한 방향으로 나아가는 것.

쏙쏙! 내용 정리

□에 들어갈 알맞은 낱말을 글에서 찾아 쓰세요.

1  ㄱㅇㅇ 는 우리말에 본디부터 있던 말이나 그것에 기초하여 새로 만들어진 말이다.

✎ __________

2 ㅎㅈㅇ 는 한자를 바탕으로 만들어진 말이다.

✎ __________

3  외래어는 다른 나라에서 들어와서 ㅇㄹㅁ 처럼 쓰이는 말이다.

✎ __________

4  ㅇㄱㅇ 는 다른 나라의 밀이다.

✎ __________

---

1 〔핵심어〕 이 글에서 문단별 중심이 되는 말을 찾아 선으로 이으세요.

(1) **1** 문단 • • ㉮ 한자어

(2) **2** 문단 • • ㉯ 고유어

(3) **3** 문단 • • ㉰ 외래어

(4) **4** 문단 • • ㉱ 외국어

2 〔내용 이해〕 한자어에 대한 적절한 설명은 무엇인가요? (   )

① 차용어 또는 들온말이라고도 한다.

② 고유어와 함께 쓰이는 경우도 있다.

③ 처음에는 우리말이었지만 지금은 다른 나라의 말이다.

④ 사람 이름, 땅 이름을 고유어로 표기하면서 소멸되었다.

⑤ 외국과의 교류가 활발해지면서 뜻이 빠르게 늘어나고 있다.

3 〔내용 이해〕 고유어, 한자어, 외래어, 외국어의 예를 정리한 것으로 알맞은 것을 보기 에서 찾아 기호를 쓰세요.

> **보기**
> ㉮ 고유어: 하늘, 감기, 오누이
> ㉯ 한자어: 어버이, 고뿔, 천 년
> ㉰ 외래어: 버스, 빵, 냄비
> ㉱ 외국어: 오뎅, 영화, 우유

(   )

4 〔어휘〕 ㉠~㉣ 중 다음 사자성어와 관련 있는 것을 찾아 기호를 쓰세요.

> 일장일단(一長一短): 어떤 한 면에서의 장점과 다른 면에서의 단점을 아울러 이르는 말.

(   )

친구들이 한자어를 넣어 문장 만들기를 하였습니다. 밑줄 친 낱말이 한자어인 것을 두 가지 고르세요. (　　　,　　　)

① 지우: 낮에 <u>텔레비전</u>을 켰다.
② 시현: 오빠와 나는 사이좋은 <u>남매</u>이다.
③ 준하: 꾀꼬리는 우는 소리가 <u>아름답</u>다.
④ 민결: 삶은 <u>계란</u>을 먹었더니 배가 부르다.
⑤ 보라: 어머니께서 맛있는 <u>빵</u>을 구워 주셨다.

다음 설명을 보고, 빈칸에 알맞은 낱말을 보기 에서 찾아 쓰세요.

보기

누리꾼, 에누리, 안전문

지하철 사고를 줄이기 위해 스크린 도어를 설치하고 있다. 스크린 도어란, 붙박이로 된 벽[스크린]과 문[도어]으로 이루어진 시설을 가리킨다. 스크린 도어라는 말은 영어여서 정확한 뜻을 모른 채 쓰는 사람들이 있으므로 우리말로 다듬어 (　　　　　　　　)이라고 부르자.

빈칸에 알맞은 말을 써서, 이 글의 짜임을 정리해 보세요.

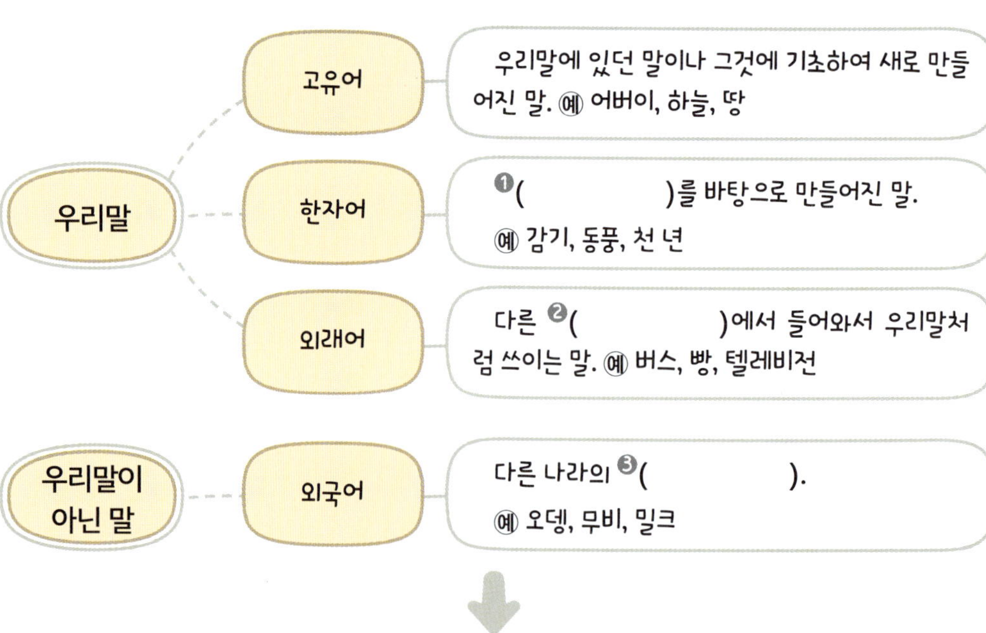

고유어, ❹(　　　　　), 외래어는 우리말이고, 외국어는 다른 나라의 말이다.

1 다음 뜻을 지닌 낱말을 보기 에서 찾아 쓰세요.

보기

이상, 추세, 삼국, 이후

(1) 기준이 되는 때를 포함하여 그보다 뒤. ( )
(2) 어떤 일이나 현상이 일정한 방향으로 나아가는 것. ( )
(3) 우리나라에 있었던 세 나라. 신라, 백제, 고구려를 이름. ( )
(4) 수량이나 기준을 나타내는 말 뒤에 써서 그보다 더 많은 것. ( )

2 다음 문장의 빈칸에 들어갈 알맞은 낱말을 찾아 선으로 이으세요.

(1) 색종이를 ( )으로 접었다. · · ㉮ 교류

(2) 지역 간 문화 ( )가 확대되었다. · · ㉯ 본디

(3) 소진이는 ( )부터 착한 성격을 타고났다. · · ㉰ 절반

확장

3 다음 밑줄 친 낱말과 뜻이 통하는 낱말을 보기 에서 찾아 쓰세요.

보기

적다, 들어맞다, 푸짐하다, 기운차다

(1) 올가을 햇곡식이 풍성하다. ( )
(2) 이 문장은 결론에 해당하는 부분이다. ( )
(3) 학예회 준비가 날이 갈수록 활발해 보인다. ( )
(4) 외국인을 위해 전철역 이름을 영어로도 표기한다. ( )

오늘
나의 실력은?      부모님의
응원 한마디

□ 설명문
□ 논설문
□ 실용문
□ 시
☑ 동화
□ 극본

낱말 풀이

+ **일구고:** 논밭을 만들기 위하여 땅을 파서 일으키고.
+ **괭이:** 땅을 파거나 흙을 고르는 데 쓰는 농기구.
+ **심술:** 남을 골리기 좋아하거나 남이 잘못되는 것을 좋아하는 마음보.
+ **거름:** 식물이 잘 자라도록 땅을 기름지게 하기 위하여 주는 물질.
+ **풍년:** 곡식이 잘 자라고 잘 여물어 평년보다 수확이 많은 해.
+ **쩔쩔매는:** 어찌할 줄 몰라서 정신을 못 차리고 헤매는.
+ **땔감:** 불을 때는 데 쓰는 재료.
+ **덕분:** 베풀어 준 은혜나 도움.

1 옛날에 아주 부지런하고 지혜로운 농부가 살고 있었어. 하루는 밭을 +일구고 있었지. 땀을 뻘뻘 흘리면서 +괭이로 돌을 골라냈어. 그런데 옆 동굴에 사는 심술쟁이 도깨비가 +심술을 부렸지.

"에잇, 시끄러워. 나의 단잠을 방해하는 녀석을 혼내 주고 말 테야."

이런 도깨비의 마음을 모르는 농부는 열심히 괭이질만 하였지.

2 이튿날, 밭에 갔던 농부는 깜짝 놀랐지. 어제 하루 종일 힘들게 골라낸 돌들이 다시 밭으로 들어와 있는 것이 아니겠어?

'이건 틀림없이 심술궂은 도깨비의 짓이로구나. 그렇다면…….'

"누군지 모르지만 이렇게 돌을 많이 가져다 놓았으니 고맙기도 하지. 만약, +거름을 가져다 놓았더라면 큰일 날 뻔했지 뭐야?"

농사일을 모르는 도깨비가 가만히 들어 보니 자기가 실수를 한 것 같았지. 그래서 농부가 돌아가자마자 돌을 치우고 밭에 거름을 날랐지.

다음날, 밭을 본 농부는 놀라는 척하였지만 속으로는 무척 좋았지.

'이 정도면 +풍년이 들겠는걸. 도깨비야, 네 심술이 나를 돕는구나!'

3 그러던 어느 날, 도깨비는 농부가 밤송이에 찔려 +쩔쩔매는 걸 봤어.

'흥, 밤송이에는 꼼짝 못 하는구먼.'

그래서 도깨비는 밤새 농부네 집 마당 가득히 밤송이를 깔아 뒀지.

아침 일찍 세수하러 나온 농부는 이걸 보고 또 엉뚱한 소리를 했어.

"세상에, 누가 또 이렇게 고마운 일을 했을까? 올겨울에는 +땔감 걱정 안 해도 되겠네. 난 참 복도 많아. 밤송이 말고 알밤을 깔아 놓았더라면 큰일 날 뻔했는데 말이야!"

숨어서 이 이야기를 들은 도깨비는 화가 나서 쩔쩔맸어. 그러더니 곧장 밤나무 숲으로 가더래. 밤새 밤송이를 까서 다섯 자루 가득히 알밤을 담아 농부네 마당에 깔아 놓았지.

4 누가 이긴 것 같아? 도깨비가 들으면 또 심술 날 일이지만, 그 농부는 도깨비 +덕분에 농사만 잘 지은 게 아니고, 도깨비가 가져다준 밤을 팔아서 돈도 벌었대.

쏙쏙! 내용 정리

□에 들어갈 알맞은 낱말을 글에서 찾아 쓰세요.

 **1** 심술쟁이 도깨비가 부지런하고 지혜로운 ㄴㅂ를 혼내 주기로 마음을 먹었다.

✏ ____________________

2 이튿날, 도깨비는 밭에 ㄷ을 가져다 놓았지만 농부의 말을 엿듣고 다시 돌을 치우고, ㄱㄹ을 날랐다.

✏ ____________________

 **3** 어느 날, 도깨비는 농부네 집 마당에 ㅂㅅㅇ를 깔아 두었지만 농부의 말을 엿듣고 밤송이를 까서 ㅇㅂ을 깔아 놓았다.

✏ ____________________

 **4** 농부는 ㄷㄲㅂ 덕분에 농사를 잘 짓고, 돈도 벌었다.

✏ ____________________

---

1 중심 글감

이 글의 제목으로 알맞은 것을 **보기**에서 찾아 기호를 쓰세요.

> **보기**
> ㉮ 농부의 실수
> ㉯ 밤송이에 찔린 도깨비
> ㉰ 도깨비를 골탕 먹인 농부
> ㉱ 착한 농부와 게으른 도깨비의 대결

(   )

2 내용 이해

도깨비가 농부를 괴롭히기로 한 까닭은 무엇인가요?

(   )

① 농부가 도깨비를 놀렸기 때문에
② 농부가 단잠을 방해하였기 때문에
③ 농부가 밭에 거름을 주라고 시켰기 때문에
④ 농부의 올해 농사가 풍년이 들었기 때문에
⑤ 농부가 괭이질하는 방법을 알려 주지 않았기 때문에

3 내용 이해

이 글에서 농부가 한 일을 두 가지 고르세요. (,   )

① 밭에 돌을 가져다 놓았다.
② 밤새 밤송이를 까서 알밤을 얻었다.
③ 밤나무 숲에서 밤을 따서 가져왔다.
④ 도깨비가 들으라고 일부러 꾸며서 말했다.
⑤ 도깨비가 가져다준 밤을 팔아서 돈을 벌었다.

4 어휘

다음 중 낱말을 바르게 쓴 것은 무엇인가요? (   )

① 뗄깜   ② 곳장   ③ 거름
④ 쩔쩔메다   ⑤ 심술굳다

5 추론 도깨비가 밭에 돌을 가져다 놓은 것과 마당에 밤송이를 깔아 둔 것을 본 농부가 고맙다고 말한 까닭은 무엇일까요? (　　　　)

① 마침 돌과 밤송이가 필요해서
② 덩치 큰 도깨비가 많이 무서워서
③ 농부가 할 일을 도깨비가 대신 해 주어서
④ 농부는 착해서 무엇이든 좋게 생각하는 습관이 있어서
⑤ 도깨비가 자신의 말을 듣고 돌을 치우고 알밤을 깔아 놓게 하려고

6 감상 이 글의 인물에 대해 알맞게 평가한 것을 보기 에서 찾아 기호를 쓰세요.

> 보기
>
> ㉮ 가난한 농부가 돈을 벌게 해 준 도깨비는 배려심이 깊은 인물이다.
> ㉯ 심술궂은 농부에게 여러 가지 벌을 준 도깨비는 슬기로운 인물이다.
> ㉰ 자신을 골탕 먹이려는 도깨비에게 적절히 대처한 농부는 지혜로운 인물이다.
> ㉱ 재주 많은 도깨비를 이용하여 농사를 짓고 부자가 된 농부는 게으른 인물이다.
> ㉲ 자신을 업신여기는 도깨비와 말싸움을 해서 이긴 농부는 위기를 극복할 줄 아
> 　는 인물이다.

（　　　　　　）

7 글의 구조 빈칸에 알맞은 말을 써서, 이 글의 짜임을 정리해 보세요.

도깨비가 농부를 혼내 주려고 밭에 돌을 가져다 놓았음.	농부가 거름을 가져다 놓았더라면 큰일 날 뻔했다고 말했음.	도깨비는 돌을 치우고 ❶(　　　　　)을 날랐음.
도깨비가 농부네 집 마당에 ❷(　　　　)를 깔아 두었음.	농부가 알밤을 깔아 놓았더라면 큰일 날 뻔했다고 말했음.	도깨비가 마당에 알밤을 깔아 놓았고, 농부는 돈을 벌었음.

어리석은 ❸(　　　　　)가 농부를 괴롭히려다가 오히려 ❹(　　　　　)에게 당했다.

1 다음 낱말의 뜻으로 알맞은 것을 찾아 선으로 이으세요.

(1) 괭이 •

(2) 심술 •

(3) 거름 •

• ㉮ 땅을 파거나 흙을 고르는 데 쓰는 농기구.

• ㉯ 식물이 잘 자라도록 땅을 기름지게 하기 위하여 주는 물질.

• ㉰ 남을 골리기 좋아하거나 남이 잘못되는 것을 좋아하는 마음보.

2 다음 문장의 빈칸에 들어갈 알맞은 낱말을 보기 에서 찾아 쓰세요.

> 보기
>
> 덕분, 땔감, 풍년, 일구어

(1) 산기슭의 땅을 (　　　　　　　) 농사를 지었다.
(2) 굽은 나무는 (　　　　　　)으로밖에 쓸모가 없다.
(3) 올해는 (　　　　　)이 들어서 식량이 남아돈다.
(4) 선생님 (　　　　　)에 학교생활을 즐겁게 할 수 있었다.

확장

3 다음 낱말이 아래의 문장에서 어떤 뜻으로 사용되었는지 번호를 쓰세요.

자루

① 조금 길게 생긴 필기도구나 연장 등을 세는 단위.

② 속에 물건을 담을 수 있도록 헝겊 등으로 길고 크게 만든 주머니.

(1) 필통에 깎은 연필 두 자루를 넣었다.　　　　　　　　(　　　)
(2) 아버지는 자루를 벌려 쌀을 가득 담았다.　　　　　　(　　　)

오늘 나의 실력은?   　　부모님의 응원 한마디

설명문
☑ 논설문
실용문
시
동화
극본

1 식생활의 변화로 우리 밥상의 모습이 달라졌다. 고기 등 육류나 ✦즉석식품과 같은 음식을 많이 이용하면서 우리의 밥상에서 쌀이 점점 사라지고 있다. 해마다 줄어드는 쌀 ✦소비량 때문에 벼농사를 짓는 사람들이 어려움을 겪고 과거에 비해 그 수는 계속 줄어들고 있다. 또한 쌀을 중요하게 여기는 ✦문화도 사라져 가는 상황이다. 우리는 벼농사를 지켜야 한다. 벼농사는 쌀을 ✦생산하는 것뿐만 아니라 우리나라의 환경을 ✦보존하는 중요한 기능을 하기 때문이다. 벼농사의 장점을 알아보자.

2 첫째, 벼농사는 ✦홍수를 예방하는 역할을 한다. 벼농사를 짓기 위해서는 논에 물을 채워야 한다. 대체로 논에는 3~10센티미터의 물을 채우는데, 우리나라 논에 ✦가둘 수 있는 물의 양을 계산하면 춘천 댐이 가두는 물의 양의 약 24배에 달한다. 비가 많이 오는 여름철에 논은 댐과 같은 역할을 한다. 그래서 홍수가 나는 것을 막아 준다.

3 둘째, 벼농사는 환경을 깨끗하게 해 준다. 하늘에서 내리는 비에는 여러 가지 물질이 섞여 있다. 그중에 물을 오염시키는 ✦성분도 있는데, 벼는 그 물질을 ✦흡수하여 물이 오염되는 것을 막는다. 물을 오염시키는 그 성분은 사람에게는 좋지 않지만 벼가 자라는 데에는 중요한 영양분이 된다. 또, 벼는 공기를 맑게 해 준다. 벼는 산소를 많이 생산하는 식물 중 하나이다. 벼가 많다는 것은 그만큼 산소가 많다는 것을 의미한다.

4 이처럼 벼농사는 중요한 기능을 하지만 우리나라 국민의 쌀 소비량은 계속 줄어들고 있는 추세이다. 국민 한 사람이 1년 동안 먹는 쌀의 양이 1993년도에는 110.2킬로그램이었지만 2023년에는 56.4킬로그램으로 절반이 줄었다. 쌀 소비량이 줄어들면 벼농사를 짓는 사람들이 줄어들게 되기 때문에 당연히 논도 줄어들 수밖에 없다. 우리는 벼농사를 지키기 위해 노력해야 한다. 우리가 먹는 밥 한 그릇이 우리나라의 환경을 지키는 것임을 알아야 한다.

낱말 풀이

- ✦**즉석식품**: 간단히 조리할 수 있고 저장이나 휴대에도 편리한 식품.
- ✦**소비량**: 돈, 물건, 시간, 노력 등을 들이거나 써서 없애는 분량.
- ✦**문화**: 한 사회의 예술, 문학, 도덕, 종교 등의 정신적 활동의 바탕.
- ✦**생산하는**: 인간이 생활하는 데 필요한 각종 물건을 만들어 내는.
- ✦**보존하는**: 잘 보호하여 남기는.
- ✦**홍수**: 비가 많이 와서 강이나 개천에 갑자기 크게 불은 물.
- ✦**가둘**: 물 등을 일정한 곳에 괴어 있게 할.
- ✦**성분**: 물질을 이루고 있는 것의 한 부분.
- ✦**흡수하여**: 빨아서 거두어들여.

쏙쏙! 내용 정리

□에 들어갈 알맞은 낱말을 글에서 찾아 쓰세요.

1 벼농사는 쌀을 생산하고, 우리나라의 환경을 ㅂㅈ하는 중요한 기능을 한다.

✎ ______________

2 벼농사는 ㅎㅅ를 예방하는 역할을 한다.

✎ ______________

3 벼농사는 ㅎㄱ을 깨끗하게 해 준다.

✎ ______________

4 우리는 ㅂㄴㅅ를 지키기 위해 노력해야 한다.

✎ ______________

1 핵심어

이 글에서 중심이 되는 낱말을 찾아 쓰세요.

(   )

2 내용 이해

벼농사가 홍수를 예방할 수 있는 근거는 무엇인가요?

(   )

① 벼농사를 짓기 위해 거름을 많이 사용하므로
② 벼농사로 물이 오염되는 것을 막을 수 있으므로
③ 벼는 다른 작물에 비해 물을 많이 먹는 식물이므로
④ 벼농사를 지으면 논에 많은 양의 물을 가둘 수 있으므로
⑤ 우리나라 전체 논두렁의 높이를 합하면 춘천 댐 높이의 약 24배이므로

3 내용 이해

이 글의 내용과 일치하지 <u>않는</u> 것은 무엇인가요? (   )

① 쌀을 중요시하는 문화가 사라지고 있다.
② 벼농사는 환경을 보호하여 지키는 기능을 한다.
③ 쌀 소비량이 계속 줄어들면서 논도 줄어들고 있다.
④ 과거에 비해 농사를 짓는 사람의 수가 줄어들고 있다.
⑤ 농부들은 쌀을 이용한 즉석식품을 개발하는 데 주력하고 있다.

4 어휘

다음 중 낱말의 관계가 다른 하나는 무엇인가요? (   )

① 장점 – 강점
② 맑다 – 오염되다
③ 예방하다 – 방지하다
④ 줄어들다 – 감소하다
⑤ 흡수하다 – 빨아들이다

5 **적용**
이 글에 추가할 자료로 가장 알맞은 것은 무엇인가요? (   )

① 농촌과 어촌의 비율을 나타낸 도표

② 인류 최초로 농사짓는 모습을 그린 그림

③ 벼농사와 배추 농사의 차이점을 정리한 표

④ 쌀 소비량 감소로 위기를 겪고 있는 농부를 면담한 내용

⑤ 기후 변화에 따라 열대 과일 농사가 유행하고 있다는 소식을 보도한 뉴스

6 **비판**
글쓴이의 주장과 근거가 타당한지 따져 본 내용으로 알맞은 것을 보기 에서 찾아 기호를 쓰세요.

> **보기**
>
> ㉮ 식생활의 변화가 가져온 문제 상황과 관련 없는 통계 결과를 인용하였으므로 글쓴이의 주장은 설득력이 부족하다.
>
> ㉯ 벼가 물이 오염되는 것을 막아 주고, 공기를 맑게 해 준다는 것은 글쓴이의 개인적인 생각이기 때문에 주장을 뒷받침하는 근거로 타당하지 않다.
>
> ㉰ 논이 댐과 같은 역할을 하는 점이나 벼가 물을 오염시키는 물질을 흡수하는 점 등의 구체적인 사례를 제시하여 든 근거는 글쓴이의 주장을 잘 뒷받침해 주고 있다.

(   )

7 **글의 구조**
빈칸에 알맞은 말을 써서, 이 글의 짜임을 정리해 보세요.

문제 상황	우리나라의 ❶( ) 소비량이 점점 줄어들어 벼농사를 짓는 사람의 수가 줄어들고 있음.
주장	우리는 ❷( )를 지켜야 한다.
근거	• 벼농사는 ❸( )를 예방하는 역할을 함. • 벼농사는 ❹( )을 깨끗하게 해 줌.

↓

환경을 보존하는 기능을 하는 벼농사를 지켜야 한다.

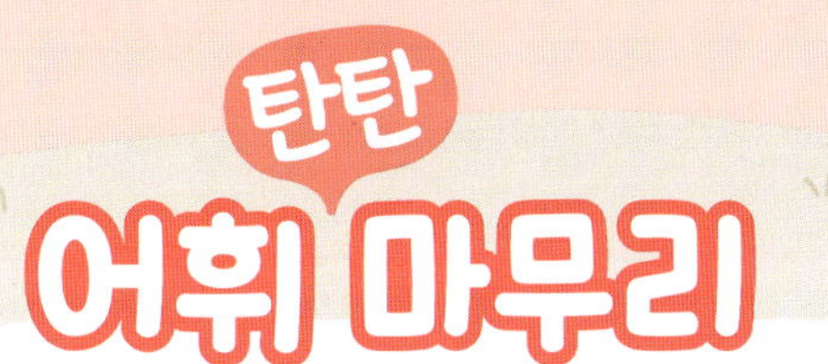

1 다음 뜻에 알맞은 낱말을 완성하여 쓰세요.

(1) 잘 보호하여 남기다. → ㅂ ㅈ ㅎ ㄷ

(2) 빨아서 거두어들이다. → ㅎ ㅅ ㅎ ㄷ

(3) 비가 많이 와서 강이나 개천에 갑자기 크게 불은 물. → ㅎ ㅅ

(4) 한 사회의 예술, 문학, 도덕, 종교 등의 정신적 활동의 바탕. → ㅁ ㅎ

2 다음 낱말이 들어갈 문장을 찾아 선으로 이으세요.

(1) 성분 •

• ㉮ 멸치에는 칼슘(　　)이 많다.

(2) 국민 •

• ㉯ (　　)은 세금을 내야 하는 의무를 진다.

(3) 즉석식품 •

• ㉰ 편의점에서 다양한 (　　)을 사 먹을 수 있다.

3 다음 밑줄 친 낱말과 뜻이 반대인 낱말을 찾아 ○표 하세요.

　　우리는 동네 시장이나 마트에서 쌀, 생선, 고기와 같이 다양한 물건을 쉽게 살 수 있어요. 그런데 이런 물건들이 시장이나 마트에 오기까지는 여러 사람의 손길을 거친답니다. 예를 들어 농부가 <u>생산한</u> 쌀을 중간 상인에게 팔면 중간 상인은 그 쌀을 농산물 도매 시장을 통해 작은 시장이나 마트에 되팔아요. 쌀을 사 온 동네 시장이나 마트는 소비자인 우리에게 다시 파는 것이지요.

(계산한, 의미한, 소비한)

오늘
나의 실력은?　  　　부모님의
응원 한마디

☑ 설명문
☐ 논설문
☐ 실용문
☐ 시
☐ 동화
☐ 극본

1 사람은 누구나 세상에 태어나서 죽을 때까지 눈물을 흘려요. 눈물은 사람의 눈을 깨끗하고 건강하게 ✛유지하는 데 매우 중요한 역할을 해요. 눈물에 대해 자세히 알아보아요.

2 눈물은 어디에서 만들어질까요? 눈물은 우리 눈 위쪽에 있는 작은 공장, 바로 눈물샘에서 만들어져요. 눈 위쪽에 있는 눈물샘에서 만들어진 눈물은 눈 주위를 촉촉하게 해요. 그리고 먼지나 작은 ✛이물질 같은 것들을 씻어 내고 우리 눈을 깨끗하게 해 주어요.

3 눈물의 성분은 대부분 물이지만 순수한 물은 아니에요. 눈물에는 소금의 ✛주성분인 염화 나트륨이 들어 있어서 짠맛이 나지요. 또, 눈을 보호하는 기름 성분과 단백질 등 여러 물질이 포함되어 있어요. 이러한 눈물의 성분들 덕분에 우리는 건강한 눈을 유지할 수 있어요. 그래서 눈물은 우리 눈을 지켜 주는 방패와 같다고 볼 수 있지요.

4 눈물의 특이한 점은 감정에 따라서 그 성분이 달라지기도 한다는 것이에요. 화날 때 흘리는 눈물이 가장 짜다는 사실을 알고 있나요? 이는 화를 내면 눈을 크게 뜨게 되고, 눈 깜빡임이 줄어들어 눈물이 빨리 마르기 때문이에요. 그러면 눈물 속에 염화 나트륨이 ✛상대적으로 더 많이 남아 눈물이 더욱 짠맛이 나게 되는 것이지요. 반면에 슬플 때 흘리는 눈물은 ✛산성 성분이 많아서 신맛이 나고, 기뻐서 흘리는 눈물은 약간 단맛이 난다고 해요.

5 우리 몸은 우리가 세상을 더 잘 볼 수 있도록 눈물을 계속해서 조금씩 만들어 내고 있어요. 눈물은 우리가 감정을 표현할 때 흘리기도 하지만, 우리 눈을 보호하고 더 잘 볼 수 있도록 도와주어요. 최근에는 눈물의 ✛면역 성분을 이용해 다양한 치료약까지 ✛개발하고 있다고 해요. 이처럼 눈물은 사람에게 정말 소중한 존재예요.

낱말 풀이

✛ **유지하는**: 어떤 상태나 상황을 그대로 보존하거나 변함없이 계속하여 지탱하는.

✛ **이물질**: 정상적이 아닌 다른 물질.

✛ **주성분**: 어떤 물질을 이루는 주된 성분.

✛ **상대적**: 서로 맞서거나 비교되는 관계에 있는.

✛ **산성**: 물질이 가지고 있는 산(시큼한 맛이 나고, 푸른 리트머스 종이를 붉은빛으로 변하게 하는 성질을 가짐.)의 성질.

✛ **면역**: 동물의 몸 안에 들어온 균이나 바이러스에 대해 항체가 생겨서, 같은 균이나 바이러스가 일으키는 병에 걸리지 않는 것.

✛ **개발하고**: 새로운 물건을 만들거나 새로운 생각을 내어놓고.

□에 들어갈 알맞은 낱말을 글에서 찾아 쓰세요.

 **1** 눈물은 사람의 □을 깨끗하고 건강하게 유지하는 데 매우 중요한 역할을 한다.

✎ ______________

2 눈물은 눈 위쪽에 있는 작은 공장인 □□□에서 만들어진다.

✎ ______________

 **3** 눈물의 성분에 □, 염화 나트륨, 기름 성분, 단백질 등이 포함된다.

✎ ______________

 **4** 눈물은 □□에 따라서 그 성분이 달라지기도 한다.

✎ ______________

 **5** 우리 몸이 계속해서 조금씩 만들어 내는 □□은 정말 소중한 존재이다.

✎ ______________

1
글의 종류

이 글에 대한 알맞은 설명을 보기에서 찾아 기호를 쓰세요.

보기

㉮ 눈이 하는 일과 눈물이 하는 일을 서로 비교하여 설명하고 있다.

㉯ 눈물이 생성되는 기관, 눈물이 하는 일, 눈물의 구성 성분을 설명하고 있다.

(   )

2
내용 이해

이 글의 내용으로 알맞은 것에는 ○표, 알맞지 않은 것에는 X표 하세요.

(1) 우리 몸은 감정을 표현할 때만 눈물을 만들어 낸다. (   )

(2) 눈물에는 소금의 주성분인 염화 나트륨이 들어 있다. (   )

(3) 변하지 않는 성분으로 된 눈물은 우리 눈을 지켜 주는 방패와 같다. (   )

3
내용 이해

사람에게 눈물이 소중한 존재인 까닭을 두 가지 고르세요.

(,   )

① 눈물이 눈을 보호해서
② 눈물이 면역 체계를 바꾸어서
③ 눈물을 통해 체온을 조절해서
④ 눈물을 이용해 눈병을 치료해서
⑤ 눈물은 눈이 더 잘 볼 수 있도록 도와주어서

4
어휘

'감정'에 포함되는 말이 아닌 것은 무엇인가요? (   )

① 기쁨   ② 놀람   ③ 슬픔
④ 게으름   ⑤ 부끄러움

5 이 글에서 눈물이 만들어지는 곳의 이름을 찾아 쓰고, 다음 그림에서 그곳을 찾아 기호를 쓰세요.

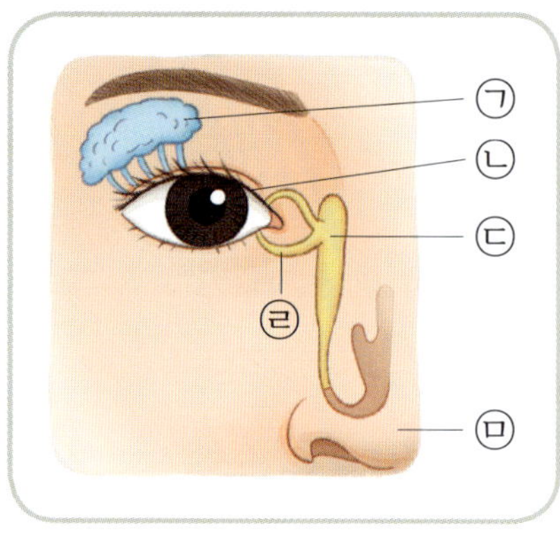

(1) 눈물이 만들어지는 곳의 이름:
(   )

(2) 그림에서 눈물이 만들어지는 곳:
(   )

6 이 글을 읽고, 더 알아보고 싶은 내용을 알맞게 말한 친구의 이름을 쓰세요.

> 민재: 눈물에 물 말고 어떤 성분이 들어 있는지 조사해 보고 싶어.
>
> 혜성: 기쁠 때 흘리는 눈물에서 약간 단맛이 나는 까닭은 무엇인지 알아보고 싶어.
>
> 선우: 화가 날 때 흘리는 눈물과 슬플 때 흘리는 눈물의 맛이 어떻게 다른지 궁금해.
>
> 현서: 눈물이 하는 일에 대해서만 쓴 글이니까 우리에게 눈물이 중요한 까닭을 알
> 아보고 추가하여 쓰고 싶어.

(   )

7 빈칸에 알맞은 말을 써서, 이 글의 짜임을 정리해 보세요.

1 다음 낱말의 뜻을 보기 에서 찾아 기호를 쓰세요.

> **보기**
>
> ㉮ 정상적이 아닌 다른 물질.
> ㉯ 물질이 가지고 있는 산의 성질.
> ㉰ 새로운 물건을 만들거나 새로운 생각을 내어놓다.
> ㉱ 어떤 상태나 상황을 그대로 보존하거나 변함없이 계속하여 지탱하다.

(1) 산성: (　　　　　　)　　(2) 이물질: (　　　　　　)

(3) 개발하다: (　　　　　　)　　(4) 유지하다: (　　　　　　)

2 다음 초성과 뜻을 참고하여 빈칸에 알맞은 낱말을 쓰세요.

(1) ㅅㄷㅈ: 서로 맞서거나 비교되는 관계에 있는.

　　㉄ 여자가 남자보다 (　　　　　　)으로 오래 산다고 믿어 왔다.

(2) ㅈㅅㅂ: 어떤 물질을 이루는 주된 성분.

　　㉄ 콜라의 (　　　　　　)은 설탕으로 많이 먹으면 몸에 해롭다.

(3) ㅁㅇ: 동물의 몸 안에 들어온 균이나 바이러스에 대해 항체가 생겨서, 같은 균이나

　　바이러스가 일으키는 병에 걸리지 않는 것.

　　㉄ 예방 주사를 맞으면 (　　　　　　)이 생긴다.

확장

3 다음 낱말의 뜻을 보고, 문장에 알맞은 낱말을 찾아 ◯표 하세요.

주위	어떤 사물이나 사람을 둘러싸고 있는 것. 또는 그 환경.
주의	마음에 새겨 두고 조심함. 또는 어떤 한 곳이나 일에 관심을 집중하여 기울임.

(1) 해가 지자 (주위, 주의)가 금방 어둑어둑해졌다.

(2) 우리 (주위, 주의)에는 여러 이웃이 모여 살고 있다.

(3) 수업 시간에 선생님 말씀에 (주위, 주의)를 기울였다.

(4) 이곳은 돌이 떨어질 위험이 있으니 (주위, 주의)하시길 바랍니다.

오늘
나의 실력은?　  　부모님의
응원 한마디

□ 설명문
□ 논설문
□ 실용문
□ 시
☑ 동화
□ 극본

[앞부분 이야기] 사람이나 짐승이 지나간 흔적도 없는 쓸쓸한 바닷가에 모래벌판이 펼쳐져 있었습니다. 이곳에 그 무엇과도 아름다움을 비길 수 없는 '바위나리'라는 오색 꽃이 피었습니다.

1 ✦바위나리는 날마다 노래를 부르면서 친구를 불렀습니다. 그렇지만 바다와 모래벌판과 바람결밖에는 아무것도 없는 이 바닷가에 친구가 될 만한 것은 하나도 없었습니다. 며칠을 기다리고 기다려도 아무도 보이지 않았습니다.

'아, 이렇게 예쁘고 아름다운 나를 귀여워해 줄 친구가 없구나!'

친구를 기다리며 바위나리는 훌쩍훌쩍 울기도 하였습니다.

2 이 울음소리가 밤이면 남쪽 하늘에 ✦맨 먼저 뜨는 아기별의 귀에 들렸습니다. 아기별은 이 울음소리를 듣고 깜짝 놀랐습니다.

'누가 이렇게 슬프게 울까? 내가 가서 ✦달래 주어야겠다.'

아기별은 별나라의 임금님에게 다녀오겠다는 말도 하지 않고 울음소리가 나는 곳을 찾아 내려갔습니다.

울음소리를 따라 바닷가로 내려간 아기별은 바위나리가 혼자 슬프게 울고 있는 것을 보았습니다. 아기별은 바위나리를 한참이나 정신없이 보고만 있었습니다. 그러다가 바위나리의 뒤로 가까이 가서 어깨를 툭 치면서 물었습니다.

"왜 울어요?"

바위나리는 깜짝 놀랐습니다. 돌아다보니 아름다운 별님이 아니겠습니까? 바위나리는 어찌나 좋은지 어쩔 줄을 모르고 이리저리 몸을 흔들며 외쳤습니다.

"별님, 별님!"

잠깐 동안만 달래 주고 돌아가려던 아기별은 바위나리를 보자 더 오래 같이 놀고 싶었습니다. 다른 생각은 다 잊어버렸습니다. 아기별과 바위나리는 이야기도 하고, 노래도 부르고, 놀이도 하면서 ✦밤새는 줄 모르고 놀았습니다.

3　┌─ⓐ─┐　하루는 어디선지 찬 바람이 불어와서 흰 모래가 날리고 바닷물이 몰아치는 바람에 바위나리가 그만 병이 들고 말았습니다. 아름다운 꽃은 ✦시들었고, 바위나리는 괴로워하며 눈물을 흘렸습니다. 그날 밤, 아기별은 추워하는 바위나리를 품 안에 꼭 안아 따뜻하게 해 주고, 머리를 ✦짚어 주기도 하면서 훌쩍훌쩍 울었습니다.

낱말 풀이 🐯

✦**바위나리**: 물가나 산의 바위틈에 나는 여러해살이풀.

✦**맨**: 가장. 제일.

✦**달래**: 슬프거나 고통스럽거나 흥분한 감정 등을 가라앉게 해.

✦**밤새는**: 밤이 지나 날이 밝아 오는.

✦**시들었고**: 꽃이나 풀 등이 말라 생기가 없어졌고.

✦**짚어**: 손으로 이마나 머리 등을 가볍게 눌러.

정답 확인
10쪽

□에 들어갈 알맞은 낱말을 글에서 찾아 쓰세요.

1 바위나리는 날마다 ㄴㄹ 를 부르면서 ㅊㄱ를 불렀지만 며칠을 기다려도 아무도 보이지 않았다.

✎ ___________

2 아기별이 바위나리의 울음소리를 따라 ㅂㄷㄱ로 내려갔고 ㅇㄱㅂ과 바위나리는 밤새는 줄 모르고 놀았다.

✎ ___________

3 바위나리가 ㅂ이 들어 괴로워한 날, 아기별은 바위나리를 꼭 안아 주고 ㅁㄹ를 짚어 주면서 울었다.

✎ ___________

1
갈래

이 글을 읽는 방법으로 알맞은 것은 무엇인가요? (   )

① 노래를 부르듯이 읽는다.

② 글쓴이의 의견을 파악하며 읽는다.

③ 실제 일어난 일인지 조사하며 읽는다.

④ 새로 알게 된 지식이나 정보를 정리하며 읽는다.

⑤ 인물의 말과 행동, 생각을 주의 깊게 살피며 읽는다.

2
내용
이해

바위나리가 날마다 노래를 부른 까닭은 무엇인가요?

(   )

① 혼자 있는 것이 조용하여 기분 좋아서

② 아름다운 자신을 뽐내고 싶은 마음이 들어서

③ 친구들이 바위나리의 노래를 듣고 싶어 해서

④ 파도 소리가 아름다운 음악 소리처럼 느껴져서

⑤ 노래를 듣고 누군가가 찾아와 줄 것이라 생각해서

3
내용
이해

다음 중 가장 나중에 일어난 일은 무엇인가요? (   )

① 바위나리와 아기별이 같이 논 일

② 바위나리가 병이 들어 눈물을 흘린 일

③ 바위나리가 아기별을 보고 몸을 흔든 일

④ 아기별이 바위나리의 울음소리를 들은 일

⑤ 아기별이 별나라의 임금님 몰래 바닷가로 내려간 일

4
어휘

㉠에 들어갈 알맞은 말은 무엇인가요? (   )

① 혹시   ② 그래서   ③ 그런데

④ 때문에   ⑤ 왜냐하면

5 인물의 행동을 통해 알 수 있는 성격을 보기 에서 찾아 기호를 쓰세요.

추론

> **보기**
>
> ㉮ 인정이 많고 착하다.
>
> ㉯ 외로움을 잘 타고 마음이 여리다.

(1) 날마다 친구를 불렀지만 아무도 보이지 않자 훌쩍훌쩍 운 바위나리: (   )

(2) '누가 이렇게 슬프게 울까? 내가 가서 달래 주어야겠다.'라고 생각하며 바닷가로
　　내려간 아기별: (   )

6 아기별과 성격이 비슷한 친구는 누구인가요? (   )

적용

① 꾀를 부려 매일 학원에 빠진 윤현
② 반장으로서의 책임을 다하고자 노력한 서준
③ 달리기 시합에서 친구에게 지기 싫어한 진아
④ 아버지께 혼이 나서 풀이 죽은 동생을 위로해 준 민결
⑤ 그림 그리기 대회에서 상을 받은 친구를 쌀쌀맞게 대한 수호

7 빈칸에 알맞은 말을 써서, 이 글의 짜임을 정리해 보세요.

글의
구조

1 다음 뜻을 가진 낱말을 찾아 선으로 이으세요.

(1) 밤이 지나 날이 밝아 오다. • • ㉮ 짚다

(2) 꽃이나 풀 따위가 말라 생기가 없다. • • ㉯ 달래다

(3) 손으로 이마나 머리 따위를 가볍게 누르다. • • ㉰ 시들다

(4) 슬프거나 고통스럽거나 흥분한 감정 등을 가라앉게 하다. • • ㉱ 밤새다

2 다음 문장의 빈칸에 들어갈 알맞은 낱말을 보기 에서 찾아 쓰세요.

> 보기
>
> 맨, 깜짝, 훌쩍훌쩍

(1) 오빠는 (　　　　　　　) 놀라 소리를 지르며 달아났다.

(2) 길을 잃어버린 아이가 (　　　　　　　) 울기 시작했다.

(3) (　　　　　　　) 처음 교실에 들어온 친구부터 자리에 앉았다.

확장

3 다음 낱말이 아래의 문장에서 어떤 뜻으로 사용되었는지 찾아 번호를 쓰세요.

차다
① 발로 내어 지르거나 받아 올리다.
② 몸에 닿은 물체나 공기의 온도가 낮다.
③ 일정한 공간에 사람, 사물, 냄새 등이 가득하게 되다.

(1) 찬 음식을 많이 먹으면 배탈이 나기 쉽다. (　　　)

(2) 영화관이 관객들로 가득 차서 빈자리가 없다. (　　　)

오늘
나의 실력은?   　　부모님의
응원 한마디

설명문 ☑
논설문 □
실용문 □
시 □
동화 □
극본 □

1 어느 동네에 서점이 생기면 어떤 일이 벌어질까요? 그 서점에 ✛들러 책을 읽는 사람들이 늘어날 거예요. 그러면 서점 주인은 돈을 벌게 되고, 동네 사람들은 지식과 즐거움을 얻게 되겠지요. 이처럼 어떤 사람의 활동이 자신의 ✛의도와는 상관없이 다른 사람에게 ✛영향을 주는 것을 가리켜 '외부 효과'라고 말해요.

2 외부 효과는 '✛긍정적 외부 효과'와 '✛부정적 외부 효과'로 나눌 수 있어요. 상대에게 ✛혜택을 주면 긍정적 외부 효과이고, 상대에게 ✛손해를 주면 부정적 외부 효과예요.

3 그중에서 사람들에게 좋은 영향을 주는 것인 긍정적 외부 효과를 알아보아요. 한 가지 예를 들어 볼게요. 과수원에 꽃이 피는 상황을 생각해 보세요. 꽃이 피면 꿀벌이 꽃가루를 날라 열매를 맺게 하니, 과수원 주인은 과일을 많이 얻을 수 있게 되지요. 그리고 과수원과 가까운 곳에서 꿀벌을 기르는 사람은 꿀벌이 모아 온 꿀을 얻을 수 있어 좋지요. 이런 경우 과수원 주인과 꿀벌을 기르는 사람은 서로에게 긍정적 외부 효과를 준 것이에요.

4 그렇다면 부정적 외부 효과는 무엇일까요? 강의 위쪽에 공장이 있고, 아래쪽에 논이 있다고 해 봅시다. 공장에서 강으로 ✛폐수를 버리면 그 물을 사용하는 강 아래쪽 논에서는 농사를 망치게 됩니다. 공장과 상관없는 농부가 손해를 보는 것인데, 이렇게 다른 사람들에게 좋지 않은 영향을 주는 것이 부정적 외부 효과예요.

5 이러한 부정적 외부 효과는 사회 문제로 이어질 수 있어서 주의해야 해요. 예를 들어 자동차를 이용하면 어디든지 편하게 오갈 수 있어 운전자에게는 좋지요. 하지만 자동차가 내뿜는 매연은 대기 오염의 원인이 되어 다른 사람들의 건강을 ✛해쳐요. 그래서 ✛정부에서는 환경과 관련된 세금을 ✛인상하여 매연을 뿜는 자동차를 덜 타게 하는 등 여러 방법을 사용해 부정적 외부 효과를 줄이려고 노력한답니다.

낱말 풀이

✛ **들러**: 지나가는 길에 잠깐 들어가 머물러.

✛ **의도**: 무엇을 하고자 하는 생각이나 계획.

✛ **영향**: 어떤 사물의 효과나 작용이 다른 것에 미치는 일.

✛ **긍정적**: 바람직하거나 좋게 볼 만한.

✛ **부정적**: 바람직하지 않은.

✛ **혜택**: 제도나 환경, 다른 사람 등으로부터 받는 도움이나 이익.

✛ **손해**: 돈, 재산 등을 잃거나 정신적으로 해를 입음.

✛ **폐수**: 공장이나 광산에서 쓰고 난 뒤에 버리는 물.

✛ **해쳐요**: 해를 입게 해요.

✛ **정부**: 국가를 다스리는 일을 맡은 부문을 통틀어 이르는 말.

✛ **인상하여**: 물건값, 봉급, 요금 등을 올려.

쏙쏙! 내용 정리

□에 들어갈 알맞은 낱말을 글에서 찾아 쓰세요.

1 '[ㅇ][ㅂ][ㅎ][ㄱ]'는 어떤 사람의 활동이 자신의 의도와 상관없이 다른 사람에게 영향을 주는 것이다.

2 외부 효과는 [ㄱ][ㅈ][ㅈ] 외부 효과와 [ㅂ][ㅈ][ㅈ] 외부 효과로 나뉜다.

3 긍정적 외부 효과는 사람들에게 [ㅈ][ㅇ][ㅇ][ㅎ]을 주는 것이다.

4 [ㅂ][ㅈ][ㅈ] 외부 효과는 사람들에게 좋지 않은 영향을 주는 것이다.

5 정부는 [ㅅ][ㅎ][ㅁ][ㅈ]로 이어질 수 있는 부정적 외부 효과를 줄이려고 노력한다.

---

1 이 글에 대해 알맞게 말한 친구의 이름을 쓰세요.

글의 종류

> 민영: 이 글은 긍정적 외부 효과와 부정적 외부 효과를 비교하여 각각의 장점을 설명하고 있어.
>
> 서진: 이 글은 긍정적 외부 효과와 부정적 외부 효과에 대해 구체적인 예를 들어서 자세히 알려 주고 있어.

(   )

2 외부 효과로 사람들이 받는 영향을 찾아 선으로 이으세요.

내용 이해

(1) **1**의 동네 사람들 ・ ・ ㉮ 공장 폐수로 논농사를 망침.

(2) **3**의 꿀벌을 기르는 사람 ・ ・ ㉯ 과수원이 있어서 꿀벌들이 모아 온 꿀을 얻음.

(3) **4**의 농부 ・ ・ ㉰ 서점이 생겨서 책을 읽고 지식과 즐거움을 얻음.

3 이 글과 일치하는 내용을 두 가지 고르세요. (,   )

내용 이해

① 이미 생긴 부정적 외부 효과는 줄일 수 없다.
② 긍정적 외부 효과로 사회 문제가 생길 수 있다.
③ 언제나 밀접한 관계의 사람만 외부 효과의 영향을 받는다.
④ 정부는 여러 방법으로 부정적 외부 효과를 줄이려고 노력한다.
⑤ 자동차를 이용하는 사람들 때문에 자동차를 이용하지 않는 사람들은 부정적 외부 효과를 받을 수 있다.

4 긍정적 외부 효과를 나타낸 속담은 무엇인가요? (   )

어휘

① 옥에 티
② 수박 겉 핥기
③ 꼬리가 길면 밟힌다
④ 누이 좋고 매부 좋다
⑤ 찬물도 위아래가 있다

다음 기사문에서 밑줄 친 부분은 어떤 외부 효과에 해당되는지 찾아 ○표 하세요.

미래 초등학교 신문	20○○년 ○월 ○일

과일 간식의 두 얼굴

한동안 설탕 시럽을 묻힌 과일을 꼬챙이에 꿰어 먹는 간식이 크게 유행했다. 이것을 파는 가게가 많이 생기고, 이 간식은 어린이, 어른 할 것 없이 큰 사랑을 받았다. 하지만 이로 인해 몇 가지 문제점도 생겼다. 먼저 설탕을 많이 섭취한 초등학생들의 비만 발생률이 높아졌다. 또, 다 먹은 뒤에 꼬챙이를 길거리에 버리는 사람들이 많아 쓰레기 문제도 발생했다.

(긍정적 외부 효과 , 부정적 외부 효과)

4 에 제시된 부정적 외부 효과로 인한 사회 문제를 막기 위해 정부가 할 일로 알맞은 것을 보기 에서 찾아 기호를 쓰세요.

보기
㉮ 친환경 전기차를 개발하도록 비용을 지원한다.
㉯ 허가 없이 오염 물질을 내보낸 기업에 벌금을 내게 한다.
㉰ 일상생활에서 일회용품 대신 재사용 가능한 제품을 사용한다.

(   )

빈칸에 알맞은 말을 써서, 이 글의 짜임을 정리해 보세요.

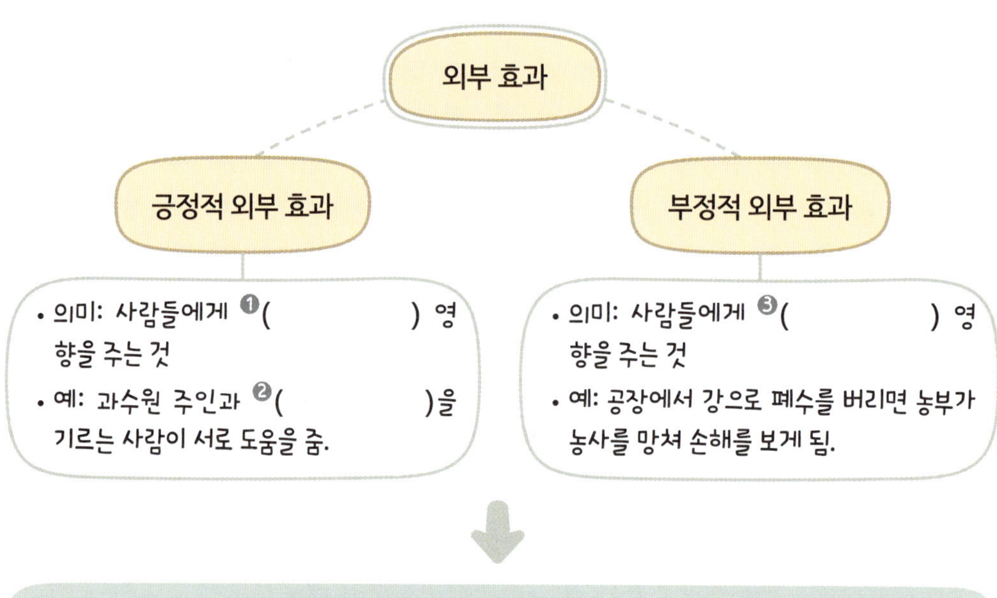

1 다음 뜻을 지닌 낱말을 보기 에서 찾아 쓰세요.

보기

의도, 인상, 긍정적, 부정적

(1) 바람직하지 않은. ( )

(2) 바람직하거나 좋게 볼 만한. ( )

(3) 물건값, 봉급, 요금 등을 올림. ( )

(4) 무엇을 하고자 하는 생각이나 계획. ( )

2 다음 문장의 빈칸에 들어갈 알맞은 낱말을 찾아 선으로 이으세요.

(1) 인터넷은 우리 생활에 큰 ( )을/를 준다. •

• ㉮ 폐수

(2) ( )에서 농어촌을 발전시키는 방안을 마련했다. •

• ㉯ 영향

(3) 공장에서 강에 버린 ( ) 때문에 물고기 가 떼죽음을 당했다. •

• ㉰ 정부

확장

3 다음 밑줄 친 낱말과 뜻이 통하는 낱말을 보기 에서 찾아 쓰세요.

보기

혜택, 피해, 들르다, 해치다

(1) 그는 쉬지 않고 일하다가 건강을 <u>망쳤다</u>. ( )

(2) 주민들이 다양한 <u>이익</u>을 얻도록 노력할 것이다. ( )

(3) 친구가 집에 가는 길에 도서관에 잠시 <u>머무르다</u>. ( )

(4) 새로운 전염병이 퍼진 바람에 <u>해</u>를 입은 사람이 많았다. ( )

오늘
나의 실력은?    부모님의
응원 한마디

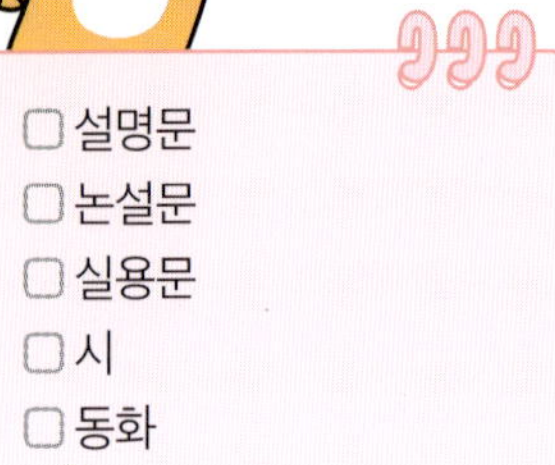

□ 설명문
□ 논설문
□ 실용문
□ 시
□ 동화
☑ 수필

낱말 풀이

✚ **독립심**: 남에게 의지하지 아니하고 살아가려는 마음.

✚ **버겁다**: 물건이나 세력 등이 다루기에 힘에 겹거나 거북하다.

✚ **붙임성**: 남과 잘 사귀는 성질.

✚ **단박**: 그 자리에서 바로.

✚ **인내심**: 괴로움이나 어려움을 참고 견디는 마음.

✚ **콩나물시루**: 콩나물을 빽빽이 넣어서 키우는 둥근 그릇처럼 사람이 몹시 많아서 빽빽함을 비유적으로 이르는 말.

✚ **방랑**: 정한 곳 없이 이리저리 떠돌아다님.

✚ **본질적**: 사물이나 현상의 근본적인 특성에 관한 것.

✚ **리**: 거리의 단위. 1리는 약 0.393km에 해당함.

✚ **의미**: 어떠한 일, 행동, 현상 등이 지닌 가치나 중요성.

1 인도를 여행할 때 뉴질랜드에서 온 가족과 만났다. 삼십 대 후반의 어머니와 아버지, 열 살짜리 남자아이 앤디, 여덟 살짜리 여자아이 제시카, 이렇게 네 명이 일 년간 아시아를 여행하고 있었다.

2 이들과 다니면서 내가 우선 놀란 것은 앤디와 제시카의 ✚독립심이었다. 그 아이들은 자기 짐을 스스로 지고 다녔다. 좀 ✚버겁다 싶은 배낭인데도 부모는 절대 거들어 주지 않았다. 숙소를 정리한다든지, 빨래를 개고 너는 일도 모두 알아서 한다.

"아이들이 할 수 있는 일을 대신하는 것은 독이다!"
라는 것이 어머니 엘리자베스의 주장이다.

3 아이들은 ✚붙임성도 매우 좋았다. 허름한 식당의 주인아저씨, 손수레에서 파인애플을 깎아 파는 아주머니, 길 가는 학생, 열차 안에서 만나는 할아버지 등 만나는 사람마다 ✚단박에 친해진다.

4 나를 다시 놀라게 한 것은 그들의 ✚인내심이다. 한번은 ✚콩나물시루 같은 열차를 타고 서서 가게 되었다. 어른인 나도 숨을 쉴 수 없을 만큼 힘든데, 아이들은 짜증을 내기는커녕 자가용을 타고 있는 듯 편안한 얼굴을 하고 있었다. 하도 기특해서 "힘들지?" 하니까 "아니요, 중국에서는 이렇게 서서 열다섯 시간을 간 적도 있는데요." 한다.

5 영락없는 꼬마들이지만, '선택한 ✚방랑 생활'을 통하여 세상을 살아가면서 꼭 필요한 것들을 배우고 있었다.

누구나 오랫동안의 세계 여행을 할 수 있는 것도 아니고 할 필요도 없다. 세계든 제 나라든 여행에서 얻을 수 있는 것은 ✚본질적으로 같다는 것이 내 생각이다. ㉠많이 부딪히고 보고 느끼고 수많은 사람을 만나면서 스스로 깨닫는 '학습' 시간이라는 점에서 여행은 중요하다.

중국에는 "만 권의 책을 읽고 만 ✚리를 여행한다."라는 말이 있다. 만 권의 책을 읽는 것만큼이나 여행이 중요하다는 뜻이다. 여행은 아무리 생각하여도 ✚의미 있는 공부이다.

쏙쏙! 내용 정리

□에 들어갈 알맞은 낱말을 글에서 찾아 쓰세요.

1 ○○를 여행할 때, ○○ 네 가족을 만났다.

✎ ____________________

2 앤디와 제시카는 ○○○이 있어 할 수 있는 일은 알아서 했다.

✎ ____________________

3 앤디와 제시카는 ○○○도 좋아 만나는 사람마다 단박에 친해졌다.

✎ ____________________

4 앤디와 제시카는 ○○○이 있어 힘든 상황도 잘 참고 견뎠다.

✎ ____________________

5 ○○은 '학습' 시간이라는 점에서 중요하고, 여행은 의미 있는 ○○이다.

✎ ____________________

정답 확인 12쪽

1 〔갈래〕 이 글의 특징으로 알맞은 것은 무엇인가요? (   )

① 주장과 근거를 정리하여 쓴 글이다.

② 글쓴이의 경험을 솔직하게 쓴 글이다.

③ 설명 대상을 자세히 분석하여 쓴 글이다.

④ 현실에서 있을 법한 일을 꾸며 쓴 글이다.

⑤ 반복되는 말을 사용해 리듬감이 느껴지게 쓴 글이다.

2 〔내용 이해〕 글쓴이가 앤디와 제시카를 보며 독립심을 가졌다고 생각한 까닭은 무엇인가요? (   )

① 먹을거리를 스스로 구했기 때문에

② 여행할 곳의 일정을 스스로 짰기 때문에

③ 직접 돈을 벌어 여행 경비를 마련했기 때문에

④ 일정 기간 동안 혼자서 여행을 다녔기 때문에

⑤ 여행을 하면서 해야 할 일을 스스로 했기 때문에

3 〔내용 이해〕 앤디와 제시카에 대한 설명으로 알맞은 것을 〔보기〕에서 찾아 기호를 쓰세요.

> **보기**
> ㉮ 처음 만난 사람과 대화하지 못했다.
> ㉯ 힘든 상황을 견디지 못하고 금방 포기했다.
> ㉰ 여행을 하며 살아가면서 꼭 필요한 것들을 배웠다.

(   )

4 〔어휘〕 ㉠과 뜻이 통하는 사자성어를 찾아 ○표 하세요.

(1) 이구동성(異口同聲): 입은 다르나 목소리는 같다.

(   )

(2) 불여일견(不如一見): 제 눈으로 직접 보는 것이 중요하다.

(   )

5 _{적용} 이 글에 나오는 앤디, 제시카와 닮은 친구를 모두 고르세요. (　　,　　,　　)

① 새로운 것이나 모르는 것을 두려워하는 서희

② 책임감이 뛰어나 자기 할 일을 스스로 하는 준우

③ 붙임성이 좋아 다른 사람들과 쉽게 친해지는 재석

④ 어른들의 간섭을 싫어하고 모든 일을 자기 뜻대로 결정하는 연세

⑤ 어려운 환경 속에서도 짜증을 내지 않고 극복하려고 노력하는 이안

6 _{추론} 만약 앤디와 제시카의 어머니인 엘리자베스가 다음과 같은 생각을 가지고 있었다면, 앤디와 제시카는 어떤 성격을 가지게 되었을지 바르게 나타낸 것을 찾아 ○표 하세요.

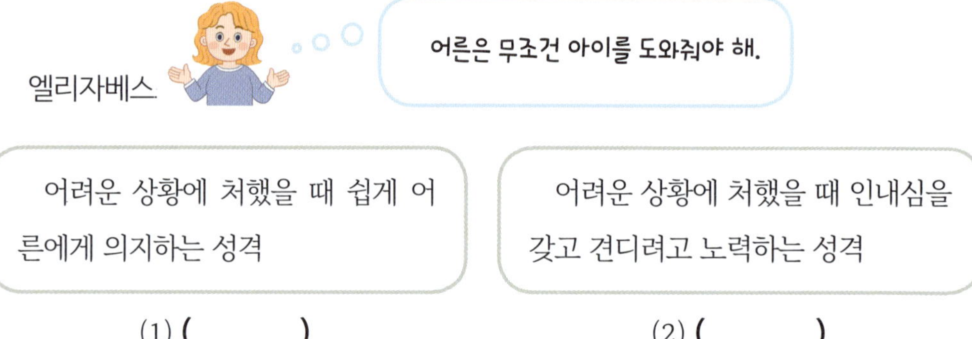

어려운 상황에 처했을 때 쉽게 어른에게 의지하는 성격

(1) (　　　　)

어려운 상황에 처했을 때 인내심을 갖고 견디려고 노력하는 성격

(2) (　　　　)

7 _{글의 구조} 빈칸에 알맞은 말을 써서, 이 글의 짜임을 정리해 보세요.

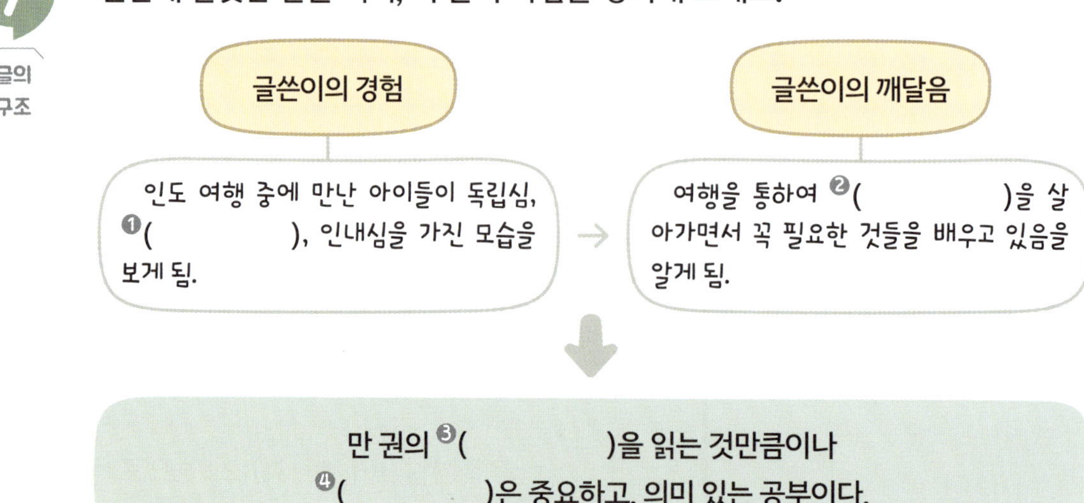

1 다음 낱말의 뜻으로 알맞은 것을 찾아 선으로 이으세요.

(1) 독립심 •

(2) 붙임성 •

(3) 인내심 •

• ㉮ 남과 잘 사귀는 성질.

• ㉯ 괴로움이나 어려움을 참고 견디는 마음.

• ㉰ 남에게 의지하지 아니하고 살아가려는 마음.

2 다음 문장의 빈칸에 들어갈 알맞은 낱말을 보기 에서 찾아 쓰세요.

보기
단박, 방랑, 의미, 본질적

(1) 내 생각과 친구의 생각은 ( )으로 다르다.
(2) 원영이는 음악을 듣자마자 ( )에 제목을 말했다.
(3) 나는 달리기 대회에 참가했다는 것에 ( )을/를 두었다.
(4) 삼촌은 오랜 시간 동안 발길 닿는 대로 다니는 ( ) 생활을 했다.

확장

3 다음 밑줄 친 낱말의 알맞은 뜻을 보기 에서 찾아 기호를 쓰세요.

보기
깎다
① 칼 등으로 물건의 겉 부분을 얇게 벗겨 내다.
② 값이나 금액을 낮추어서 줄이다.
③ 체면이나 명예를 상하게 하다.

(1) 새로 산 칼로 사과를 깎았다. ( )
(2) 어머니는 생선값을 오천 원이나 깎으셨다. ( )

오늘
나의 실력은?   

부모님의
응원 한마디

- ☐ 설명문
- ☐ 논설문
- ☑ 실용문
- ☐ 시
- ☐ 동화
- ☐ 극본

낱말 풀이

✚ **개최합니다:** 모임, 행사, 경기 등을 조직적으로 계획하여 엽니다.

✚ **다채로운:** 여러 색, 종류, 모양 등이 어울려 다양하고 화려한.

✚ **부:** 많은 재산.

✚ **상징:** 눈에 보이지 않는 것을 나타낸 구체적인 사물.

✚ **유물:** 앞선 시대에 살았던 사람들이 후대에 남긴 물건.

✚ **병풍:** 방 안에 세워 놓는, 직사각형으로 짠 나무틀에 종이를 바르고 그 위에 수를 놓거나 그림을 그려 만든 물건.

✚ **자수:** 옷감이나 천에 색실로 그림, 글자, 무늬 등을 수놓은 것.

✚ **오해:** 어떤 것을 잘못 알거나 잘못 해석함.

✚ **선조:** 먼 윗대의 조상.

✚ **탐구해:** 학문 등을 깊이 파고들어 연구해.

1 서울 종로구에 있는 국립고궁박물관이 오는 10월 7일부터 10월 31일까지 '인생과 함께한 모란' 전시회를 ✚개최합니다. 이번 전시회에서는 신라 시대부터 조선 시대까지 사랑받았던 ⓐ ㉠ 의 ✚다채로운 모습을 보여 줍니다.

2 모란은 신라 시대에 중국에서 우리나라로 들어왔다고 전해집니다. 당시 사람들은 모란을 아름다운 꽃으로 여겼고, ✚부와 행복의 ✚상징으로 생각했습니다. 조선 시대에는 궁중에서부터 민간에 이르기까지 두루 모란 그림이 유행하여 많은 모란 그림이 그려졌습니다. 이번 전시회에서는 조선 시대에 그려진 다양한 모란 그림을 감상할 수 있습니다.

3 그리고 이번 전시회에서 모란이 담긴 ✚유물들도 살펴볼 수 있습니다. 모란은 특히 조선 시대의 행사에 자주 등장했습니다. 조선 시대 사람들은 결혼식 같은 중요한 행사가 있을 때 모란꽃 모양으로 만든 떡을 마련하고, 모란 그림이 그려진 ✚병풍을 ㉡세웠습니다. 또, 결혼식 때 입는 옷에 모란 무늬의 ✚자수를 수놓았고, 각종 생활용품을 모란 무늬로 장식했습니다. 이러한 유물들을 전시회에서 보고, 역사 속 모란의 의미를 생각해 볼 수 있습니다.

4 또, 모란의 향기를 직접 맡아 보는 특별한 체험도 할 수 있습니다. 모란이 향기가 없다는 ✚오해와 달리, 모란은 그윽한 향기가 있습니다. 이번 전시회를 통해 모란의 향기를 직접 느껴 볼 수 있습니다. 모란의 향기를 맡아 보는 것은 여러분에게 아주 특별한 경험이 될 것입니다.

5 '인생과 함께한 모란' 전시회에서 모란이 가진 아름다움과 역사적 의미를 알아볼 수 있습니다. 이번 전시회를 관람하며 모란꽃의 아름다움을 감상하고, 과거 ✚선조들이 모란을 어떻게 즐기고 사랑했는지 ✚탐구해 보시길 바랍니다.

□에 들어갈 알맞은 낱말을 글에서 찾아 쓰세요.

1 국립고궁박물관에서 오는 10월 7일부터 10월 31일까지 '인생과 함께한 모란' ⃞ⓈⒽ 를 개최한다.

✏ ______________

2 모란은 신라 시대에 우리나라로 들어왔고, 조선 시대에 모란 그림이 유행하여 많이 그려졌다. 전시회에서 조선 시대에 그려진 다양한 모란 ⃞⃞ 을 감상할 수 있다.

✏ ______________

3 전시회에서 조선 시대의 모란 그림이 그려진 병풍, 모란 무늬의 자수를 수놓은 옷 등 모란이 담긴 ⃞⃞ 들을 살펴볼 수 있다.

✏ ______________

4 전시회에서 모란의 ⃞⃞ 를 직접 맡아 보는 특별한 체험도 할 수 있다.

✏ ______________

5 전시회에서 모란이 가진 아름다움과 ⃞⃞ 적 의미를 알아볼 수 있다.

✏ ______________

---

1 핵심어

㉠에 들어갈 알맞은 말을 글에서 찾아 쓰세요.

(   )

2 내용 이해

이 글의 내용으로 알맞은 것에 〇표, 알맞지 <u>않은</u> 것에 ✕표 하세요.

(1) 모란은 신라 시대에 중국으로부터 유래되었다. (   )

(2) 조선 시대에는 모든 신분 계층에서 모란 그림이 유행했다.
(   )

(3) 신라 시대의 중요한 행사에서는 모란 그림이 그려진 병풍을 세웠다. (   )

(4) 최근 들어 우리나라 사람들은 모란을 부와 행복의 상징으로 여기게 되었다. (   )

(5) 이번 전시회에서는 조선 시대보다 신라 시대의 모란 유물을 더 많이 전시한다. (   )

3 내용 이해

'인생과 함께한 모란' 전시회에서 할 수 있는 것을 모두 고르세요. (,   ,   )

① 모란 향기 맡기   ② 모란 자수 수놓기

③ 모란 그림 그리기   ④ 모란 그림 감상하기

⑤ 모란으로 장식한 유물 보기

4 어휘

㉡의 뜻으로 알맞은 것을 보기 에서 찾아 기호를 쓰세요.

보기

㉮ 나라나 기관 등을 처음으로 생기게 하다.

㉯ 처져 있던 것을 똑바로 위를 향하여 곧게 하다.

㉰ 부피를 가진 어떤 물체를 땅 위에 수직의 상태로 있게 하다.

(   )

'인생과 함께한 모란' 전시회를 관람한 사람의 말로 알맞은 것은 무엇인가요?

(   )

① 모란의 종류별 특징과 구조에 대해 자세히 알게 됐어.

② 요즘 등장한 신인 작가들의 모란 그림이 새롭고 신선했어.

③ 우리 선조들이 사랑했던 다양한 꽃을 접하게 되어 즐거웠어.

④ 조선 시대의 모란 유물들을 통해 조선 시대 결혼식 장면을 떠올려 볼 수 있었어.

⑤ 전시된 모란 무늬 자수 가운데 조선 시대 모란 무늬 자수가 다른 시대에 비해 평범하여 아쉬웠어.

다음 두 사진을 추가하기에 가장 알맞은 문단은 무엇인가요? (   )

① 문단 **1**   ② 문단 **2**   ③ 문단 **3**

④ 문단 **4**   ⑤ 문단 **5**

빈칸에 알맞은 말을 써서, 이 글의 짜임을 정리해 보세요.

'인생과 함께한 모란' 전시회 안내

- 기간 — 10월 7일~10월 ❶(   )
- 장소 — 서울 ❷(   )에 있는 국립 고궁박물관
- 전시 내용 — 모란 그림과 모란 무늬로 장식한 유물 감상, 모란 향기 ❸(   )

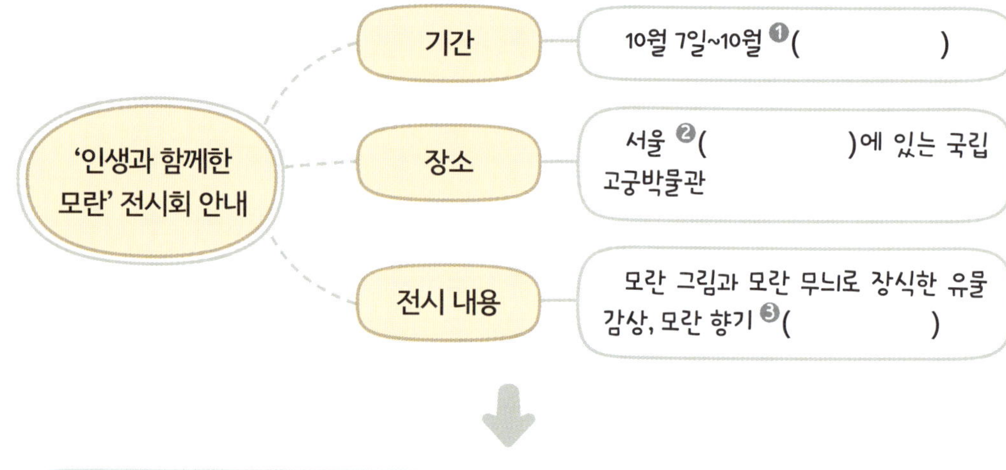

'인생과 함께한 ❹(   )' 전시회에서는
모란이 가진 아름다움과 모란의 역사적 의미를 알아볼 수 있다.

1 다음 뜻에 알맞은 낱말을 완성하여 쓰세요.

(1) 먼 윗대의 조상. → ㅅ ㅈ

(2) 학문 등을 깊이 파고들어 연구하다. → ㅌ ㄱ ㅎ ㄷ

(3) 눈에 보이지 않는 것을 나타낸 구체적인 사물. → ㅅ ㅈ

(4) 여러 가지 색, 종류, 모양 등이 어울려 다양하고 화려하다. → ㄷ ㅊ ㄹ ㄷ

2 다음 낱말이 들어갈 문장을 찾아 선으로 이으세요.

(1) 부 •

(2) 유물 •

(3) 개최 •

• ㉮ 소금을 팔아서 (　　　)을/를 축적하던 때가 있었다.

• ㉯ 월드컵 (　　　)을/를 앞두고 편의 시설을 준비하고 있다.

• ㉰ 박물관은 (　　　)이/가 훼손되지 않도록 철저하게 관리한다.

확장

3 다음 낱말이 아래의 문장에서 어떤 뜻으로 사용되었는지 번호를 쓰세요.

자수

① 범인이 스스로 수사 기관에 자기의 죄를 알리고 처벌을 구하는 일.

② 옷감이나 천에 색실로 그림, 글자, 무늬 등을 수놓는 일. 또는 그 수.

(1) 범인이 자신의 잘못을 인정하고 자수를 하였다. (　　　)
(2) 지안이가 하얀 옷에 꽃 모양의 자수를 정성껏 놓았다. (　　　)

오늘
나의 실력은?   

부모님의
응원 한마디

1 부엌은 집 안에서 밥을 짓고 반찬을 ✛조리하는 곳이다. 지방에 따라 '정지'라고 부르기도 한다. ✛온돌 ✛난방이 줄고 아파트 생활을 많이 하면서 '주방'이라는 말로 바뀌어 가고 있다.

2 부엌은 온돌 사용에 맞게 발달하여 왔다. 아궁이의 구조는 밥을 짓고 방을 데우는 두 가지 ✛기능에 알맞게 만들어졌다. ✛재래식 부엌 바닥이 방보다 훨씬 낮은 것은 아궁이 불길이 안방 ✛구들을 지나면서 방을 데우도록 하기 위하여서이다.

3 아궁이 위에는 솥을 건다. 솥은 무쇠를 녹여서 만들었다. 보통 부엌에는 두세 개의 솥이 걸려 있어서 밥과 국을 한꺼번에 끓이고, 양이 적은 반찬은 냄비에 따로 ✛지졌다. 큰 솥을 가마솥이라고 하는데, 많은 양의 음식을 끓이는 데 사용하였다.

4 아궁이 위에 솥을 걸어 놓는 평평한 ✛언저리가 부뚜막이다. 부뚜막 위 벽, 손이 닿는 곳에 ✛선반을 만들어 자주 쓰는 그릇을 얹어 놓았다. 이를 '살강'이라고 한다.

5 재래식 부엌은 집을 향해서 보아 왼쪽에 둔다. 그것은 솥에서 밥을 풀 때에 대문 쪽으로 내어 퍼서 복이 나가는 일이 없도록 하기 위하여서였다.

6 이처럼 부엌은 예로부터 식사에 관련된 일을 하는 곳으로 사용되어 왔다. ㉠"부뚜막의 소금도 집어넣어야 짜다.", ㉡"부엌에서 숟가락을 얻었다." 등 부엌에 얽힌 여러 속담이 전하여 내려온다.

낱말 풀이

✛ **조리하는**: 요리를 만드는.

✛ **온돌**: 아궁이의 따뜻한 기운이 방 밑을 통과하여 방을 덥히는 장치.

✛ **난방**: 실내의 온도를 높여 따뜻하게 하는 일.

✛ **기능**: 작용을 함. 또는 그런 것.

✛ **재래식**: 예전부터 전하여 내려오는 방식.

✛ **구들**: 밑으로 불기운이 통하여 방을 덥게 만드는 방바닥.

✛ **지졌다**: 국물을 조금 부어 익히거나 기름을 바르고 부쳐 익혔다.

✛ **언저리**: 어떤 곳이나 사물의 둘레 부분.

✛ **선반**: 물건을 얹어 두기 위하여 벽에 달아 놓은 긴 널빤지.

□에 들어갈 알맞은 낱말을 글에서 찾아 쓰세요.

1 부엌은 집 안에서 ㅂ을 짓고 ㅂㅊ을 조리하는 곳으로, '정지', '주방'이라고도 부른다.

2 부엌에서 ㅇㄱㅇ의 구조는 밥을 짓고 방을 데우는 기능에 알맞게 만들어졌다.

3 아궁이 위에 무쇠를 녹여서 만든 ㅅ을 걸어 두었다.

4 아궁이 위에 솥을 걸어 놓는 평평한 언저리는 ㅂㄸㅁ이고, 부뚜막 위 벽에 '살강'이 있었다.

5 재래식 부엌은 집을 향해서 보아 ㅇㅉ에 두었다.

6 부엌에 얽힌 여러 ㅅㄷ이 전하여 내려온다.

정답 확인 14쪽

1 핵심어

이 글의 중심 낱말은 무엇인가요? (　　　)

① 솥　　　　② 부엌　　　　③ 살강
④ 아궁이　　　⑤ 부뚜막

2 내용 이해

문제 **1**번의 답에 대한 설명으로 알맞은 것은 무엇인가요?

(　　　)

① 부뚜막 사용에 맞게 발달하여 왔다.
② 가마솥을 걸어 놓는 평평한 곳이 있었다.
③ 이름이 '정지', '주방'이라는 말로 점차 바뀌고 있다.
④ 집 안에서 음식을 조리하는 곳과 가장 먼 곳에 위치했다.
⑤ 조상들이 많은 양의 음식을 빨리 끓이기 위해 다양한 형태로 지었다.

3 내용 이해

아궁이에 대한 설명으로 알맞은 것을 모두 고르세요.

(　　,　　,　　)

① 아궁이 위에 솥을 건다.
② 아궁이는 무쇠를 녹여서 만든다.
③ 아궁이는 아파트 생활에 알맞은 구소로 되어 있다.
④ 아궁이 불길이 안방 구들을 지나면서 방을 데운다.
⑤ 아궁이 구조는 밥을 짓고 방을 데우는 기능과 관련이 깊다.

4 어휘

㉠, ㉡ 중 다음 설명에 알맞은 속담을 찾아 기호를 쓰세요.

> 가까운 부뚜막에 있는 소금도 넣지 않으면 음식이 짠맛이 날 수 없다는 뜻으로, 아무리 좋은 조건이 마련되었거나 손쉬운 일이라도 힘을 들이어 이용하거나 하지 아니하면 안 됨을 이르는 말이다.

(　　　　)

다음은 재래식 부엌을 찍은 사진입니다. 빨간색으로 표시한 부분의 이름은 무엇인가요? (   )

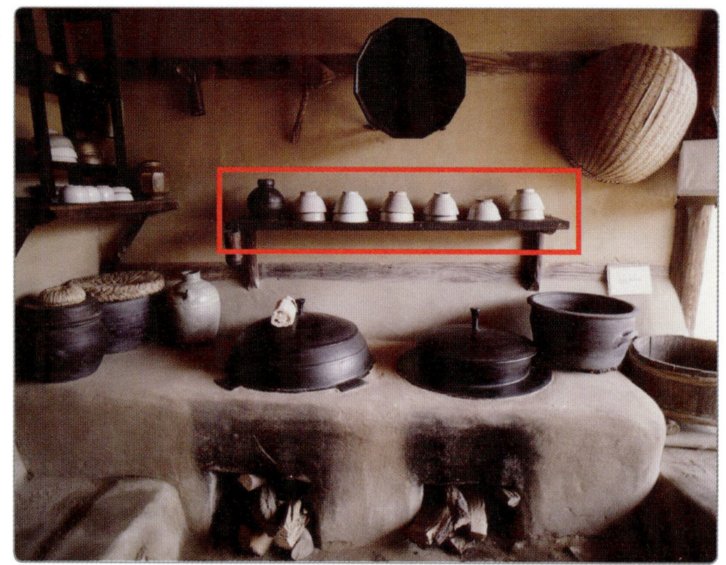

① 온돌   ② 살강   ③ 가마솥   ④ 부뚜막   ⑤ 아궁이

이 글을 읽고, 답을 찾을 수 <u>없는</u> 질문은 무엇인가요? (   )

① 가마솥의 쓰임새는 무엇인가요?
② 부엌의 다른 이름 두 가지는 무엇인가요?
③ 재래식 부엌 바닥은 왜 방보다 훨씬 낮은가요?
④ 부엌을 집을 향해서 보아 왼쪽에 둔 까닭은 무엇인가요?
⑤ 기와집과 초가집의 부엌 형태를 구분하는 기준은 무엇인가요?

빈칸에 알맞은 말을 써서, 이 글의 짜임을 정리해 보세요.

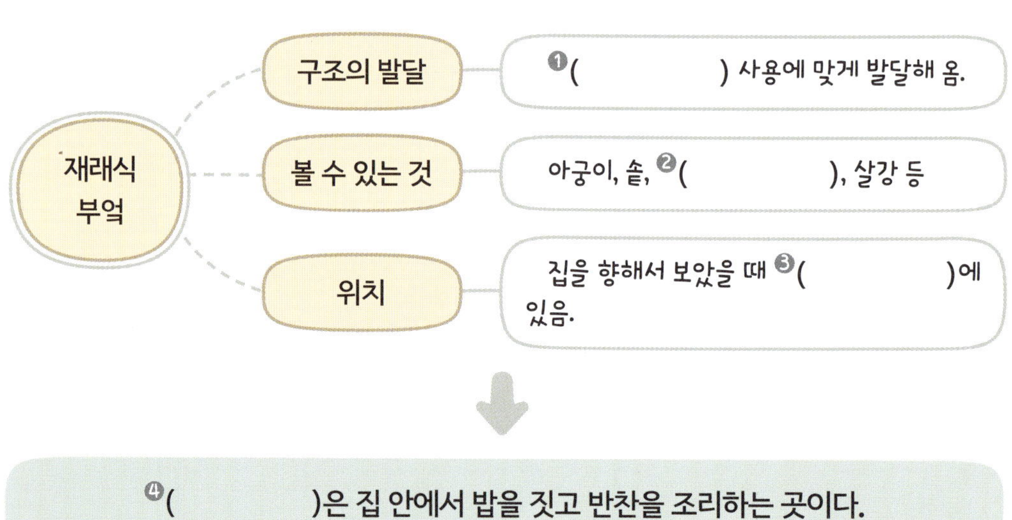

탄탄 어휘 마무리

1 다음 낱말의 뜻을 [보기]에서 찾아 기호를 쓰세요.

> **보기**
> ㉮ 작용을 함. 또는 그런 것.
> ㉯ 어떤 곳이나 사물의 둘레 부분.
> ㉰ 예전부터 전하여 내려오는 방식.
> ㉱ 아궁이의 따뜻한 기운이 방 밑을 통과하여 방을 덥히는 장치.

(1) 온돌: (　　　　　　　　)   (2) 기능: (　　　　　　　　)

(3) 재래식: (　　　　　　　　)   (4) 언저리: (　　　　　　　　)

2 다음 초성과 뜻을 참고하여 빈칸에 알맞은 낱말을 쓰세요.

(1) ㄴㅂ: 실내의 온도를 높여 따뜻하게 하는 일.

　　예 이 방은 (　　　　　　　　) 장치가 고장이 나 겨울에 춥다.

(2) ㅅㅂ: 물건을 얹어 두기 위하여 벽에 달아 놓은 긴 널빤지.

　　예 (　　　　　　　　) 위에 작은 인형들을 올려 두었다.

(3) ㅈㅈㄷ: 국물을 조금 부어 익히거나 기름을 바르고 부쳐 익히다.

　　예 명절마다 떡을 찌고 전을 (　　　　　　　　).

확장

3 낱말의 관계가 [보기]와 같은 것을 모두 찾아 ○표 하세요.

> **보기**
> 부엌　　–　　정지

(1) 과일 – 배　　(　　　　)   (2) 꽃 – 개나리　　(　　　　)

(3) 남자 – 여자　　(　　　　)   (4) 책방 – 서점　　(　　　　)

(5) 오른쪽 – 왼쪽　　(　　　　)   (6) 아이 – 어린이　　(　　　　)

오늘 나의 실력은?    　부모님의 응원 한마디

☐ 설명문
☐ 논설문
☐ 실용문
☐ 시
☑ 동화
☐ 극본

1 어느 날 ✦산신령이 새들을 불러 모아 놓고 말하였다.

"너희들 가운데 가장 아름다운 새를 왕으로 ✦삼겠다. 일주일 뒤에 모두 모여라."

2 새들은 왕으로 뽑히기 위하여 자기를 아름답게 꾸미기 시작하였다. 시냇물에 몸을 닦은 두루미가 물에 자기 몸을 ✦비추며 말하였다.

"난 정말 아름다워. 산신령님이 나를 왕으로 뽑아 주실 거야."

"흥, 말도 안 돼! 내가 새들의 왕이 될 거야."

옆에 있던 꾀꼬리가 노란 깃털을 뽐내며 말하였다.

㉠"너희가 아무리 꾸민다고 해도 내 꽁지를 따라올 수 있겠니?"

공작이 알록달록한 꽁지를 활짝 펴며 ✦우쭐대었다.

까마귀도 왕이 되고 싶어 날마다 숲속을 돌아다니며 다른 새들이 떨어뜨린 깃털을 주워 모았다. 그러고는 그것을 몸에 꽂아 ✦치장하였다.

"참 신기하네. 빨강, 초록, 노랑, 보라의 깃털을 몸에 꽂으니까 정말 멋진데! 이 정도면 내가 왕이 될 거야."

3 약속한 날이 되어, 새들이 모두 모였다. 까마귀도 어깨를 ✦으스대며 그곳에 ✦참석하였다. 산신령이 새들을 살펴보다가 말하였다.

"오! 처음 보는 아름다운 새로구나. 너를 새들의 왕으로 삼겠다."

4 그 말을 들은 다른 새들이 모두 놀라며 까마귀를 쳐다보았다.

"처음 보는 새인데, 넌 누구니?" / "난 까마귀야."

"뭐, 까마귀라고?"

새들이 까마귀를 둘러싸고 물었다.

그때, 공작이 까마귀의 깃털 중에서 자기의 것을 ✦발견하였다.

"어, 이건 내 깃털이잖아?" / "이건 내 건데……."

새들이 하나둘 자기의 깃털을 뽑아 갔다. 그러자 까마귀는 ㉡제 모습으로 돌아왔다.

"하하하, 남의 깃털을 자기 깃털인 척하다니."

다른 새들이 모두 까마귀를 보고 ✦비웃었다.

낱말 풀이

✦**산신령**: 산을 지키고 다스리는 신.

✦**삼겠다**: 무엇을 무엇이 되게 하거나 여기겠다.

✦**비추며**: 빛을 반사하는 물체에 어떤 물체의 모습이 나타나게 하며.

✦**우쭐대었다**: 자신 있게 자꾸 뽐내었다.

✦**치장하였다**: 잘 매만져 곱게 꾸몄다.

✦**으스대며**: 어울리지 않게 우쭐거리며 뽐내며.

✦**참석하였다**: 모임이나 회의 등의 자리에 참여하였다.

✦**발견하였다**: 미처 찾아내지 못하였거나 아직 알려지지 않은 것을 찾아냈다.

✦**비웃었다**: 흉을 보듯이 기분 나쁘게 웃었다.

쏙쏙! 내용 정리

□에 들어갈 알맞은 낱말을 글에서 찾아 쓰세요.

1 산신령이 새들 가운데 가장 아름다운 새를 ○으로 삼겠다고 말했다.

✎ _______________

2 새들은 왕이 되고 싶어 자기를 아름답게 꾸몄다. 그중 까마귀는 다른 ㅅ들이 떨어뜨린 ㄱㅌ을 자기 몸에 꽂아 치장하였다.

✎ _______________

3 산신령이 ㄲㅁㄱ를 왕으로 뽑았다.

✎ _______________

4 새들이 까마귀에게서 자기의 깃털을 뽑아 가자, 결국 까마귀는 제 ㅁㅅ으로 돌아왔다.

✎ _______________

---

1 **갈래** 이 글에서 사건의 중심이 되는 인물은 누구인지 쓰세요.

(   )

2 **내용 이해** ㉠의 말에 담긴 인물의 마음으로 알맞은 것은 무엇인가요?

(   )

① 다른 새들을 무시하는 마음
② 다른 새들을 걱정하는 마음
③ 다른 새들을 미워하는 마음
④ 다른 새들을 도우려는 마음
⑤ 다른 새들을 불쌍히 여기는 마음

3 **내용 이해** 다른 새들이 까마귀를 보고 비웃은 까닭은 무엇인가요?

(   )

① 까마귀가 생전 처음 본 새여서
② 까마귀가 왕이 된 것이 못마땅해서
③ 까마귀의 원래 깃털 색이 까만색인 것이 우스워서
④ 여러 깃털을 꽂은 까마귀의 모습이 아름답지 않아서
⑤ 까마귀가 아름다워 보이려고 남의 깃털을 이용하여서

4 **어휘** ㉡에 쓰인 뜻과 같은 뜻으로 쓰인 문장은 무엇인가요?

(   )

① 이 냉장고는 한국제입니다.
② 제 일을 남에게 시키면 안 된다.
③ 제2차 세계 대전에 대해 알고 있나요?
④ 어릴 제 같이 놀던 그 친구들이 그립다.
⑤ 플라스틱제로 만든 제품이 환경을 오염시킨다.

5 감상

이 글의 내용을 바르게 이해한 친구를 찾아 ○표 하세요.

 ( )  ( )  ( )

6 주제

이 글의 교훈을 들려주기에 가장 알맞은 친구를 보기 에서 찾아 기호를 쓰세요.

보기
㉮ 웃어른의 말을 잘 듣지 않고 버릇없이 행동하는 친구

㉯ 남을 속여서라도 원하는 것을 차지하는 욕심 많은 친구

㉰ 주변 사람들을 배려하지 않고 자기만 생각하는 이기적인 친구

( )

7 글의 구조

빈칸에 알맞은 말을 써서, 이 글의 짜임을 정리해 보세요.

가장 ❶( )를 새들의 왕으로 뽑기로 함.

다른 새들

두루미는 몸을 닦고 물에 자기를 비추어 보았고, ❷( )는 노란 깃털을 뽐냈고, ❸( )은 알록달록한 꽁지를 활짝 펴며 우쭐댐.

까마귀

다른 새들이 떨어뜨린 깃털을 자기 몸에 꽂아 ❹( )으로 뽑혔지만 결국에는 다른 새들에게 자기 ❺( )이 아닌 것이 들통남.

남의 것을 자기 것인 척한 까마귀의 행동은 정직하지 못한 행동이다.

1 다음 뜻을 가진 낱말을 찾아 선으로 이으세요.

(1) 자신 있게 자꾸 뽐내다. · · ㉮ 삼다

(2) 흉을 보듯이 기분 나쁘게 웃다. · · ㉯ 비추다

(3) 무엇을 무엇이 되게 하거나 여기다. · · ㉰ 비웃다

(4) 빛을 반사하는 물체에 어떤 물체의 모습이 나타나게 하다. · · ㉱ 우쭐대다

2 다음 문장의 빈칸에 들어갈 알맞은 낱말을 보기 에서 찾아 쓰세요.

보기
> 치장하다, 으스대다, 발견하다

(1) 땅속에서 보물을 ( ).
(2) 언니가 머리를 예쁘게 ( ).
(3) 영준이가 자신의 집에 책이 많다고 ( ).

확상
3 다음 밑줄 친 낱말과 뜻이 반대인 낱말을 찾아 ○표 하세요.

　'약방에 감초'라는 속담을 들어본 적이 있나요? '감초'는 콩과의 여러해살이풀이에요. 감초에서 붉은 갈색의 뿌리는 단맛을 내어 예로부터 한약을 만들 때 넣었어요. 이처럼 한약에 감초를 넣는 경우가 많아 한약방에 감초가 반드시 있다는 데서 '약방에 감초'라는 말이 생겼어요. 어떤 일에나 빠짐없이 <u>참석하는</u> 사람을 '약방에 감초'라고 부르지요.

(참여하는, 불참하는, 은폐하는)

오늘
나의 실력은?   　부모님의
응원 한마디

☑ 설명문
☐ 논설문
☐ 실용문
☐ 시
☐ 동화
☐ 극본

1 ✦생체 ✦인식 기술은 ✦지문, ✦홍채, 얼굴과 같은 사람의 생체 정보를 이용해서 개인을 ✦식별하는 기술을 말해요. 그리고 ✦안면 인식 기술은 생체 인식 기술 중 하나예요. 안면 인식 기술은 사람 얼굴의 형태와 눈, 코, 입 같은 부분의 특징을 분석해서 사람을 구별하는 기술이에요.

2 안면 인식 기술은 카메라를 사용하여 얼굴의 다양한 특징을 ✦파악하고, 컴퓨터에 저장해 두어요. 눈, 코, 입 등의 위치와 두 눈썹 사이의 거리, 얼굴의 ✦골격 등을 분석하여 개인의 고유한 특징을 ✦데이터로 저장하지요. 그리고 나중에 카메라로 인식한 얼굴을 저장된 얼굴 정보와 비교해서 사람을 식별하는 방식으로 작동해요. 이때, 같은 얼굴일지라도 바라보는 방향이나 표정, 고개의 기울기 정도, 카메라와 얼굴의 거리 등에 따라서 정확하게 인식하지 못할 수도 있어요. 그래서 얼굴 정보를 두 가지 이상 합하여 안면을 인식해요.

3 이러한 안면 인식 기술은 오늘날 일상생활에서 자주 활용되는데, 크게 두 가지 용도로 쓰여요. 먼저 비밀번호를 대신하여 사용해요. 스마트폰이나 노트북 같은 기기에는 등록된 얼굴을 카메라에 비추면 자동으로 잠금이 ✦해제되는 기능이 있어요. 그리고 ✦신원 확인용으로 쓰여요. 예를 들어, 공항에서 안면 인식으로 사람을 ［ ㉠ ］해서 출입국 심사를 하기도 하지요.

4 하지만 안면 인식 기술을 사용할 때 몇 가지 문제점도 있어요. 첫 번째로, 개인의 얼굴 정보가 저장되어야 하기 때문에 개인 정보를 보호하기 어려울 수 있어요. 두 번째로, 사생활이 ✦침해될 수 있어요. 안면 인식 기술로 개인이 어디에 있었는지, 무엇을 했는지에 대한 자세한 데이터를 ✦수집하고 저장할 수 있기 때문이에요.

5 안면 인식 기술은 현대 사회에서 주목받는 혁신적인 기술로, 우리가 편리한 생활을 누릴 수 있게 해 주었어요. 앞으로 우리는 사람들의 개인 정보를 안전하게 보호하면서, 모두가 ✦동의한 방식으로 안면 인식 기술을 사용하도록 주의를 기울여야 하겠어요.

낱말 풀이

✦ **생체**: 생물의 몸. 또는 살아 있는 몸.

✦ **인식**: 사물을 분별하고 판단하여 앎.

✦ **지문**: 손가락 끝마디 안쪽에 있는 살갗의 무늬.

✦ **홍채**: 눈에 있는, 둥근 모양의 얇은 막.

✦ **식별하는**: 분별하여 알아보는.

✦ **안면**: 눈, 코, 입이 있는 머리의 앞면.

✦ **파악하고**: 어떤 대상의 내용이나 본질을 확실하게 이해하여 알고.

✦ **골격**: 동물의 체형을 이루고 몸을 지탱하는 뼈.

✦ **데이터**: 컴퓨터가 처리할 수 있는 문자, 숫자, 소리, 그림 등의 형태로 된 정보.

✦ **해제되는**: 설치되었거나 장비된 것 등이 풀려 없어지는.

✦ **신원**: 개인의 신분이나 주소, 직업 등과 같은 정보.

✦ **침해될**: 침범되어 해를 입을.

✦ **수집하고**: 거두어 모으고.

✦ **동의한**: 의견을 같이한.

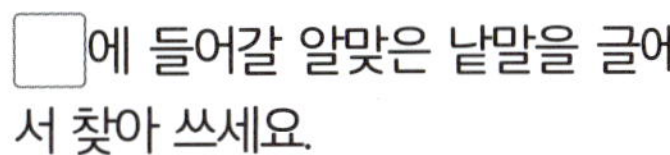

쏙쏙! 내용 정리

□에 들어갈 알맞은 낱말을 글에서 찾아 쓰세요.

1 ㅇㅁㅇㅅ 기술은 사람 얼굴의 형태와 눈, 코, 입 같은 부분의 특징을 분석해서 사람을 구별하는 기술이다.

2 안면 인식 기술은 ㅋㅁㄹ로 인식한 얼굴을 저장된 얼굴 정보와 비교해서 사람을 식별하는 방식으로 작동한다.

3 안면 인식 기술은 일상생활에서 ㅂㅁㅂㅎ를 대신하여 사용하거나 신원 확인용으로 쓰인다.

4 안면 인식 기술을 사용할 때 개인 정보 보호가 어렵다는 문제와 ㅅㅅㅎㅊㅎ 문제가 발생할 수 있다.

5 안면 인식 기술은 개인의 정보를 안전하게 보호하면서, 모두가 ㄷㅇ한 방식으로 사용해야 한다.

정답 확인 16쪽

1 핵심어

이 글의 제목으로 가장 알맞은 것은 무엇인가요? (　　　)

① 생체 인식 기술
② 안면 인식 기술
③ 개인 정보 보호법
④ 데이터 수집 능력
⑤ 컴퓨터의 정보 표현

2 내용 이해

안면 인식 기술이 저장하는 정보로 알맞은 것을 모두 고르세요. (　　,　　,　　)

① 음성
② 정맥 분포
③ 얼굴의 골격
④ 눈, 코, 입의 위치
⑤ 두 눈썹 사이의 거리

3 내용 이해

이 글의 내용으로 알맞은 것에 ○표, 알맞지 <u>않은</u> 것에 ✕표 하세요.

(1) 생체 인식 기술은 안면 인식 기술 가운데 하나이다.
(　　　)

(2) 안면 인식 기술을 개인의 신분, 직업 등을 확인하는 용도로 쓴다. (　　　)

(3) 안면 인식 기술로 개인의 위치 정보에 대한 데이터를 저장할 수 있다. (　　　)

(4) 안면 인식 기술은 여러 문제점을 발생시켜 아직 일상생활에는 도입되지 못하고 있다. (　　　)

4 어휘

㉠에 들어갈 말로 알맞은 것은 무엇인가요? (　　　)

① 저장
② 차별
③ 동의
④ 식별
⑤ 침해

5 _{적용} 스마트폰의 안면 인식 기술을 사용하는 방법을 정리하려고 합니다. 안면 인식 기술을 사용하는 순서대로 기호를 쓰세요.

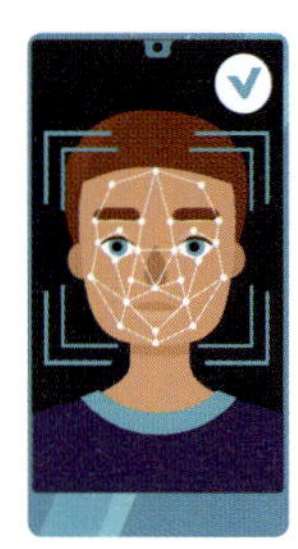

㉮ 잠금을 해제할 수 있는 얼굴을 카메라로 인식시켜 스마트폰에 저장하고 잠금을 설정한다.
㉯ 잠금을 해제하기 위해 카메라로 얼굴을 인식시킨다.
㉰ 인식한 얼굴 정보와 저장된 정보가 일치하면 잠금이 해제된다.
㉱ 카메라로 인식한 얼굴을 저장된 얼굴 정보와 비교한다.

(　　　　　) → (　　　　　) → (　　　　　) → (　　　　　)

6 _{추론} 이 글을 읽고, 알맞게 반응한 친구의 이름을 쓰세요.

윤호: 저장된 얼굴 정보를 제대로 관리하지 않는다면 악용될 우려가 있겠구나.
수연: 생체 정보도 비밀번호처럼 쉽게 바꿀 수 있기 때문에 유출되더라도 크게 문제되지는 않겠어.
예진: 안면 인식 기술에는 카메라가 꼭 필요하기 때문에 미래에는 일과 중에 사용하기에는 무리가 있겠어.

(　　　　　)

7 _{글의 구조} 빈칸에 알맞은 말을 써서, 이 글의 짜임을 정리해 보세요.

안면 인식 기술

뜻 — 사람 ❶(　　　　　)의 특징을 분석해서 사람을 구별하는 기술

작동 원리 — 카메라로 파악한 얼굴의 특징을 ❷(　　　　　)로 저장하고, 나중에 인식한 얼굴을 저장된 정보와 비교해서 사용

사용
- 사용되는 예: 스마트폰이나 노트북 잠금, 출입국 심사
- 문제점: 개인 정보 보호 문제, 사생활 침해 문제

현대 사회에서 주목받는 혁신적인 기술인 안면 ❸(　　　　　) 기술은 개인 정보를 안전하게 ❹(　　　　　)하면서 모두가 동의한 방식으로 사용해야 한다.

1 다음 뜻을 지닌 낱말을 보기 에서 찾아 쓰세요.

보기
> 생체, 작동, 분석, 인식

(1) 생물의 몸. 또는 살아 있는 몸. ( )

(2) 사물을 분별하고 판단하여 앎. ( )

(3) 기계 등이 작용을 받아 움직임. ( )

(4) 내용이 복잡하거나 어려운 것을 하나하나 따져서 밝힘. ( )

2 다음 문장의 빈칸에 들어갈 알맞은 낱말을 찾아 선으로 이으세요.

(1) 선물을 받고 ( )에 미소가 떠올랐다. · · ㉮ 지문

(2) 인터넷에 있는 자료를 베끼는 것은 저작권을 ( )하는 행동이다. · · ㉯ 안면

(3) 사람마다 얼굴 모양이 다르듯이 사람의 손가락에 있는 ( )도 다르다. · · ㉰ 침해

확장
3 다음 밑줄 친 낱말과 뜻이 통하는 낱말을 보기 에서 찾아 쓰세요.

보기
> 해제하다, 식별하다, 동의하다, 수집하다

(1) 뛰어난 기술력으로 잠금 장치를 풀다. ( )

(2) 오빠는 항상 엄마의 말이 맞다며 맞장구친다. ( )

(3) 도자기 중 진품이 무엇인지 한눈에 알아보았다. ( )

(4) 이 조형물은 작가가 재활용품을 모아서 만든 것이다. ( )

오늘
나의 실력은?   　부모님의
응원 한마디

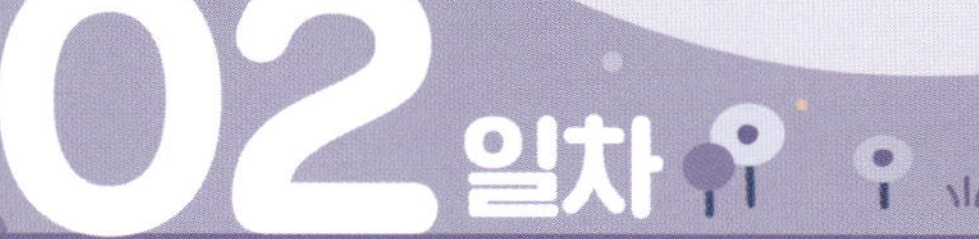

- □ 설명문
- □ 논설문
- □ 실용문
- □ 시
- □ 동화
- ☑ 극본

1 자라가 바닷속 용궁으로 토끼를 데리고 와서 용왕 앞에 선다.

용왕: (긴 수염을 어루만지며) 오랫동안 앓고 있는 병에 네 간이 약이 된다는 말을 듣고 자라를 육지로 보내어 너를 데려오게 하였느니라.

토끼: (깜짝 놀라며) 아니, 제 간을 ✦잡수시겠다고요?

용왕: (신하들을 향하여 큰 소리로) 여봐라, 어서 저 토끼를 묶어라.

2 토끼: (흥분을 가라앉히며 ✦침착하게) 잠깐, 저같이 ✦미천한 짐승이 용왕님을 위하여 죽게 됨은 영광이옵니다. 그러나 꼭 ✦아뢰어야 할 말씀이 있습니다.

용왕: (토끼에게 다가서는 신하들에게 손짓을 하며) 그래? 무슨 말을 하려는지 들어나 보자꾸나. 어서 말해 보아라.

토끼: (용왕 앞으로 바싹 다가서며) 저는 다른 짐승과 달리 아침에는 이슬을 먹고 저녁에는 산삼을 먹습니다. 그러니 제 간이 ✦만병통치약일 수밖에요. 그래서 저를 만나기만 하면 간을 달라고 하는 짐승이 많아 밖에 다닐 때는 바위틈 깊은 곳에 간을 숨겨 놓고 다닙니다.

용왕: (놀라는 표정으로) 아니, 그러면 지금은 간이 없다는 말이냐?

토끼: 네, 자라 선생이 용왕님의 ✦병환에 대하여 알려 주지 않아 바위틈에 간을 둔 채 그냥 따라왔나이다.

자라: (화를 내며) 참으로 ✦간사한 놈이로군. 어찌 간을 넣었다 빼었다 할 수 있다는 말인가? 용왕님을 속이려고 하다니 용서할 수가 없구나.

토끼: (애써 웃어 보이며) 용왕님, 신중히 생각하셔야 합니다. 만일 제 배를 갈라도 간이 나오지 않는다면 용왕님의 병환은 ✦영영 고칠 수 없사옵니다.

3 용왕: (갑자기 부드러운 목소리로) 토 선생, 간을 가지고 올 수 있겠는가?

토끼: (기쁨을 짐짓 감추며 진지하게) ✦염려하지 마시옵소서. 저는 간이 없어도 살 수 있습니다. 산속으로 가서 간을 가지고 와 용왕님께 드리겠습니다.

용왕 : ㉠오, 정말 ✦갸륵한지고! 그대에게 높은 ✦벼슬을 내리겠노라.

　육지에 도착하자, 자라의 등에서 훌쩍 뛰어내린 토끼는 신나게 노래를 부르며 이리 뛰고 저리 뛴다.

낱말 풀이

- ✦**잡수시겠다고요**: 음식을 입에 넣어 삼키시겠다고요.
- ✦**침착하게**: 행동이 들뜨지 아니하고 차분하게.
- ✦**미천한**: 신분이나 지위가 낮고 보잘것없는.
- ✦**아뢰어야**: 윗사람에게 말씀드려 알려야.
- ✦**만병통치약**: 모든 병을 다 고치는 약.
- ✦**병환**: '병'의 높임말.
- ✦**간사한**: 자기의 이익을 위하여 나쁜 꾀를 부리는 등 마음이 바르지 않은.
- ✦**영영**: 영원히 언제까지나.
- ✦**염려하지**: 앞으로 생길 일에 대해 불안해하고 걱정하지.
- ✦**갸륵한지고**: 마음씨와 행동이 착하고 훌륭한지고.
- ✦**벼슬**: 옛날에 나랏일을 하는 관리의 직분이나 자리.

정답 확인
17쪽

에 들어갈 알맞은 낱말을 글에서 찾아 쓰세요.

1 자라에게 속아서 바닷속 ㅇㄱ으로 온 토끼는 용왕이 자신의 간을 먹을 것이라는 말을 듣고 놀랐다.

____

2 토끼는 꾀를 내어 용왕에게 육지의 바위틈에 ㄱ을 두고 왔다고 말했다.

____

3 토끼는 용왕을 속이고 무사히 ㅇㅈ로 다시 돌아왔다.

____

1 중심 글감

용왕이 앓고 있는 병에 약이 된다고 한 것은 무엇인가요?

(   )

① 이슬   ② 산삼
③ 바위   ④ 토끼의 간
⑤ 자라의 등껍질

2 내용 이해

토끼가 말한 내용으로 알맞은 것은 무엇인가요? (   )

① 자라는 참으로 간사하다.
② 용왕을 위하여 죽게 되어 억울하다.
③ 간을 넣었다 빼었다 하기가 두렵다.
④ 자라가 용왕의 병환을 자세히 알려 주었다.
⑤ 이슬과 산삼을 먹어 자신의 간은 만병통치약이다.

3 내용 이해

이 글의 내용과 일치하는 것을 모두 고르세요.

(,   ,   )

① 용왕은 토끼가 간을 가지고 와서 감동했다.
② 토끼는 용왕이 자신의 말을 믿어 주길 바랐다.
③ 자라는 토끼가 용왕을 속이려고 해서 화를 냈다.
④ 용왕은 토끼의 거짓말을 믿어 토끼를 육지로 보내 주었다.
⑤ 토끼는 용왕에게 자신의 간을 가져다주기 위해 육지로 갔다.

4 어법

다음 말의 높임말을 보기 에서 찾아 쓰세요.

> **보기**
>
> 말씀, 말주변, 병환, 병치레, 삼키다, 잡수시다

(1) 말: (   )
(2) 병: (   )
(3) 먹다: (   )

 **5** 적용

이 글로 연극을 할 때, 용왕 역할을 맡은 사람이 ㉠을 실감 나게 읽는 방법은 무엇인가요? (   )

① 화가 난 목소리로 크게 읽는다.
② 퉁명스럽고 귀찮은 듯이 읽는다.
③ 씩씩한 목소리로 빠르게 읽는다.
④ 감동받은 목소리로 기뻐하며 읽는다.
⑤ 작은 목소리로 낮게 중얼거리듯이 읽는다.

 **6** 감상

토끼에 대해 바르게 평가하여 말한 친구의 이름을 쓰세요.

: 자신의 간을 꺼내 바위 틈에 숨기는 행동으로 보아, 토끼는 몹시 치밀하고 꼼꼼한 성격일 거야.

: 위급한 상황에서 지혜를 발휘한 것으로 보아, 토끼는 작은 몸집과 달리 대담한 인물이라고 생각해.

: 용왕의 병을 진심으로 걱정하는 것으로 보아, 토끼는 마음이 따뜻하고 배려심이 많은 성격임에 틀림없어.

: 용왕의 말에 기뻐한 것으로 보아, 토끼는 용궁에 가서 용왕을 만난 일을 영광스럽게 여긴 충성심 많은 인물이야.

(   )

 **7** 글의 구조

빈칸에 알맞은 말을 써서, 이 글의 짜임을 정리해 보세요.

토끼는 자라를 따라 용궁에 왔다가 용왕이 자신의 ❶( )을 먹으려 한다는 것을 알고 깜짝 놀람.	토끼는 용왕에게 자신의 간이 만병통치약이어서 간을 ❷( )에 숨겨 놓고 다닌다고 거짓말을 함.	❸( )은 토끼의 말에 속아 벼슬까지 내리며 토끼를 보내 주었고, 토끼는 살아서 육지로 돌아오게 됨.

토끼는 ❹(   )를 내어 목숨을 잃을 뻔한 위기에서 벗어났다.

1 다음 낱말의 뜻으로 알맞은 것을 찾아 선으로 이으세요.

(1) 벼슬 •

(2) 영영 •

(3) 만병통치약 •

• ㉮ 영원히 언제까지나.

• ㉯ 모든 병을 다 고치는 약.

• ㉰ 옛날에 나랏일을 하는 관리의 직분이나 자리.

2 다음 문장의 빈칸에 들어갈 알맞은 낱말을 보기 에서 찾아 쓰세요.

보기

아뢰다, 갸륵하다, 침착하다, 염려하다

(1) 언니는 급박한 상황에서도 항상 (   ).

(2) 병원에 입원한 환자의 건강 상태를 (   ).

(3) 몇 년 동안 어머니를 간호한 이모의 정성이 (   ).

(4) 전쟁에서 돌아온 장군이 임금께 승리한 소식을 (   ).

확장

3 다음 낱말이 아래의 문장에서 어떤 뜻으로 사용되었는지 찾아 번호를 쓰세요.

간

① 짠맛을 내려고 음식에 넣는 소금, 간장, 된장 등의 양념.

② 사람이나 동물의 몸속에서 해독 작용을 하는 기관.

③ 어떠한 두 장소의 사이.

(1) 서울과 부산 간 고속 도로가 새로 만들어졌다. (   )

(2) 간은 인체에 들어온 독성 물질을 분해하는 작용을 한다. (   )

오늘
나의 실력은?      부모님의
응원 한마디 

1 독서는 마음의 +양식이라고 한다. 건강을 지키기 위하여 음식을 먹듯이, 마음을 살찌우기 위하여 책을 읽어야 한다. 독서를 하면 마음이 +풍요로워지는 까닭은 무엇일까?

2 ㉠독서를 하면 지식을 얻고 +교양을 쌓을 수 있다. 책에는 새로운 정보와 다양한 지식이 있다. 책을 읽음으로써 +폭넓은 지식과 새로운 정보를 얻고, 그 지식과 정보를 바탕으로 하여 올바른 +사회인으로 살아갈 수 있는 교양을 쌓을 수 있다.

3 독서를 하면 풍요로운 삶을 가꿀 수 있다. 사람들은 새로운 세계를 경험해 보고 싶어 한다. 그래서 +히말라야 +정상에 도전하기도 하고, 별이나 달의 세계에 가 보고 싶어서 우주선을 만들기도 한다. 그러나 모든 경험을 직접 할 수는 없다. 독서를 하면 직접 경험하지 못한 세계를 ㉡간접 경험하고, 삶을 풍요롭게 가꾸어 나갈 수 있다.

4 독서를 하면 감동과 재미도 얻을 수 있다. 가슴이 +뭉클한 내용을 읽고 감동을 받거나, 재미있는 내용을 읽고 웃기도 하고 즐거워하기도 한다.

5 또, 독서를 하면 삶의 지혜를 배우게 된다. 책 속의 인물들이 한 행동을 통하여 세상을 올바르게 살아가는 태도와 어려운 일을 해결하는 방법을 배울 수 있다.

6 이처럼 우리는 독서를 하면 지식과 교양을 쌓을 수 있고, 간접 경험을 통하여 풍요로운 삶을 가꿀 수 있다. 독서의 즐거움을 경험하고, 책을 즐겨 읽는 태도를 가지도록 노력하자.

낱말 풀이

+ **양식**: 지식이나 물질, 생각 등의 바탕이 되는 것을 비유적으로 이르는 말.
+ **풍요로워지는**: 매우 많아서 넉넉함이 있어지는.
+ **교양**: 학문, 지식, 사회생활을 바탕으로 이루어지는 품위. 또는 문화에 대한 폭넓은 지식.
+ **폭넓은**: 어떤 것의 범위나 영역이 넓은.
+ **사회인**: 사회의 구성원으로서의 개인.
+ **히말라야**: 인도와 중국 티베트 사이에 있는 산맥. 세계에서 가장 높은 에베레스트산을 비롯하여 높은 산이 많이 있으며, 빙하도 많음.
+ **정상**: 산 등의 맨 꼭대기.
+ **뭉클한**: 어떤 감정이나 느낌이 매우 강하게 마음에 생겨 가슴에 꽉 차는 느낌이 있는.

 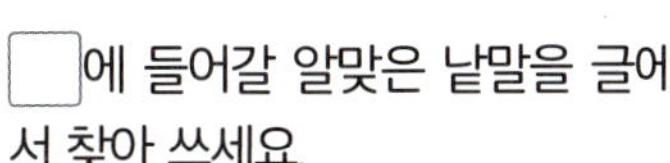 **쏙쏙! 내용 정리**

□에 들어갈 알맞은 낱말을 글에서 찾아 쓰세요.

1 마음을 살찌우기 위하여 ㅊ 을 읽어야 한다.

____

2 독서를 하면 지식을 얻고 ㄱㅇ을 쌓을 수 있다.

____

3 독서를 하면 ㅍㅇㄹㅇ 삶을 가꿀 수 있다.
____

4 독서를 하면 ㄱㄷ과 재미도 얻을 수 있다.

____

5 독서를 하면 삶의 ㅈㅎ를 배우게 된다.

____

6 독서의 즐거움을 ㄱㅎ하고, 책을 즐겨 읽는 태도를 가지도록 노력하자.

____

---

1 중심 내용

이 글을 쓴 목적을 바르게 말한 친구의 이름을 쓰세요.

> 호영: 독서를 하자고 읽는 이를 설득하는 글이야.
> 민준: 독서를 바르게 하는 방법에 대해 설명한 글이야.
> 다연: 사람들이 많이 읽는 책에 대해 소개하는 글이야.
> 정우: 읽은 책의 내용과 책을 읽은 생각이나 느낌을 전하려고 쓴 글이야.

(   )

2 내용 이해

다음에서 말한 '이것'은 무엇인지 글에서 찾아 다섯 글자로 쓰세요.

> • 이것은 독서를 빗댄 표현이다.
> • 이것은 독서의 필요성을 강조하기 위해 사용한 표현이다.

(   )

3 내용 이해

독서를 통해 얻을 수 있는 것으로 알맞지 <u>않은</u> 것은 무엇인가요? (   )

① 폭넓은 지식
② 새로운 정보
③ 어려운 일을 해결하는 방법
④ 세상을 올바르게 살아가는 태도
⑤ 어려운 일에 직접 도전해 볼 기회

4 어휘

㉠에 가장 어울리는 사자성어는 무엇인가요? (   )

① 대기만성(大器晩成): 크게 될 사람은 늦게 이루어짐.
② 조삼모사(朝三暮四): 간사한 꾀로 남을 속이며 놀림.
③ 일거양득(一擧兩得): 한 가지 일을 하여 두 가지 이익을 얻음.
④ 설상가상(雪上加霜): 난처한 일이나 불행한 일이 잇따라 일어남.
⑤ 불철주야(不撤晝夜): 어떤 일에 몰두하여 밤낮을 가리지 아니함.

5 _{적용} ㉡'간접 경험'에 해당하는 내용을 말한 친구를 모두 고르세요. (　　,　　,　　)

① 수아: 지난달에 아버지와 함께 한라산 등반을 했어.

② 진호: 우주여행을 할 기회가 없어서 대신에 우주여행 안내 잡지를 읽었어.

③ 미소: 공룡의 종류를 알아보고 싶어서 공룡 시대에 대해 다룬 책을 찾아 읽었어.

④ 지현: 메주를 만드는 방법이 궁금해서 시골 할머니 댁에 가서 직접 메주를 만들어 보았어.

⑤ 영우: 독도에 직접 가기 힘들어서 도서관에서 우리나라 지리 정보를 담은 백과사전을 읽었어.

6 _{비판} 다음 내용이 이 글에 추가할 근거로 알맞은지 바르게 판단한 것을 찾아 ○표 하세요.

> 독서를 하면 친구 관계가 소홀해진다. 책 속에서 우정을 다룬 이야기는 읽을 수 있지만 친구와 우정을 나누는 일은 독서로 대신할 수 없다. 친구와 이야기 나누며 함께 지내야 친구 사이의 마음을 확인하고 우정을 돈독하게 쌓을 수 있다. 그러나 독서를 하면 친구와 우정을 쌓을 시간이 부족하게 되어 친구와 멀어지게 된다.

(1) 알맞은 근거이다. 사실을 바탕으로 한 근거이기 때문이다. (　　　)

(2) 알맞지 않은 근거이다. 주장을 다시 한번 강조한 내용이기 때문이다. (　　　)

(3) 알맞지 않은 근거이다. 독서를 해야 하는 까닭을 근거로 들어야 하는데 반대되는 내용이기 때문이다. (　　　)

7 _{글의 구조} 빈칸에 알맞은 말을 써서, 이 글의 짜임을 정리해 보세요.

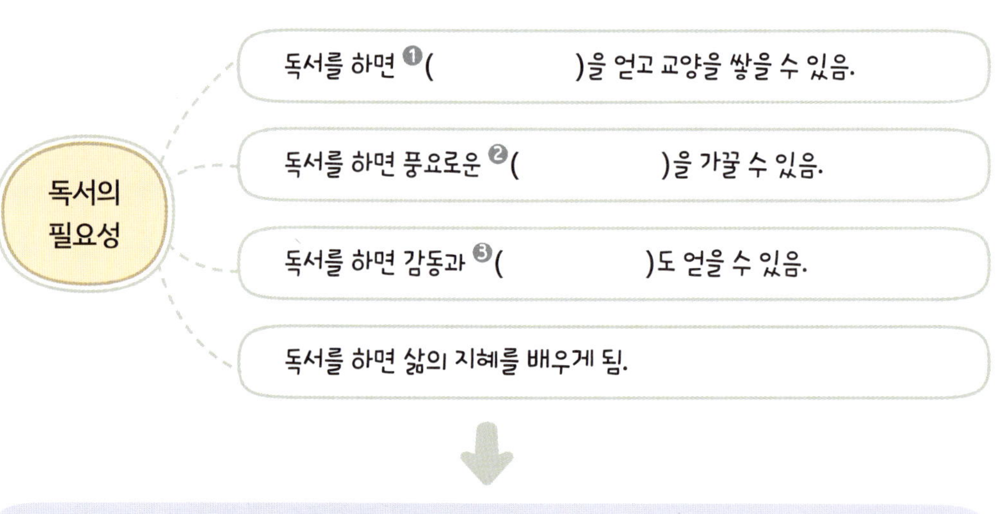

탄탄 어휘 마무리

1 다음 뜻에 알맞은 낱말을 완성하여 쓰세요.

(1) 사회의 구성원으로서의 개인. → ㅅ ㅎ ㅇ

(2) 어떤 것의 범위나 영역이 넓다. → ㅍ ㄴ ㄷ

(3) 학문, 지식, 사회생활을 바탕으로 이루어지는 품위. → ㄱ ㅇ

(4) 지식이나 물질, 생각 등의 바탕이 되는 것을 이르는 말. → ㅇ ㅅ

2 다음 낱말이 들어갈 문장을 찾아 선으로 이으세요.

(1) 가꾸다 •

(2) 뭉클하다 •

(3) 풍요롭다 •

• ㉮ 가을이 되자 들판이 (   ).

• ㉯ 국민이 힘을 모아 우리나라 고유의 문화를 잘 (   ).

• ㉰ 사랑하는 사람과 아름다운 풍경을 보며 앉아 있으니 가슴이 (   ).

확장

3 다음 밑줄 친 낱말의 알맞은 뜻을 보기 에서 찾아 번호를 쓰세요.

보기

정상
① 산 등의 맨 꼭대기.
② 그 이상 더없는 최고의 상태.
③ 한 나라의 가장 중요한 기관의 인물.

(1) 북한산 정상까지 삼십 분 정도만 더 가면 된다.　　　(　　　)

(2) 내가 좋아한 가수는 오랫동안 정상의 자리를 지켰다.　　　(　　　)

오늘 나의 실력은?   　　부모님의 응원 한마디

- ☐ 설명문
- ☐ 논설문
- ☑ 전기문
- ☐ 시
- ☐ 동화
- ☐ 극본

낱말 풀이

✦ **소아마비**: 어린아이가 잘 걸리는, 몸의 일부를 제대로 움직이지 못하게 되는 병.

✦ **좌절하지**: 마음이나 기운이 꺾이지.

✦ **전용**: 특정한 부류의 사람이나 집단만 사용함.

✦ **보조기**: 도움을 주는 기구.

✦ **피나는**: 몹시 고생을 하거나 힘들어서 하는.

✦ **감탄**: 마음속 깊이 크게 느낌.

✦ **금치**: 주로 '없다', '못하다'와 같은 부정어와 함께 쓰여 감정 등을 억누르거나 참지.

✦ **출전하였습니다**: 시합이나 경기에 나갔습니다.

✦ **신기록**: 이전의 기록보다 뛰어난 새로운 기록.

✦ **재단**: 일정한 목적을 위하여 제공된 재산을, 개인 소유로 하지 않고 독립된 것으로 운영하기 위하여 설립한 법인.

1 미국 테네시 주의 가난한 흑인 가정에서 작고 약한 아기가 태어났습니다. 아기의 부모는 아기에게 '윌마'라는 이름을 지어 주고, 건강히 자라길 기도했습니다. 그러나 윌마는 어렸을 때부터 많은 병을 앓았고, 심지어 네 살 때는 ✦소아마비에 걸려 걸을 수조차 없게 되었습니다.

2 그러나 윌마의 어머니는 ✦좌절하지 않고 50킬로미터나 떨어진 흑인 ✦전용 병원까지 오랜 시간 버스를 타고 다니며 윌마에게 물리 치료를 받게 했습니다. 그리고 윌마의 어머니는 윌마가 걷기 연습을 하다가 넘어져도 도와주지 않고 오히려 윌마를 꾸짖었습니다.

"아무도 널 도와주지 않는단다. 그러니 넌 스스로 일어나야만 해."

3 윌마는 하루도 빠지지 않고 [　　　⑦　　　] 연습하여 마침내 여덟 살이 되던 해에 스스로 걸어서 초등학교에 갈 수 있었습니다. 비록 절룩거리긴 했지만, 스스로 걷기 시작한 윌마를 보자 어머니는 눈물이 날 만큼 감격스러웠습니다. 그러나 앞으로 갈 길이 더 멀다고 생각하였기 때문에 윌마 앞에서는 눈물을 꾹 참았습니다. 윌마는 그토록 가고 싶었던 학교에 가게 되어 띌 듯이 기뻤습니다.

"드디어 학교에 갈 수 있어!"

4 초등학교에 입학한 후 삼 년 뒤, 윌마는 드디어 ✦보조기를 떼고 걸을 수 있게 되었습니다. 윌마는 여기에서 그치지 않고 ✦피나는 연습을 계속하여 열여섯 살에 고등학교에서 가장 우수한 실력을 보이는 육상 선수가 되었습니다. 윌마의 친구들은 보조기를 떼고 걸을 수 있게 되었을 뿐 아니라 최고의 육상 선수까지 된 윌마를 보며 ✦감탄을 ✦금치 못하였습니다.

5 그 후, 스무 살이 된 윌마는 미국을 대표하는 육상 선수로 로마 올림픽에 ✦출전하였습니다. 올림픽에 출전한 윌마는 올림픽 ✦신기록까지 세우고 금메달을 따내 세상을 놀라게 했습니다. 많은 이들을 감동시킨 그녀는 선수 생활에서 물러난 뒤, 고등학교에서 학생들을 가르쳤습니다. 또, 자신의 이름을 딴 ✦재단을 만들어 가난한 아이들을 도왔으며, 죽는 날까지 어린 선수들이 마음껏 달릴 수 있는 교육 환경을 만들어 주고자 노력하였습니다.

□에 들어갈 알맞은 낱말을 글에서 찾아 쓰세요.

1 미국 흑인 가정에서 태어난 ⟨ㅇ⟩⟨ㅁ⟩는 어렸을 때부터 많이 아팠다.

✎ _______________

2 윌마의 어머니는 윌마에게 물리 치료를 받게 했고, 윌마가 넘어져도 도와주지 않고 ⟨ㄲ⟩⟨ㅈ⟩⟨ㅇ⟩⟨ㄷ⟩.

✎ _______________

3 윌마는 열심히 연습해서 스스로 걸어서 ⟨ㅊ⟩⟨ㄷ⟩⟨ㅎ⟩⟨ㄱ⟩에 갔다.

✎ _______________

4 윌마는 피나는 연습을 해서 고등학교에서 가장 우수한 실력을 보이는 ⟨ㅇ⟩⟨ㅅ⟩ 선수가 되었다.

✎ _______________

5 윌마는 로마 ⟨ㅇ⟩⟨ㄹ⟩⟨ㅍ⟩에서 금메달을 땄냈고, 선수 생활을 끝낸 뒤 재단을 만들어 가난한 아이들을 도왔다.

✎ _______________

정답 확인 19쪽

---

1 글의 종류

이 글의 특징을 〈보기〉에서 찾아 기호를 쓰세요.

〈보기〉

㉮ 현실에서 있음 직한 일을 꾸며 쓴 글이다.

㉯ 글쓴이가 하루 동안 겪은 일을 쓴 글이다.

㉰ 한 인물의 삶에서 배울 수 있는 점을 쓴 글이다.

(   )

2 내용 이해

윌마의 어머니가 윌마가 넘어졌을 때 도와주지 않은 까닭은 무엇인가요? (   )

① 윌마가 도와 달라고 말하지 않아서

② 윌마의 건강 상태가 나빠지지 않아서

③ 윌마가 물리 치료를 받게 하고 싶어서

④ 윌마가 스스로 일어나야 한다고 생각해서

⑤ 윌마가 자신보다 다른 사람의 도움을 받길 바라서

3 내용 이해

윌마에게 일어난 사건의 순서대로 번호를 쓰세요.

(1) 소아마비에 걸림. (   )

(2) 물리 치료를 받으러 다님. (   )

(3) 절룩거리며 스스로 걷기 시작함. (   )

(4) 재단을 만들어 가난한 아이들을 도움. (   )

(5) 올림픽 신기록을 세우고 금메달을 땀. (   )

(6) 고등학교에서 가장 우수한 실력을 보이는 육상 선수가 됨.

(   )

4 어휘

㉠에 들어갈 관용 표현은 무엇인가요? (   )

① 발이 넓게   ② 귀가 얇게

③ 간이 부어   ④ 손때가 묻어

⑤ 이를 악물고

5 추론

다음은 윌마의 묘비에 적힌 글귀입니다. 윌마의 성격으로 미루어 볼 때, 빈칸에 들어갈 알맞은 내용은 무엇인가요? (   )

> "내가 젊은이들에게 남기고 싶은 유산은 [   ]는 깨달음이다."

① 건강을 이기는 장사는 없다
② 빛나는 것이 모두 황금은 아니다
③ 원한다면 무엇이든지 될 수 있다
④ 친구와 포도주는 오래된 것이 좋다
⑤ 늘 정직한 마음을 품고 살아야 한다

6 적용

윌마에게 본받을 점을 나타내는 낱말을 보기 에서 모두 찾아 기호를 쓰세요.

보기

㉮ 도전	㉯ 끈기	㉰ 의존
㉱ 안전	㉲ 집념	

(   )

7 글의 구조

빈칸에 알맞은 말을 써서, 이 글의 짜임을 정리해 보세요.

나이	사건
네 살	윌마는 ❶( )로 걸을 수 없게 되었지만 물리 치료를 받으러 다님.
❷( )	윌마는 열심히 연습해 스스로 걸어서 초등학교에 갈 수 있게 됨.
열여섯 살	윌마는 고등학교에서 가장 우수한 실력의 육상 ❸( )가 됨.
스무 살	윌마는 올림픽에서 신기록을 세우고 ❹( )을 따냄.

❺(   )는 장애를 이겨 내고 많은 이들을 감동시켰다.

| 4주 | 04일차

1 다음 낱말의 뜻을 보기 에서 찾아 기호를 쓰세요.

> **보기**
>
> ㉮ 시합이나 경기에 나가다.
>
> ㉯ 마음이나 기운이 꺾이다.
>
> ㉰ 몹시 고생을 하거나 힘들여서 하다.
>
> ㉱ 계속되던 일, 움직임, 현상 등이 계속되지 않고 멈추다.

(1) 피나다: (　　　　　)　　　(2) 그치다: (　　　　　)

(3) 좌절하다: (　　　　　)　　　(4) 출전하다: (　　　　　)

2 다음 초성과 뜻을 참고하여 빈칸에 알맞은 낱말을 쓰세요.

(1) ㅅㄱㄹ: 이전의 기록보다 뛰어난 새로운 기록.

　　㉠ 그는 올림픽에서 세계 (　　　　　)을 세우며 금메달을 땄다.

(2) ㄱㅌ: 마음속 깊이 크게 느낌.

　　㉠ 사람들은 웅장하게 떠오르는 해를 보며 (　　　　　)했다.

(3) ㅈㅇ: 특정한 부류의 사람이나 집단만 사용함.

　　㉠ 아파트 주차장에는 장애인 (　　　　　) 주차 공간이 있다.

확장

3 다음 낱말의 뜻을 보고, 문장에 알맞은 낱말을 찾아 ○표 하세요.

때다	난로 또는 아궁이에 불을 태우다.
떼다	걸음을 옮기어 놓다.

(1) 할머니는 가마솥에 장작을 (때어, 떼어) 밥을 지으신다.

(2) 아름다운 풍경에 길 가던 사람들이 모두 발길을 (때지, 떼지) 못했다.

오늘
나의 실력은?   

부모님의
응원 한마디

- ☐ 설명문
- ☐ 논설문
- ☐ 실용문
- ☑ 시
- ☐ 동화
- ☐ 극본

바다

박필상

1 바다는 엄마처럼
가슴이 넓습니다.
✛온갖 물고기와
조개들을 ✛품에 안고
파도가
✛칭얼거려도
✛다독다독 달랩니다.

2 바다는 아빠처럼
못하는 게 없습니다.
㉠ ✛시뻘건 아침 해를
번쩍 들어 올리시고
배들도
갈매기 ✛떼도
✛둥실둥실 띄웁니다.

낱말 풀이 

- ✛ **온갖**: 이런저런 여러 가지의.
- ✛ **품**: 두 팔을 벌려서 안을 때의 가슴.
- ✛ **칭얼거려도**: 몸이 불편하거나 마음에 못마땅하여 짜증을 내며 자꾸 중얼거리거나 보채도.
- ✛ **다독다독**: 아기를 재우거나 달래거나 귀여워할 때 몸을 가만가만 자꾸 두드리는 모양.
- ✛ **시뻘건**: 매우 뻘건.
- ✛ **떼**: 목적이나 행동을 같이 하는 무리.
- ✛ **둥실둥실**: 물체가 공중이나 물 위에 가볍게 떠서 잇따라 움직이는 모양.

☐에 들어갈 알맞은 낱말을 글에서 찾아 쓰세요.

1 바다는 ☐☐처럼 가슴이 ☐☐.

✎ ____________________

2 바다는 ☐☐처럼 못하는 것이 ☐☐.

✎ ____________________

1
중심
글감

이 시를 읽고, 다음 물음에 답하세요.

(1) 이 시의 중심 글감은 무엇인지 쓰세요.

(   )

(2) 이 시에서는 (1)의 답을 무엇이라고 표현했는지 모두 찾아 쓰세요. (   )

2
내용
이해

이 시에서 바다가 엄마처럼 가슴이 넓다고 한 까닭은 무엇인 가요? (   )

① 바다가 끝이 없이 넓기 때문에

② 바다는 배를 띄울 수 있기 때문에

③ 바다는 칭얼거리는 파도를 달래기 때문에

④ 바다는 물고기와 조개로 맛있는 요리를 해 주기 때문에

⑤ 아이들이 엄마 품만큼이나 바다에서 노는 것을 좋아하기 때문에

3
내용
이해

이 시에 나타난 바다의 모습이 <u>아닌</u> 것은 무엇인가요?

(   )

① 바다 위에 배가 떠다니는 모습

② 바다에 갈매기 떼가 떠 있는 모습

③ 파도치던 바다가 잠잠해지는 모습

④ 바다 위에 아침 해가 떠오르는 모습

⑤ 엄마와 아빠가 파도치는 바다에 둥실둥실 떠 있는 모습

4
어휘

㉠'시뻘건'과 뜻이 비슷한 낱말을 두 가지 고르세요.

(,   )

① 붉다.   ② 시퍼렇다.   ③ 새빨갛다.

④ 샛노랗다.   ⑤ 알록달록하다.

5 이 시와 다음 시의 공통점은 무엇인가요? (   )

> 여름날 숲속에서
>
> 크고 우람한 나무 밑둥치를 보며
>
> 아버지의 다리를 생각한다.
>
> 어린 나를 업고
>
> 냇물을 건널 때의 아버지의 다리.
>
> – 「여름날 숲속에서」, 하청호

① 시의 배경이 한여름이다.

② 시의 중심 글감이 아버지이다.

③ 행마다 반복되는 글자 수가 같다.

④ 시에 줄글과 대화 글을 사용했다.

⑤ 작가가 자연물을 보고 가족을 떠올려 썼다.

6 이 시에서 노래한 것은 무엇인가요? (   )

① 슬프고 불안한 바다

② 발랄하고 귀여운 바다

③ 예상할 수 없어 궁금한 바다

④ 다정하고 믿음직스러운 바다

⑤ 현재를 살아가는 우리가 보호해야 할 바다

7 빈칸에 알맞은 말을 써서, 이 글의 짜임을 정리해 보세요.

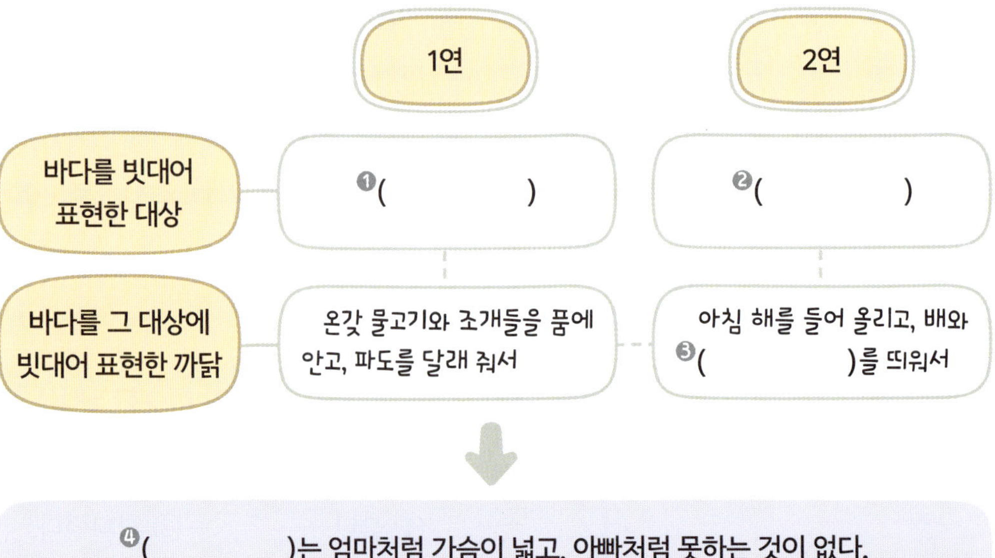

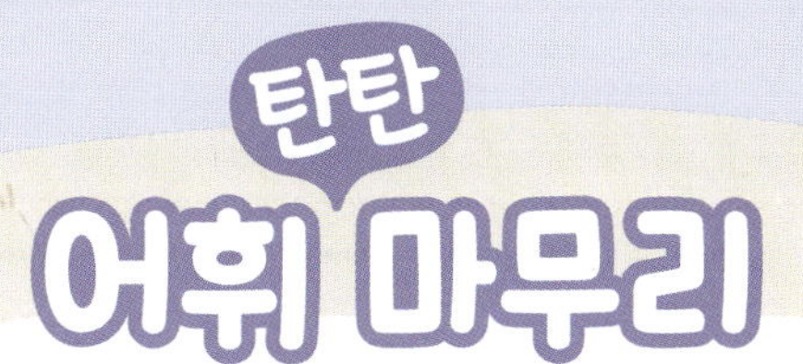

1 다음 뜻을 가진 낱말을 찾아 선으로 이으세요.

(1) 목적이나 행동을 같이하는 무리. • • ㉮ 품

(2) 두 팔을 벌려서 안을 때의 가슴. • • ㉯ 떼

(3) 짜증을 내며 자꾸 중얼거리거나 보채다. • • ㉰ 띄우다

(4) 물 위나 공중에 있게 하거나 위쪽으로 솟아오르게 하다. • • ㉱ 칭얼거리다

2 다음 문장의 빈칸에 들어갈 알맞은 낱말을 보기 에서 찾아 쓰세요.

보기
번쩍, 다독다독, 둥실둥실

(1) 물 위에 종이배가 (　　　　　　) 떠간다.
(2) 친구가 큰 가방을 (　　　　　　) 들고 날랐다.
(3) 어머니가 아기를 (　　　　　　) 두드리며 재웠다.

확장
3 다음 밑줄 친 낱말과 비슷한 뜻을 가진 낱말을 찾아 ○표 하세요.

　해마다 봄이 되면 경기도 고양시에서는 꽃 박람회가 열려요. 꽃 박람회에 가면 장미, 튤립, 수국 등 <u>온갖</u> 꽃을 볼 수 있어요. 실내외의 다채로운 꽃 전시뿐만 아니라, 국제 우수 꽃 대회, 꽃 시장, 꽃 마술쇼, 꽃 그림 그리기 대회 등의 행사도 다양하게 진행하니 꽃 박람회에서 꽃의 아름다움을 만끽해 보세요.

(온통, 별개, 갖가지)

오늘
나의 실력은?   

부모님의
응원 한마디

☑ 설명문
☐ 논설문
☐ 실용문
☐ 시
☐ 동화
☐ 극본

1 우리가 아는 동물은 대부분 이가 있습니다. 동물은 이로 먹이를 잡거나 씹어서 삼킵니다. 그러나 이가 없는 동물도 있습니다. 이가 없는 동물도 ✚저마다 다른 방법으로 먹이를 먹습니다.

2 ✚부리를 이용하여 먹이를 잡거나 먹는 동물이 있습니다. 독수리는 튼튼하고 끝이 ✚갈고리처럼 구부러진 부리로 먹이를 찢어 먹습니다. 딱따구리는 가볍고 단단한 부리로 구멍을 파 나무에 숨어 있는 곤충을 잡아먹습니다. 그리고 왜가리는 머리를 물에 ✚담그지 않고도 길고 끝이 뾰족한 부리로 먹이를 잡아먹을 수 있습니다.

3 혀로 먹이를 잡거나 먹는 동물도 있습니다. 카멜레온은 ✚곤봉처럼 생긴 아주 긴 혀를 총처럼 쏘아서 벌레를 잡아 삼킵니다. 두꺼비도 카멜레온보다는 짧지만 길고 넓은 혀로 번개처럼 빠르게 벌레를 잡아 삼킵니다. 달팽이는 치설이라고 하는, ✚강판처럼 거친 혀로 잎이나 꽃을 ✚갉아 먹습니다.

4 입으로 먹이를 빨아들이거나 물과 함께 마시는 동물도 있습니다. 바다에 사는 해마는 기다란 주둥이 끝에 달린 ✚진공청소기처럼 생긴 긴 입으로 아주 작은 동물을 빨아들입니다. 흰긴수염고래와 같이 고래수염이 있는 고래들은 크릴새우를 바닷물과 함께 들이마십니다. 그런 다음에 물은 고래수염 사이로 뱉어 내고 크릴새우만 걸러서 삼킵니다.

5 이가 없는 동물도 저마다 여러 가지 방법으로 먹이를 먹습니다. 부리를 이용하여 먹이를 잡거나 먹기도 하고, 혀로 먹이를 잡거나 먹기도 하며, 입으로 먹이를 빨아들이거나 물과 함께 마시기도 합니다.

낱말 풀이

✚ **저마다**: 각각의 사람이나 사물마다.

✚ **부리**: 단단하고 뾰족한 새의 주둥이.

✚ **갈고리**: 무엇을 걸거나 잡아당기는 데 쓰는, 끝이 뾰족하고 꼬부라진 도구.

✚ **담그지**: 액체 속에 넣지.

✚ **곤봉**: 체조에 쓰이는 짤막한 몽둥이 모양의 운동 기구.

✚ **강판**: 과일이나 채소의 즙을 내거나 잘게 가는 데 쓰는 부엌 도구.

✚ **갉아**: 날카로운 것으로 조금씩 긁거나 뜯어.

✚ **진공청소기**: 전동기의 힘으로 먼지를 빨아들이는 청소 도구.

☐에 들어갈 알맞은 낱말을 글에서 찾아 쓰세요.

1 동물들은 대부분 이가 있지만 ⟨ㅇ⟩가 없는 동물도 있다.

✎ ___________

2 이가 없는 동물 중에 ⟨ㅂ⟩⟨ㄹ⟩를 이용하여 먹이를 잡거나 먹는 동물이 있다.

✎ ___________

3 이가 없는 동물 중에 ⟨ㅎ⟩로 먹이를 잡거나 먹는 동물도 있다.

✎ ___________

4 이가 없는 동물 중에 ⟨ㅇ⟩으로 먹이를 빨아들이거나 ⟨ㅁ⟩과 함께 마시는 동물도 있다.

✎ ___________

5 이가 ⟨ㅇ⟩⟨ㄴ⟩ 동물노 서바나 여러 가지 방법으로 먹이를 먹는다.

✎ ___________

1
글의 종류

이 글에 사용된 설명 방법은 무엇인가요? (   )

① 구체적인 예를 들어 자세히 설명하고 있다.

② 대상의 뜻을 하나로 분명하게 정해 밝히고 있다.

③ 일이 일어난 시간의 순서에 따라 설명하고 있다.

④ 두 대상이 지닌 닮은 점을 중심으로 설명하고 있다.

⑤ 두 대상이 지닌 다른 점을 중심으로 설명하고 있다.

2
내용 이해

먹이를 먹는 방법이 비슷한 동물끼리 바르게 짝 지은 것은 무엇인가요? (   )

① 독수리 – 개구리　　② 달팽이 – 해마

③ 딱따구리 – 왜가리　　④ 두꺼비 – 크릴새우

⑤ 흰긴수염고래 - 카멜레온

3
내용 이해

카멜레온이 먹이를 먹는 방법을 바르게 설명한 것은 무엇인가요? (   )

① 혀에 있는 독침을 쏘아 벌레를 잡아먹는다.

② 액체가 묻어 있는 혀로 벌레를 핥아 먹는다.

③ 짧지만 넓은 혀로 벌레를 돌돌 말아 잡아먹는다.

④ 굉장히 긴 혀를 총처럼 쏘아서 벌레를 잡아 삼킨다.

⑤ 강판처럼 생긴 까끌까끌한 치설로 벌레를 갉아 먹는다.

4
어휘

이 글의 낱말과 뜻이 반대인 낱말을 보기 에서 찾아 쓰세요.

보기
좁다, 길다, 무르다, 무겁다

(1) 짧다: (   )

(2) 넓다: (   )

(3) 가볍다: (   )

(4) 단단하다: (   )

5 네 번째 문단의 내용 가운데 '중심 내용'에는 ○표, '세부 내용'에는 △표를 하여 구별해 보세요.

> 입으로 먹이를 빨아들이거나 물과 함께 마시는 동물도 있습니다. (1)

> 해마는 진공청소기처럼 생긴 긴 입으로 아주 작은 동물을 빨아들입니다. (2)

> 흰긴수염고래는 크릴새우를 바닷물과 함께 들이마신 뒤, 물은 뱉어 내고 크릴새우만 삼킵니다. (3)

6 다음 내용을 추가하기에 가장 알맞은 문단은 무엇인가요? (   )

> 그리고 개미핥기는 끈끈한 액체로 덮인 혀가 있어 그 혀로 흰개미를 핥아 먹습니다.

① **1**   ② **2**   ③ **3**
④ **4**   ⑤ **5**

7 빈칸에 알맞은 말을 써서, 이 글의 짜임을 정리해 보세요.

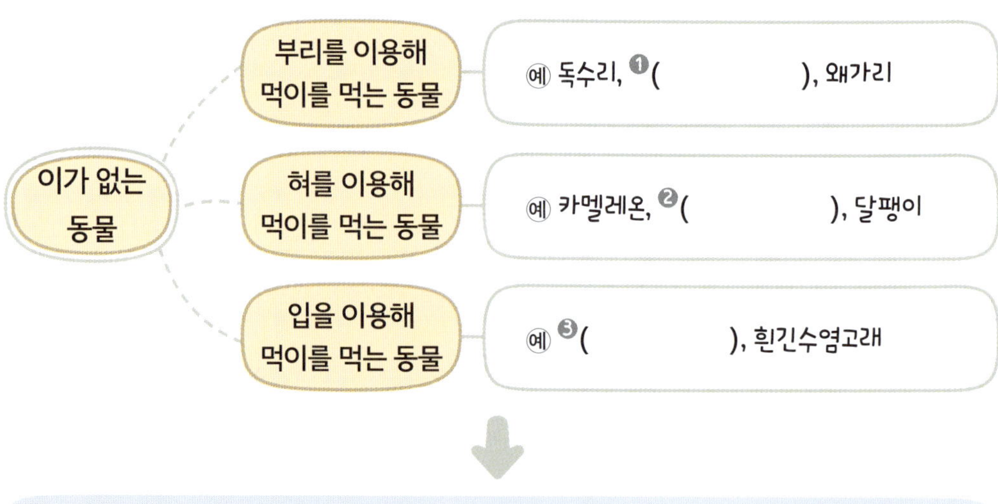

이가 없는 동물도 저마다 여러 가지 방법으로 ❹(   )를 먹는다.

1 다음 뜻을 지닌 낱말을 보기 에서 찾아 쓰세요.

보기
> 갉다, 담그다, 갈고리, 진공청소기

(1) 액체 속에 넣다. ( )

(2) 날카로운 것으로 조금씩 긁거나 뜯다. ( )

(3) 전동기의 힘으로 먼지를 빨아들이는 청소 도구. ( )

(4) 무엇을 걸거나 잡아당기는 데 쓰는, 끝이 뾰족하고 꼬부라진 도구.

( )

2 다음 문장의 빈칸에 들어갈 알맞은 낱말을 찾아 선으로 이으세요.

(1) 감자를 ( )에 갈아서 먹었다. ・ ・㉮ 강판

(2) 함께 사는 가족도 ( ) 생각이 다르다. ・ ・㉯ 부리

(3) 이가 없는 새는 ( )가 이의 역할을 한다. ・ ・㉰ 저마다

확장
3 다음 밑줄 친 낱말과 뜻이 통하는 낱말을 보기 에서 찾아 쓰세요.

보기
> 집다, 삼키다, 단단하다, 구부러지다

(1) 물과 함께 알약을 목구멍으로 <u>넘기다</u>. ( )

(2) 냉장고에 넣어 둔 떡을 꺼내 보니 <u>딱딱하다</u>. ( )

(3) 아파트 옆으로 난 길이 오른쪽으로 <u>휘어지다</u>. ( )

(4) 바닥에 떨어진 오천 원짜리 지폐를 손으로 <u>들다</u>. ( )

오늘
나의 실력은?    부모님의
응원 한마디

☐ 설명문
☐ 논설문
☐ 실용문
☐ 시
☑ 동화
☐ 극본

[앞부분 이야기] 닉과 재닛이 길을 가는데 재닛이 금빛 볼펜을 길바닥에 툭 떨어뜨렸다. 닉은 그 펜을 집어서 재닛에게 건네주면서 '펜'이라고 하지 않고, 프린들이라고 말했다. 재닛은 프린들이 무엇인지 물었지만 닉은 대답해 주지 않았고, 닉은 기발한 계획을 실천에 옮기기로 했다.

1 이튿날, 수업이 끝난 뒤 계획이 시작되었다. 닉은 페니 팬트리 가게에 가서 계산대에 있는 아주머니에게 프린들을 달라고 했다.

아주머니는 눈을 가늘게 뜨고 물었다. / "뭐라고?"

"프린들요. 까만색으로요."

닉은 이렇게 말하며 싱긋 웃었다. 아주머니는 한쪽 귀를 닉 쪽으로 돌리며 닉에게 몸을 더 가까이⁺기울였다.

"뭘 달라고?" / "프린들요."

닉은 아주머니 뒤쪽 선반에 있는 볼펜을⁺가리켰다. / "까만색으로요."

아주머니는 닉에게 볼펜을 주었다. 닉은 아주머니에게 45센트를 건네주고는 "안녕히 계세요." 하고 인사한 뒤 가게를⁺나섰다.

2 ⁺엿새 뒤, 재닛이 그 계산대 앞에 서 있었다. 똑같은 가게, 똑같은 아주머니였다. 그 전날은 존이 다녀갔고, 그 전날은 피트가, 그 전날은 크리스가, 그 전날은 데이브가 다녀갔다. 재닛은 닉의 부탁을 받고 프린들을 사러 온 다섯 번째 아이였다.

3 재닛이 프린들을 달라고 하자, 아주머니는 볼펜 쪽으로 손을 뻗으며 물었다. / "파란색, 까만색?"

닉은 옆에 있는 사탕⁺진열대 앞에 서 있다가 씨익 웃었다.

프린들은 이제 펜을 가리키는⁺어엿한 낱말이다.

4 30분 뒤, 5학년 아이들이⁺심각한 표정을 지으며 닉의 방에서 회의를 했다. 존, 피트, 데이브, 크리스, 재닛이었다. 닉까지 합하면 여섯 명. 여섯 명의 비밀⁺요원이었다! / 아이들은 오른손을 들고 닉이 쓴⁺서약서를 읽었다.

나는 오늘부터 영원히 펜이라는 말을 쓰지 않겠다. 그 대신 '　⑤　'(이)란 말을 쓸 것이며, 다른 사람들도 그렇게 하도록 최선을 다할 것을 맹세한다.

낱말 풀이

⁺**기울였다**: 비스듬하게 한쪽이 낮아지거나 비뚤어지게 했다.

⁺**가리켰다**: 손가락이나 물건을 어떤 방향이나 대상으로 향하게 하여 다른 사람에게 그것을 알게 했다.

⁺**나섰다**: 어디를 가기 위하여 있던 곳을 나오거나 떠났다.

⁺**엿새**: 여섯 날.

⁺**진열대**: 여러 사람에게 보이기 위해 물건을 늘어놓을 수 있도록 만든 대.

⁺**어엿한**: 행동이 거리낌 없이 아주 당당하고 떳떳한.

⁺**심각한**: 상태나 정도가 매우 심하거나 절박하거나 중대한.

⁺**요원**: 어떤 일을 하는 데 꼭 필요한 인원.

⁺**서약서**: 맹세하고 약속하는 내용을 적은 글.

쏙쏙! 내용 정리

에 들어갈 알맞은 낱말을 글에서 찾아 쓰세요.

1 닉은 페니 팬트리 ⃞ ⃞ 에 가서 아주머니에게 프린들을 달라고 했다. 프린들을 들은 아주머니는 혼란스러워했지만 닉이 가리킨 ⃞ ⃞ 을 주었다.

✎ ___________

2 엿새 동안 같은 가게에 존, 피트, 크리스, 데이브가 다녀갔고, ⃞ ⃞ 이 다섯 번째로 프린들을 사러 왔다.

✎ ___________

3 재닛이 ⃞ ⃞ ⃞ 을 달라고 하자 아주머니는 볼펜 쪽으로 손을 뻗으며 어떤 색을 줄지 물었다.

✎ ___________

4 닉과 친구들은 펜이라는 말을 쓰지 않을 것이고, 다른 사람들도 그렇게 하도록 최선을 다할 것을 맹세한다는 내용의 ⃞ ⃞ ⃞ 를 읽었다.

✎ ___________

1 이 글의 특징으로 알맞은 것은 무엇인가요? (   )

갈래

① 연극을 하기 위해 쓴 글이다.
② 문제 상황에 대한 주장이 담긴 글이다.
③ 옛날부터 전해 오는 이야기를 담은 글이다.
④ 자신의 생각과 느낀 점을 솔직하게 적은 글이다.
⑤ 현실에 있음 직한 일을 바탕으로 꾸며 쓴 글이다.

2 닉이 한 일로 알맞지 <u>않은</u> 것은 무엇인가요? (   )

내용 이해

① 볼펜을 구매할 때 까만색 볼펜을 선택했다.
② 가게 아주머니에게 인사를 하고 가게를 나왔다.
③ 가게에서 볼펜을 구매한 후 45센트를 지불했다.
④ 가게 아주머니에게 프린들의 진짜 의미를 설명해 주었다.
⑤ 페니 팬트리 가게에서 아주머니에게 프린들을 달라고 요청했다.

3 사탕 진열대 앞에 서 있던 닉이 씨익 웃은 까닭은 무엇인가요? (   )

내용 이해

① 재닛이 볼펜을 떨어뜨렸기 때문에
② 친구들과 함께 새로운 놀이를 계획하고 있었기 때문에
③ 가게에서 파는 볼펜의 가격이 생각보다 저렴했기 때문에
④ 자신의 계획이 성공적으로 진행되고 있음을 확인했기 때문에
⑤ 아주머니가 프린들이 무엇인지 모른 채 혼란스러워했기 때문에

4 다음 (   )에 알맞은 낱말을 찾아 ◯표 하세요.

어휘

(1) 화장실 쪽을 손가락으로 (가르치다, 가리키다).
(2) 선생님께서 학급 아이들에게 컴퓨터 다루는 방법을 (가르쳐, 가리켜) 주셨다.

닉이 쓴 서약서에서 ㉠에 들어갈 알맞은 말을 글에서 찾아 쓰세요.

(   )

6
적용

다음 글에서 닉과 성격이 가장 비슷한 친구의 이름을 쓰세요.

> 우리 반 친구들은 성격이 모두 달라. 그래서 ✦각양각색의 매력을 뽐내지. 아침마다 민서는 조용히 책을 읽고, 상현이는 항상 새로운 놀이를 생각해 내어 반 친구들이 지루해할 틈이 없게 해 줘. 지호는 숙제를 빠짐없이 잘해 오고 아주 성실해. 또, 성민이는 문제를 척척 푸는데 친구들에게 어려운 문제 풀이 방법도 잘 알려 줘. 그리고 유진이는 친구들의 부탁을 잘 들어주는 고마운 친구야. 이런 반 친구들 덕분에 나는 매일매일이 새롭고 행복해.
>
> ✦각양각색: 각기 다른 여러 가지 모양과 빛깔.

(   )

7
글의
구조

빈칸에 알맞은 말을 써서, 이 글의 짜임을 정리해 보세요.

> 닉은 페니 팬트리 가게에 가서 계산대에 있는 아주머니에게 볼펜을 가리키며 ❶(   )을 달라고 함.

↓

> ❷(   )이 다녀간 뒤, 네 명의 아이가 가게에 와서 똑같이 아주머니에게 프린들을 달라고 말함.

↓

> 다섯 번째로 가게에 온 ❸(   )이 프린들을 달라고 말하자, 아주머니는 볼펜 쪽으로 손을 뻗으며 어떤 색깔을 줄지 물음.

↓

> 닉과 다섯 명의 아이들은 프린들을 펜을 대신하는 말로 만들겠다는 ❹(   )를 읽음.

⬇

> 닉과 친구들이 ❺(   )을 가리키는 낱말로 '프린들'을 만든 일을 통해 어떤 낱말은 그것을 사용하는 사람들 사이의 약속으로 만들어짐을 알 수 있다.

1 다음 낱말의 뜻으로 알맞은 것을 찾아 선으로 이으세요.

(1) 요원 •

(2) 진열대 •

(3) 서약서 •

• ㉮ 어떤 일을 하는 데 꼭 필요한 인원.

• ㉯ 맹세하고 약속하는 내용을 적은 글.

• ㉰ 여러 사람에게 보이기 위해 물건을 늘어놓을 수 있도록 만든 대.

2 다음 문장의 빈칸에 들어갈 알맞은 낱말을 [보기]에서 찾아 쓰세요.

[보기]
건네주다, 나서다, 심각하다, 가리키다

(1) 학교에 가기 위해 집을 (   ).

(2) 아린이가 민아에게 작은 생일 선물을 (   ).

(3) 서준이가 동물원에서 코끼리를 손가락으로 (   ).

(4) 함부로 버린 쓰레기로 악취가 나고, 환경이 오염되어 문제가 (   ).

확장

3 다음 밑줄 친 낱말의 알맞은 뜻을 [보기]에서 찾아 번호를 쓰세요.

[보기]
기울이다 { ① 정성이나 노력 등을 한데 모으다.
② 비스듬하게 한쪽이 낮아지거나 비뚤어지게 하다.

(1) 화면을 가까이서 보기 위해 몸을 앞으로 <u>기울였다</u>. (   )

(2) 이 작품은 일주일 동안 심혈을 <u>기울여</u> 만든 것이다. (   )

(3) 나는 영어로 나오는 안내 방송을 듣는 데 주의를 <u>기울이고</u> 있었다. (   )

오늘
나의 실력은?   

부모님의
응원 한마디

- ☐ 설명문
- ☐ 논설문
- ☑ 실용문
- ☐ 시
- ☐ 동화
- ☐ 극본

1 다른 사람에게 선물할 때 예쁘게 포장해 주면 받는 사람의 기쁨은 훨씬 커집니다. 그럼 선물 상자를 예쁘게 포장하는 방법을 알아볼까요?

준비물   선물 상자, ✛포장지, 양면테이프, 가위

2 먼저, 선물을 포장할 포장지를 자릅니다. 상자를 포장지의 ✛가운데에 놓고 ✛두께를 ㉠✛재어 손으로 눌러 표시해 둡니다. 표시해 둔 부분을 접고, 남는 부분을 가위로 자릅니다.

3 다음은, 선물 상자에 포장지를 ✛씌웁니다. 포장지에 상자를 올려놓은 다음, 포장지 양 끝이 가운데에서 겹치도록 씌웁니다. 겹치는 부분을 2~3✛센티미터 두고 남는 부분을 자릅니다. 그러고 나서 겹치는 부분의 한쪽을 1센티미터 정도 접습니다. 접은 부분에 양면테이프를 붙입니다. 이때 포장지를 상자 가운데에 ✛맞추어 당기면서 붙입니다.

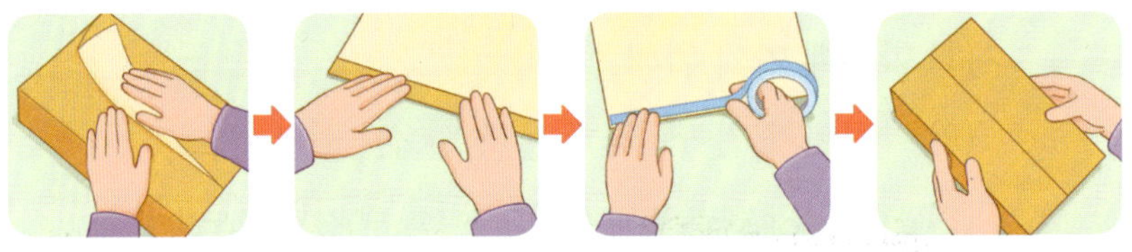

4 그런 다음 옆면을 포장합니다. 옆면 포장지를 상자 위쪽 ✛가장자리에 맞추어 아래로 접고, 양옆 포장지를 가장자리에 맞추어 안쪽으로 접습니다. 아래쪽은 접은 선이 상자의 가운데에 오도록 접으면 됩니다. 접은 부분에 양면테이프를 붙여 마무리합니다. 반대쪽도 같은 방법으로 합니다.

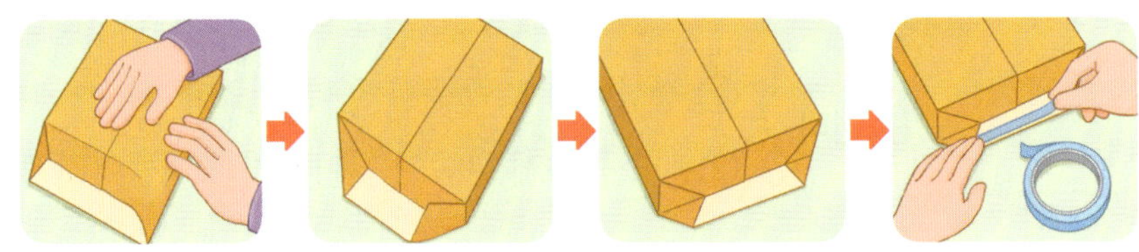

5 선물 상자를 깔끔하고 예쁘게 포장하려면 포장지가 구겨지지 않도록 해야 합니다. 또 접는 부분은 손으로 힘을 주어 눌러서 접습니다.

낱말 풀이

✛ **포장지**: 물건을 싸거나 꾸리는 데 쓰는 종이.

✛ **가운데**: 일정한 공간이나 길이를 갖는 사물에서, 한쪽으로 치우치지 않고 양 끝에서 거의 같은 거리가 떨어져 있는 부분.

✛ **두께**: 두꺼운 정도.

✛ **재어**: 자, 저울 등을 이용하여 길이, 너비, 높이, 깊이, 무게, 온도, 속도 등의 정도를 알아보아.

✛ **씌웁니다**: 무엇을 무엇의 위에 덮거나 올립니다.

✛ **센티미터**: 길이의 단위. 기호는 cm.

✛ **맞추어**: 어떤 기준에 틀리거나 어긋남이 없이 조정하여.

✛ **가장자리**: 둘레나 끝에 해당되는 부분.

쏙쏙! 내용 정리

□에 들어갈 알맞은 낱말을 글에서 찾아 쓰세요.

1 선물 상자를 포장할 때 선물 상자, 포장지, 양면테이프, □□를 준비합니다.

2 먼저, 선물을 포장할 □□□를 자릅니다.

3 다음은, 선물 상자에 포장지를 □□□□□.

4 그런 다음 □□을 포장합니다.

5 포장지가 구겨지지 않도록 해야 하고, 접는 부분은 □으로 눌러서 접습니다.

1 이 글의 종류는 무엇인가요? (　　　)

글의 종류

① 상품을 광고하는 글
② 일의 방법을 알려 주는 글
③ 여행하면서 겪은 일을 쓴 글
④ 다른 사람에게 마음을 전하는 글
⑤ 기억에 남는 일과 그에 대한 생각이나 느낌을 쓴 글

2 포장지를 자르는 방법의 순서에 맞게 숫자를 쓰세요.

내용 이해

(1) 남는 부분을 가위로 자른다. (　　　)
(2) 포장지에 표시해 둔 부분을 접는다. (　　　)
(3) 상자를 포장지의 가운데에 놓고 두께를 재어 손으로 눌러 표시한다. (　　　)

3 다음은 선물 상자를 포장할 때, 어느 단계에서 할 일인가요?

내용 이해

(　　　)

> 옆면 포장지를 상자 위쪽 가장자리에 맞춘 다음 아래로 접습니다.

① 포장지 사기　② 준비물 챙기기　③ 포장지 자르기
④ 포장지 씌우기　⑤ 옆면 포장하기

4 다음 밑줄 친 '재다'가 ㉠'재어'와 같은 뜻으로 쓰인 것은 무엇인가요? (　　　)

어휘

① 아버지가 인삼을 꿀에 재다.
② 엄마가 맛있는 고기를 양념에 재다.
③ 민지가 수학 시간에 자로 길이를 재다.
④ 은우는 학교에 갈 때 행동이 몹시 재다.
⑤ 영호가 어깨를 으스대며 노래 실력을 재다.

다음 중 선물 상자를 포장할 때에 주의할 점에 맞게 포장한 친구는 누구인가요?

( )

① 포장지가 구겨지지 않도록 접은 수호

② 상자보다 작은 크기의 포장지를 쓴 정음

③ 접는 부분을 손으로 힘을 주지 않고 접은 희아

④ 가위를 사용하지 않고 손으로 포장지를 찢은 승우

⑤ 양면테이프를 붙이지 않고 옆면 포장을 마무리한 훈민

다음은 선물 상자를 포장하는 방법을 간단히 나타낸 그림입니다. 그림에 알맞은 방법을 보기 에서 찾아 쓰세요.

보기

옆면 포장하기, 포장지 씌우기, 포장지 자르기

( ) ( ) ( )

빈칸에 알맞은 말을 써서, 이 글의 짜임을 정리해 보세요.

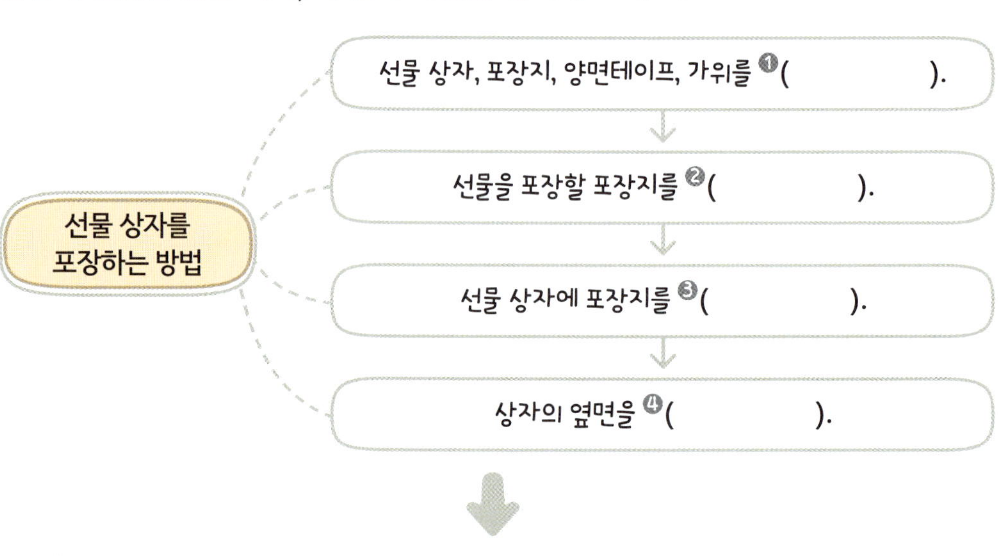

1 다음 뜻에 알맞은 낱말을 완성하여 쓰세요.

(1) 위가 되는 쪽. → ⬚ㅇ ⬚쪼

(2) 둘레나 끝에 해당되는 부분. → ⬚ㄱ ⬚ㅈ ⬚ㅈ ⬚ㄹ

(3) 무엇을 무엇의 위에 덮거나 올리다. → ⬚ㅆ ⬚ㅇ ⬚ㄷ

(4) 어떤 기준에 틀리거나 어긋남이 없이 조정하다. → ⬚ㅁ ⬚ㅊ ⬚ㄷ

2 다음 낱말이 들어갈 문장을 찾아 선으로 이으세요.

(1) 두께 ·

(2) 포장지 ·

(3) 반대쪽 ·

· ㉮ 겨울 외투의 (   )이/가 두껍다.

· ㉯ 진아가 교문을 나서 집과 (   )(으)로 걸어갔다.

· ㉰ 영준이는 어제 산 학용품을 조심스럽게 (   )(으)로 쌌다.

확장

3 다음 낱말이 아래의 문장에서 어떤 뜻으로 사용되었는지 찾아 번호를 쓰세요.

포장
하다

① 물건을 싸거나 꾸리다.

② 겉으로만 그럴듯하게 꾸미다.

③ 시멘트나 아스팔트 등으로 덮어 길을 단단하고 평평하게 만들다.

(1) 해인이는 물건들을 상자 안에 잘 넣어 <u>포장했다</u>. (   )

(2) 도로를 <u>포장하는</u> 공사 중이니 옆길로 돌아서 가세요. (   )

오늘
나의 실력은?    부모님의
응원 한마디

설명문
☑ 논설문
실용문
시
동화
극본

1 ⁺인공조명이란 태양이나 달빛 같은 자연의 빛이 아니라, 전등처럼 사람이 만들어 낸 빛을 말합니다. 인공조명을 사용하면 편리하지만 ⁺과도하게 사용하면 '빛 ⁺공해'라는 문제를 일으킵니다. '빛 공해'란 인공조명이 너무 밝거나 지나치게 많아 야간에도 낮처럼 밝은 상태가 유지되는 현상을 말합니다. 인공조명이 우리에게 미치는 영향을 자세히 알아보겠습니다.

2 첫 번째로, 인공조명은 밤을 낮처럼 밝게 만들기 때문에 ㉠사람들의 수면에 문제를 일으킵니다. 우리 몸은 잠을 자기 위해 '멜라토닌'이라는 호르몬을 필요로 합니다. 그런데 밝은 빛은 이 호르몬의 ⁺분비를 방해합니다. 인공조명이 내는 밝은 빛 때문에 잠을 충분히 자지 못하면 건강을 해칠 뿐만 아니라 집중력이 떨어져서 성인은 일을 잘하기 어렵고, 학생은 학교에서 수업을 잘 듣지 못하게 됩니다.

3 두 번째로, 인공조명으로 밤이 밝아지면 사람과 더불어 살아가는 수많은 동물에게도 나쁜 영향을 끼칩니다. 예를 들어, 밤하늘의 별을 보고 길을 찾는 ⁺철새들은 밝은 빛 때문에 방향을 잃을 수 있습니다. 또, 곤충들은 낮과 밤을 구별하지 못하고 ⁺정상적인 생활을 하지 못하게 됩니다. 그래서 결국에는 지구에 살아가는 곤충의 수가 줄어드는 문제를 낳기까지 합니다.

4 이러한 인공조명으로 인해 생기는 문제들을 해결하기 위해서 우리가 할 수 있는 일이 있습니다. 첫째, 필요한 곳에만 불을 켜고, 사용하지 않는 조명은 끄는 습관을 가집니다. 둘째, 밤에는 밝기를 ⁺조절할 수 있는 조명을 사용하거나, 눈이 덜 부신 노란색 조명을 사용하는 것이 좋습니다. 이렇게 하면 빛 공해를 줄이는 데 도움이 됩니다.

5 우리 모두가 인공조명을 사용할 때 조금 더 주의를 기울여 건강도 지키고 환경도 보호합시다. 빛 공해를 줄이기 위한 우리의 작은 노력이 모여 큰 변화를 만들 것입니다.

낱말 풀이

⁺**인공조명**: 사람의 힘으로 만든 불빛.

⁺**과도하게**: 정도에 지나치게.

⁺**공해**: 산업이나 교통의 발달에 따라 사람이나 생물이 입게 되는 여러 가지 피해.

⁺**분비**: 샘세포의 작용에 의하여 만든 액즙을 배출관으로 보내는 일.

⁺**철새**: 계절을 따라 이리저리 옮겨 다니며 사는 새.

⁺**정상적**: 특별한 변동이나 탈이 없이 상태가 제대로.

⁺**조절할**: 균형이 맞게 바로 잡을. 또는 적당하게 맞추어 나갈.

정답 확인 24쪽

☐에 들어갈 알맞은 낱말을 글에서 찾아 쓰세요.

 **1** 인공조명을 사용하면 편리하지만 과도하게 사용하면 ㅂㄱㅎ 문제를 일으킨다.

✏️ ___________

 **2** 인공조명은 멜라토닌 분비를 방해하여 사람들의 ㅅㅁ에 문제를 일으킨다.

✏️ ___________

 **3** 인공조명으로 밤이 밝아지면 철새나 ㄱㅊ과 같은 동물들에게도 나쁜 영향을 끼친다.

✏️ ___________

 **4** 인공조명 문제를 해결하기 위해 필요한 곳에만 불을 켜고, 밤에는 밝기를 ㅈㅈ할 수 있는 조명을 사용하거나 눈이 덜 부신 노란색 조명을 사용한다.

✏️ ___________

 **5** 인공조명을 사용할 때 조금 더 ㅈㅇ를 기울여 건강도 지키고 환경도 보호하자.

✏️ ___________

---

1 **이 글에서 다룬 내용은 무엇인지 빈칸에 알맞은 말을 쓰세요.**

중심 내용

• ( )에 의한 빛 공해와 그 영향

2 **인공조명이 ㉠에 미치는 영향은 무엇인가요? ( )**

내용 이해

① 수면의 질을 높인다.
② 꿈을 더 생생하게 만든다.
③ 멜라토닌의 성분을 바꾼다.
④ 멜라토닌의 분비를 방해한다.
⑤ 잠을 충분히 잘 수 있게 한다.

3 **밤이 밝아지면 동물들에게 생기는 일을 두 가지 고르세요.**

내용 이해

(,)

① 철새들이 방향을 잃는다.
② 곤충들의 수가 줄어든다.
③ 철새들이 더 멀리 날아간다.
④ 곤충들이 먹이를 쉽게 찾는다.
⑤ 동물들이 더 활발하게 움직인다.

4 **다음 뜻을 참고하여 제시된 말의 뜻을 찾아 선으로 이으세요.**

어휘

인공: 사람의 힘으로 자연에 대해 가공하거나 작용하는 일.

(1) 인공 부화 • • ㉮ 사람의 힘으로 만든 불빛.

(2) 인공 지능 • • ㉯ 부화 장치를 이용해 알을 인공적으로 부화하는 방법.

(3) 인공조명 • • ㉰ 사람의 지능이 가지는 학습, 추리 등의 기능을 갖춘 컴퓨터 시스템.

글쓴이가 주장한 것을 실천한 내용으로 알맞지 <u>않은</u> 것은 무엇인가요? (   )

① 필요한 곳에만 불을 켜기　　　　② 사용하지 않는 조명 끄기
③ 최대한 밝은 조명 사용하기　　　④ 눈이 덜 부신 조명 사용하기
⑤ 밝기를 조절할 수 있는 조명 사용하기

6 비판

다음 대화를 읽고, 할 말로 가장 알맞은 것은 무엇인가요? (   )

> 경민: 라영아, 최근에 △△시에서 내놓은 빛 공해 관리 정책 보았어?
> 라영: 응, 인터넷 뉴스에서 봤어. 빛 공해로 시민들이 겪는 불편을 없애려고 만든
> 　　　정책이지?
> 경민: 맞아. 시민의 안전을 위해서 가로등이나 보안등과 같은 조명은 충분히 제공
> 　　　하지만 지나친 광고나 간판 조명은 제한하겠다는 계획이야.

① 이 대화는 ❸ 문단에 추가할 내용으로 적절해.
② 글의 내용과 관련 없는 새로운 주제에 대해 말하고 있어.
③ 글쓴이의 주장을 실현할 수 있는 새로운 정책이 나왔구나!
④ 안전을 위해 조명을 충분히 제공한다는 내용이 글쓴이의 주장과 가장 관련 있네.
⑤ 빛 공해를 방지하여 건강을 지키고 에너지도 절약하자는 의도로 말한 내용이야.

7 글의 구조

빈칸에 알맞은 말을 써서, 이 글의 짜임을 정리해 보세요.

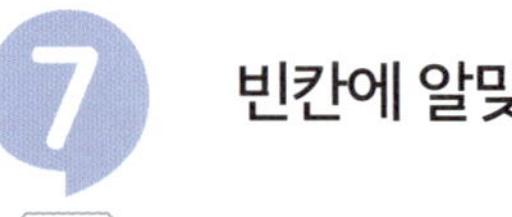

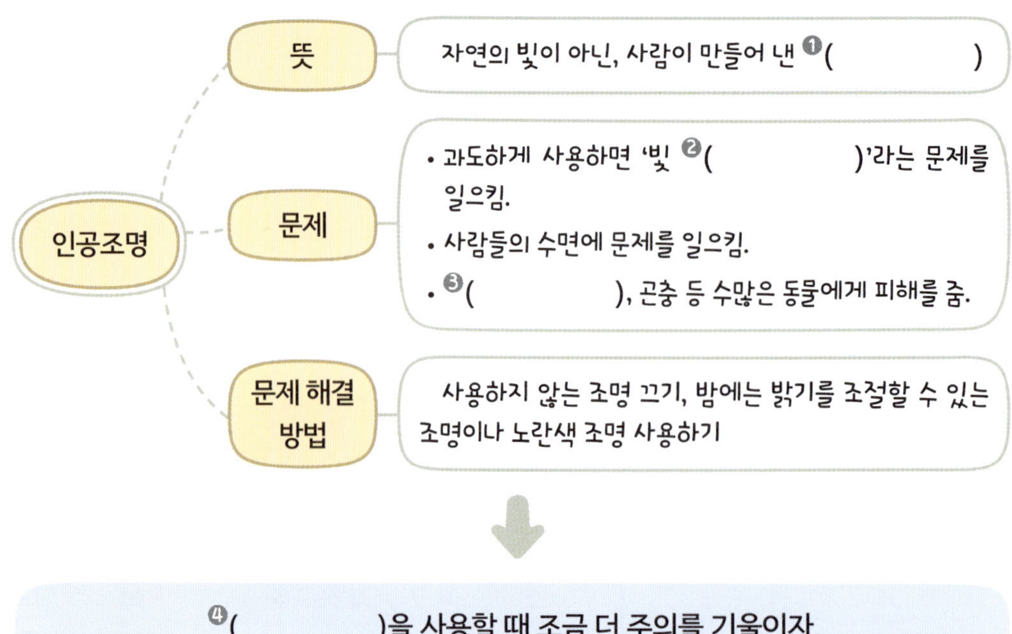

❹(   )을 사용할 때 조금 더 주의를 기울이자.

1 다음 낱말의 뜻을 보기 에서 찾아 기호를 쓰세요.

보기

㉮ 정도에 지나치다.

㉯ 계절을 따라 이리저리 옮겨 다니며 사는 새.

㉰ 균형이 맞게 바로잡다. 또는 적당하게 맞추어 나가다.

㉱ 샘세포의 작용에 의하여 만든 액즙을 배출관으로 보내는 일.

(1) 철새: (   )   (2) 분비: (   )

(3) 조절하다: (   )   (4) 과도하다: (   )

2 다음 초성과 뜻을 참고하여 빈칸에 알맞은 낱말을 쓰세요.

(1) ㅇㄱㅈㅁ: 사람의 힘으로 만든 불빛.

㉠ 가게에 설치된 (   )이 실내 분위기를 아늑하게 만들었다.

(2) ㅈㅅㅈ: 특별한 변동이나 탈이 없이 상태가 제대로.

㉠ 공장이 (   )으로 가동되어 제품이 빠르게 출시되고 있다.

(3) ㄱㅎ: 산업이나 교통의 발달에 따라 사람이나 생물이 입게 되는 여러 가지 피해.

㉠ 공장에서 폐수를 그대로 강으로 흘려 보내면 (   )가 발생한다.

확장

3 다음 낱말의 뜻을 보고, 문장에 알맞은 낱말을 찾아 ○표 하세요.

잃다	길이나 방향을 찾지 못하게 되다.
잊다	한번 알았던 것을 기억하지 못하거나 기억해 내지 못하다.
읽다	글이나 글자를 보고 그 음대로 소리를 내어 말로 나타내다.

(1) 아이는 큰 소리로 또박또박 동화책을 (잃었다, 잊었다, 읽었다).

(2) 지도를 꼼꼼히 보면서 갔지만 결국 길을 (잃었다, 잊었다, 읽었다).

(3) 읽은 지 오래되어서 그 책의 제목을 까맣게 (잃었다, 잊었다, 읽었다).

오늘
나의 실력은?    부모님의
응원 한마디 

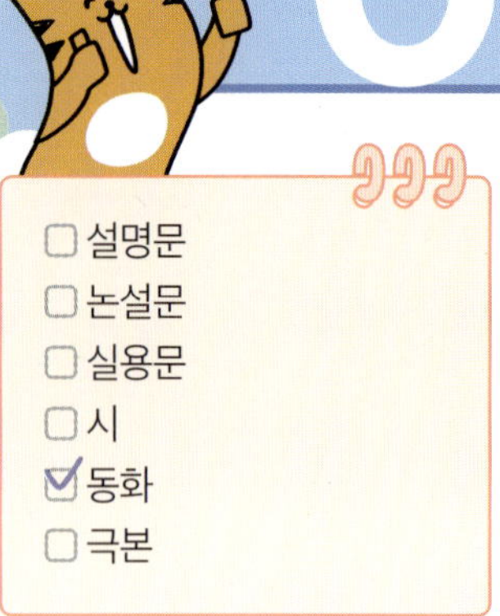

☐ 설명문
☐ 논설문
☐ 실용문
☐ 시
☑ 동화
☐ 극본

1 옛날 어느 마을에 부지런한 농부가 살고 있었다. 이 농부는 열심히 일해 욕심쟁이 부자 영감의 밭을 샀다. 그 밭은 돌멩이가 많아 농사를 지을 수 없었다. 그래서 농부는 매일 밭을 ㉠갈고 흙에서 돌멩이를 ✛골라냈다.

그러던 어느 날, 농부가 ✛괭이질을 하다가 밭에 묻혀 있던 커다란 항아리를 발견했다. 일을 마친 농부는 항아리에 괭이를 넣어 집으로 가지고 왔다.

㉡이튿날 아침, 농부는 항아리에서 괭이를 꺼냈다. 그런데 항아리 안에는 괭이가 또 하나 들어 있었다. 농부는 다시 괭이를 꺼냈다. 그런데도 항아리 안에는 ✛여전히 괭이가 있었다.

'이거 혹시 요술 항아리가 아닐까?'

농부는 ✛일부러 엽전 하나를 항아리 안에 넣었다가 꺼냈다. 그랬더니 정말 항아리 안에 엽전이 그대로 남아 있었다. 꺼내고 또 꺼내어 엽전은 마당에 ✛그득 쌓였다. 농부는 부자가 되었다.

2 이 소문은 온 마을에 퍼져 농부에게 밭을 판 욕심쟁이 부자 영감도 듣게 되었다. 부자 영감은 그 요술 항아리를 어떻게 하면 빼앗을 수 있을지 온갖 ㉢✛궁리를 하다가 농부를 찾아갔다.

"자네, 그 요술 항아리는 어디서 얻었는가?"

"제 밭에서 파내었습니다."

"나는 자네에게 밭만 팔았지, 항아리는 팔지 않았네. 그러니 항아리를 내놓게."

"안 됩니다. 항아리는 제 것입니다."

3 두 사람은 다툼 끝에 ㉣고을 ✛원님에게 가서 ✛판결을 받기로 했다. 그런데 원님도 그 항아리가 몹시 탐이 났다.

"이 항아리 때문에 사이좋던 이웃이 다툴 수는 없다. 이 항아리를 ✛관가에 ㉤보관하겠다. 그러면 서로 다투지 않고 잘 지낼 것이다."

결국, 농부와 부자 영감은 항아리를 둔 채 돌아갔다.

4 그날 저녁, 원님의 아버지가 요술 항아리를 보았다. 원님의 아버지는 항아리에 무엇이 들어 있는지 궁금하여 허리를 굽히고 안을 들여다보았다. 그러다가 그만 항아리 안에 빠지고 말았다.

낱말 풀이

✛**갈고**: 땅을 쟁기 등으로 파서 뒤집고.

✛**골라냈다**: 여럿 가운데서 어떤 것을 구별해서 집어냈다.

✛**괭이질**: 괭이로 땅을 파는 일.

✛**여전히**: 전과 같이.

✛**일부러**: 어떤 목적이나 생각을 가지고. 또는 마음을 내어 굳이.

✛**그득**: 아주 꽉 찬 모양.

✛**궁리**: 마음속으로 이리저리 따져 깊이 생각함. 또는 그런 생각.

✛**원님**: 옛날에 마을을 다스리며 질서를 유지하던 관리.

✛**판결**: 옳고 그름이나 선악을 판단하여 결정함.

✛**관가**: 벼슬아치들이 나랏일을 보던 집.

쏙쏙! 내용 정리

□에 들어갈 알맞은 낱말을 글에서 찾아 쓰세요.

1 농부가 부자 영감에게 산 밭에서 요술 ⬚ ⬚ ⬚ 를 발견하여 부자가 되었다.

✏ ___________

2 부자 영감이 ⬚ ⬚ 에게 항아리를 내놓으라고 하였고, 농부와 부자 영감은 다투게 되었다.

✏ ___________

3 농부와 부자 영감은 고을 원님에게 ⬚ ⬚ 을 받으러 갔는데, 원님은 항아리를 관가에 보관하겠다고 말하였다.

✏ ___________

4 원님의 ⬚ ⬚ ⬚ 가 요술 항아리 안을 들여다보다가 요술 항아리 안에 빠졌다.

 ___________

---

1 **갈래**
이 글의 등장인물이 <u>아닌</u> 사람은 누구인가요? (   )

① 농부　　　　　② 원님
③ 부자 영감　　　④ 농부의 아내
⑤ 원님의 아버지

2 **내용 이해**
이 글에 나오는 농부의 성격을 알 수 있는 말은 무엇인가요?
(   )

① 부자　　　　　② 괭이질
③ 욕심쟁이　　　④ 부지런한
⑤ 사이좋던 이웃

3 **내용 이해**
이 글에서 일어난 사건으로 알맞지 <u>않은</u> 것은 무엇인가요?
(   )

① 원님은 항아리를 관가에 보관하기로 결정했다.
② 농부는 괭이질을 하다가 요술 항아리를 발견했다.
③ 원님의 아버지가 허리를 굽혀 항아리를 들어 올렸다.
④ 부자 영감은 농부에게 항아리를 돌려 달라고 요구했다.
⑤ 요술 항아리에 물건을 넣으면 그 물건이 하나 더 생겨났다.

4 **어휘**
㉠~㉢과 바꾸어 쓸 낱말을 짝 지은 것으로 알맞지 <u>않은</u> 것은 무엇인가요? (   )

① ㉠갈고 - 묻고
② ㉡이튿날 – 다음 날
③ ㉢궁리 - 생각
④ ㉣고을 - 마을
⑤ ㉤보관하겠다 - 간직하겠다

5

감상

이 글을 읽고 자신의 생각이나 느낌을 바르게 말한 친구는 누구인지 이름을 모두 쓰세요.

> 윤정: 농부는 원님에게 요술 항아리를 빼앗기게 되어 정말 분했을 거야.
>
> 우성: 원님이 요술 항아리에 욕심이 생겨서 공정하게 판결해 주지 않은 점이 가장 아쉬워.
>
> 해영: 농부가 요술 항아리를 두고 부자 영감과 이야기하다가 다툰 것을 보고, 역시 대화로 모든 문제를 해결할 수 있다는 걸 느꼈어.

(   )

6

추론

4 에 이어질 이야기에서 일어날 일을 예상한 것으로 알맞은 것을 보기 에서 찾아 기호를 쓰세요.

> **보기**
>
> ㉮ 원님의 아버지가 감쪽같이 사라진다.
>
> ㉯ 원님이 부자가 되어 고을의 어려운 사람들을 도와준다.
>
> ㉰ 원님의 아버지가 여러 명이 되어 요술 항아리에서 계속 나온다.

(   )

7

글의 구조

빈칸에 알맞은 말을 써서, 이 글의 짜임을 정리해 보세요.

> 농부가 밭에서 요술 ❶(　　　　　　)를 발견해 부자가 됨.

↓

> ❷(　　　　　　)이 농부에게 요술 항아리는 자기 것이라고 우김.

↓

> 농부와 부자 영감은 판결을 받으러 함께 관가로 갔지만 요술 항아리가 탐이 난 원님은 요술 항아리를 ❸(　　　　　　)에 보관하겠다고 함.

↓

> 원님의 ❹(　　　　　　)가 요술 항아리 안을 들여다보다가 요술 항아리 안에 빠짐.

> 요술 항아리에 얽힌 이야기가 욕심이 지나치면 나쁜 일을 부른다는 교훈을 준다.

탄탄 어휘 마무리

1 다음 뜻을 가진 낱말을 찾아 선으로 이으세요.

(1) 전과 같이. • • ㉮ 그득

(2) 아주 꽉 찬 모양. • • ㉯ 관가

(3) 예전에 사용한 놋쇠로 만든 돈. • • ㉰ 엽전

(4) 벼슬아치들이 나랏일을 보던 집. • • ㉱ 여전히

2 다음 문장의 빈칸에 들어갈 알맞은 낱말을 **보기** 에서 찾아 쓰세요.

> **보기**
>
> 궁리, 판결, 괭이질

(1) 사또는 이야기를 듣고 지혜롭게 (　　　　　　　)을/를 내렸다.

(2) 쥐들이 모여 고양이 목에 방울을 달 (　　　　　　　)을/를 했다.

(3) 그는 밭에 돌멩이가 많아 새벽부터 열심히 (　　　　　　　)을/를 했다.

확장

3 다음 밑줄 친 낱말과 비슷한 뜻을 가진 낱말을 찾아 ○표 하세요.

> 　봄이 오자, 우리 가족은 텃밭에 꽃을 심기로 했어요. 텃밭에는 잡초들이 무성하게 자라 있어서 먼저 잡초를 뽑고, 돌멩이를 <u>골라냈어요</u>. 그리고 흙을 고르고 부드럽게 만들었어요. 그런 다음 꽃씨를 정성스럽게 땅에 심었어요. 맨 끝에는 물뿌리개로 땅에 심은 꽃씨에 골고루 물을 주었어요.

(파묻다, 가려내다, 제조하다)

오늘
나의 실력은?　  　부모님의
응원 한마디

☑ 설명문
☐ 논설문
☐ 실용문
☐ 시
☐ 동화
☐ 극본

산가지 놀이 중에서 떼어 내기 놀이는 두 명 ⁺이상 네 명 정도의 사람들이 산가지만 준비하면 장소를 ⁺불문하고 어디에서든지 할 수 있다. 산가지 떼어 내기 놀이의 순서와 규칙을 익혀 보자.

1 먼저, 산가지를 떼어 내는 순서를 정한다. 가위바위보를 하여 순서를 정하는데 자기 차례가 되어야 산가지를 떼어 낼 수 있다.

2 가위바위보에서 첫 번째 순서가 된 사람이 산가지를 모두 ⁺움켜잡았다가 놓는다. 움켜잡았던 산가지를 놓으면 산가지가 바닥에 ⁺흩어지거나 겹쳐 놓이게 된다. 첫 번째 사람은 다른 산가지를 건드리지 않고 산가지를 떼어 내기 쉽다. 첫 번째 사람이 먼저 산가지를 떼어 가져간다.

3 두 번째 사람은 첫 번째 사람이 떼어 낸 다음, 산가지를 떼어 낸다. 이때에도 다른 산가지를 건드리지 않게 조심한다. 두 번째 사람도 다른 산가지를 건드리지 않았다면 떼어 낸 산가지를 가져간다. 만약, 다른 산가지를 건드리면 산가지를 가져가지 않고 그대로 둔다.

4 쉽게 떼어 낼 수 있는 산가지가 없을 때 자기 차례를 맞이한 사람은 ㉠⁺불리하다. 산가지를 떼어 내려다가 쌓여 있는 산가지 전체를 다시 흩어 놓게 된다. 다른 산가지를 건드리면 산가지를 떼어 올 수 없으면서 다음 사람이 떼어 내기 쉽도록 산가지를 흩어 주기만 할 뿐이다.

5 쌓여 있는 산가지의 윗부분에서 떼어 내지 못하면 다른 부분에서 떼어 낼 수 있는 산가지를 찾아보아야 한다. 아랫부분에서 다른 산가지를 움직이지 않고 떼어 낼 수 있는 산가지를 찾기도 한다. 어렵지만 이렇게 산가지를 떼어 낼 수 있다면 이길 ⁺가능성이 높다. 다음 사람은 산가지를 잘 떼어 내지 못할 가능성이 높기 때문이다.

6 쌓인 산가지가 다 없어질 때까지 순서대로 산가지를 떼어 낸다. 처음에는 먼저 떼어 내는 사람이 잘 떼어 낼 수 있지만, 순서가 지나갈수록 앞사람이 어떻게 산가지 ⁺더미를 흩어 놓았는지에 따라 달라진다.

7 맨 마지막에는 ⁺우승자를 ⁺가린다. 가져온 산가지가 가장 많은 사람이 우승한다. 우승자는 산가지가 가장 적은 사람에게 ⁺벌칙을 줄 수 있다.

낱말 풀이

⁺**산가지**: 옛날에 수를 셈하는 데 쓰던 막대기. 가로와 세로로 배열하여 셈을 할 때에 사용함.

⁺**이상**: 수량이나 정도가 일정한 기준을 포함하여 그보다 많거나 나은 것.

⁺**불문하고**: 가리지 아니하고.

⁺**움켜잡았다가**: 손가락을 오므려 힘 있게 꽉 잡았다가.

⁺**흩어지거나**: 한데 모였던 것이 따로따로 떨어지거나 여러 곳으로 퍼지거나.

⁺**불리하다**: 조건이나 입장 등이 이익이 되지 않다.

⁺**가능성**: 어떤 일이 앞으로 이루어질 수 있는 성질.

⁺**더미**: 많은 물건이 한데 모여 쌓인 큰 덩어리.

⁺**우승자**: 경기나 시합에서 상대를 모두 이겨 일 위를 차지한 사람.

⁺**가린다**: 여러 가지 중에서 하나를 구별하여 뽑는다.

⁺**벌칙**: 법이나 약속 등을 어겼을 때 주는 벌을 정해 놓은 규칙.

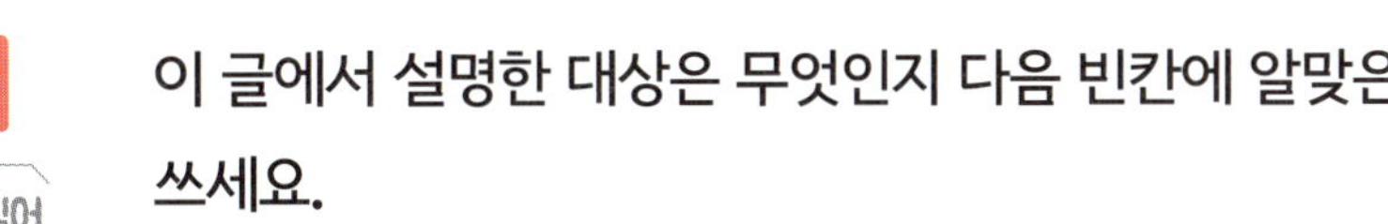

□에 들어갈 알맞은 낱말을 글에서 찾아 쓰세요.

1 가위바위보를 하여 산가지를 떼어 내는 [ㅅ][ㅅ]를 정한다.

✏ _______________

2 첫 번째 순서가 된 사람이 [ㅅ][ㄱ][ㅈ]를 모두 움켜잡고 놓는다.

✏ _______________

3 [ㅊ][ㅂ][ㅉ] 사람이 떼어 낸 다음, 두 번째 사람이 산가지를 떼어 낸다.

✏ _______________

4 쉽게 떼어 낼 수 있는 산가지가 없을 때 자기 차례를 맞이한 사람은 [ㅂ][ㄹ][ㅎ][ㄷ].

✏ _______________

5 쌓여 있는 산가지이 [ㅇ][ㅂ][ㅂ]에서 떼어 내지 못하면 다른 부분에서 떼어 낼 수 있는 산가지를 찾아보아야 한다.

✏ _______________

6 [ㅆ][ㅇ] 산가지가 다 없어질 때까지 순서대로 산가지를 떼어 낸다.

✏ _______________

7 가져온 산가지가 가장 [ㅁ][ㅇ] 사람이 우승한다.

✏ _______________

---

1 핵심어

이 글에서 설명한 대상은 무엇인지 다음 빈칸에 알맞은 말을 쓰세요.

· (   ) 놀이

2 내용 이해

문제 **1**번에서 답한 놀이를 하는 방법으로 알맞은 것은 무엇인가요? (   )

① 쉽게 떼어 낼 수 있는 산가지가 없을 때 놀이를 멈춘다.
② 첫 번째 순서인 사람은 산가지를 손에서 놓으면 안 된다.
③ 반드시 쌓여 있는 산가지의 아랫부분부터 떼어 내야 한다.
④ 순서가 여러 번 바뀌어도 산가지 더미를 흩뜨리지 않는다.
⑤ 가지고 오려는 산가지 이외의 다른 산가지를 건드리지 않는다.

3 내용 이해

문제 **1**번에서 답한 놀이의 우승자는 누구인가요? (   )

① 산가지를 높이 쌓은 사람
② 산가지를 멀리 흩어지게 한 사람
③ 산가지 더미를 여러 개 만든 사람
④ 가장 많은 수의 산가지를 가진 사람
⑤ 마지막으로 남은 산가지를 가져간 사람

4 어휘

이 글에 쓴 ㉠ '불리하다'와 뜻이 반대인 낱말은 무엇인가요?

(   )

① 해롭다   ② 향상되다
③ 유리하다   ④ 편리하다
⑤ 획득하다

5 이 글에 추가할 그림을 보기에서 찾아 기호를 쓰세요.

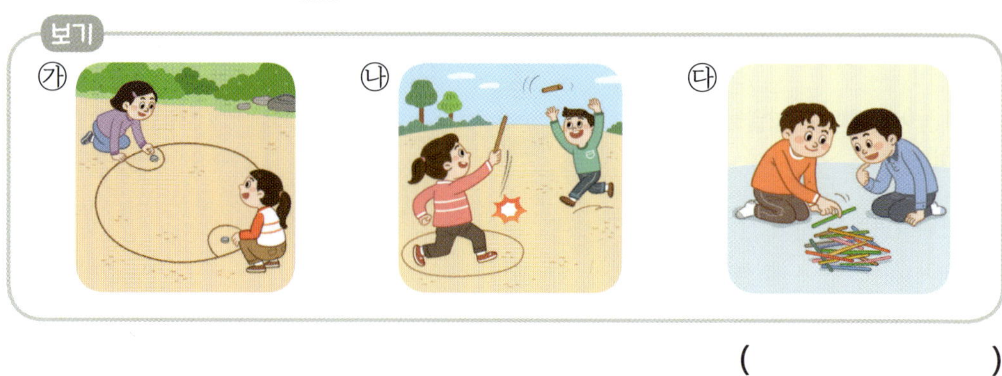

(   )

6 다음은 또 다른 산가지 놀이인 '산가지로 모양 만들기 놀이'를 소개한 글입니다. 다음 글의 ㉠에 들어갈 알맞은 내용을 찾아 ○표 하세요.

> 가위바위보를 하여 술래 한 명을 뽑는다. 나머지 사람들은 모두 같은 개수의 산가지를 가지고 있다. 술래가 문제를 내면 다른 사람들은 문제를 듣고 산가지로 모양을 만든다. 예를 들어 물고기 모양, '+' 모양, 글자 '가' 등을 만들라는 문제를 낼 수 있다. [㉠] 가장 많은 점수를 얻는 사람이 이긴다.

(1) 술래는 자기의 산가지를 튕겨서 상대방의 산가지를 맞히거나 발로 밀어 찬다.

(   )

(2) 술래는 자기가 생각한 모양을 가장 빠르고 비슷한 모양으로 만든 사람에게 점수를 준다.

(   )

7 빈칸에 알맞은 말을 써서, 이 글의 짜임을 정리해 보세요.

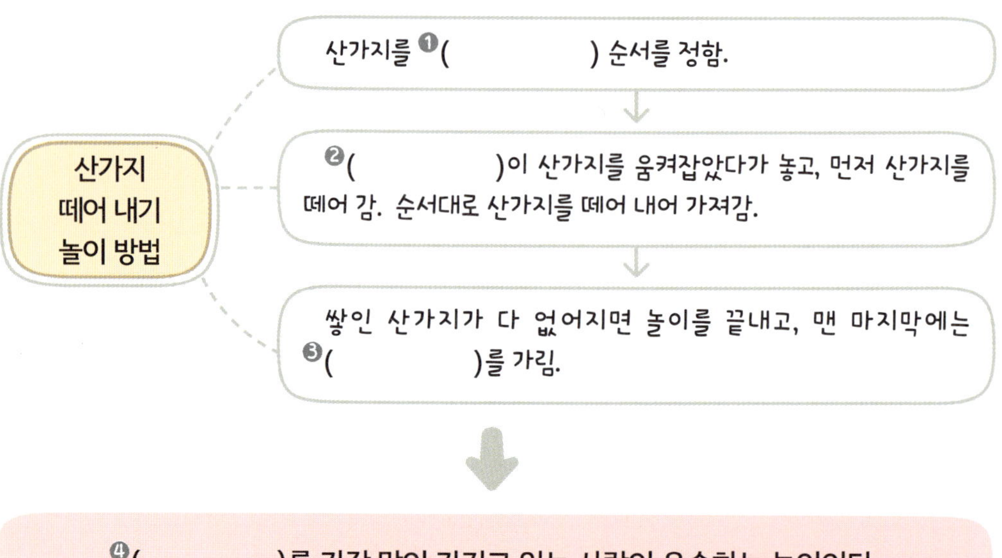

1 다음 뜻을 지닌 낱말을 [보기]에서 찾아 빈칸에 쓰세요.

> [보기]
>
> 벌칙, 더미, 우승자, 가능성

(1) 많은 물건이 한데 모여 쌓인 큰 덩어리. ( )

(2) 어떤 일이 앞으로 이루어질 수 있는 성질. ( )

(3) 법이나 약속 등을 어겼을 때 주는 벌을 정해 놓은 규칙. ( )

(4) 경기나 시합에서 상대를 모두 이겨 일 위를 차지한 사람. ( )

2 다음 문장의 빈칸에 들어갈 알맞은 낱말을 찾아 선으로 이으세요.

(1) 사방으로 ( ) 낙엽들을 주웠다. · · ㉮ 흩어진

(2) 그 증거는 재판에 ( ) 작용했다. · · ㉯ 불문하고

(3) 이 라면은 남녀노소를 ( ) 사랑받고 있다. · · ㉰ 불리하게

확장

3 다음 밑줄 친 낱말과 뜻이 통하는 낱말을 [보기]에서 찾아 쓰세요.

> [보기]
>
> 가리다, 움켜잡다, 맞이하다, 익히다

(1) 동해에서 새해 첫날을 <u>맞다</u>. ( )

(2) 글을 고치려고 잘못된 문장을 <u>골라내다</u>. ( )

(3) 매일 바이올린을 연주하는 방법을 <u>공부하다</u>. ( )

(4) 친구와 재미있는 영화를 보다가 배를 <u>쥐고</u> 웃었다. ( )

오늘
나의 실력은?    부모님의
응원 한마디

☐ 설명문
☐ 논설문
☐ 실용문
☐ 시
☑ 동화
☐ 극본

1 "산꼭대기에 왜 열차가 있지?" / 영롱이는 열차에 가까이 다가갔다.

"도대체 이게 뭐야? 이런 게 왜 여기에 있어?"

둥그런 앞판 위에 굴뚝이 세 개 있고, ✛몸체 아래에는 커다란 쇠바퀴 여럿이 이어져 있었다. ✛영락없는 증기 기관차였다.

2 등 뒤에서 갑자기 사람이 나타났다. ✛희끗한 머리카락이 아무렇게나 헝클어지고 콧수염이 윗입술을 살짝 가린 아저씨였다. 아저씨는 무릎까지 내려오는 흰색 가운을 입고 있었다. ✛차림새가 의사 같기도 하고 과학자 같기도 했다.

3 "난 이 열차, 그러니까 탐정 사무소의 주인인 명탐정 아인슈타인이란다."

"이 기차가 탐정 사무소라고요?"

영롱이는 아저씨의 모습을 다시 살펴보았다.

4 "난 말이다, 이 세상의 빛과 시간이 무엇인지 알고 싶단다. 영롱이 넌 빛과 시간이 뭐라고 생각하니?"

"아저씨, 사실 전 똑똑한 아이가 아니에요. 저한테 물어보지 마시고 그냥 알아듣게 설명을 해 주세요."

"그렇게 스스로를 생각하고 있다니 안타깝구나. 자신이 모르는 것에 대해서 끝까지 ㉠ ✛호기심을 가지고 알아내려고 노력하는 것이 중요하단다. ✛열정적인 호기심이 세상을 바꾸니까."

영롱이는 커다란 눈을 끔뻑이며 아저씨의 다음 말을 기다렸다.

"빛을 타고 날아가는 상상을 해 보았니? 빛처럼 빠르게 날아갈 수 있다면 이 세상에 어떤 일이 일어날까? 난 항상 이런 상상을 하며 살아."

5 "그건 만화 영화에서나 나오는 일인걸요."

"상상은 지식보다 훨씬 중요해. 지금은 ✛불가능한 일일지라도 상상하면서 그것을 ✛현실로 만들어 내는 거야." / "정말 그럴까요?"

㉡ "바닷속을 마음껏 다닐 수 있는 잠수함이 처음부터 있었겠어? 『해저 2만 리』라는 책이 쓰일 때만 해도 잠수함은 ✛존재하지 않았지. 하지만 바닷속을 다니는 잠수함을 상상했기 때문에 잠수함이 현실에 생겨난 거야."

영롱이는 아저씨의 말이 다 이해되지는 않았다. 그렇지만 탐정 사무소를 구경하고 나니 세상을 바꿀 수 있는 '상상'이란 게 무엇인지 궁금해졌다.

낱말 풀이

✛**몸체**: 물체에서 가장 중심을 이루는 부분.

✛**영락없는**: 조금도 틀리지 아니하고 꼭 들어맞는.

✛**희끗한**: 한 군데에 얼핏 흰 빛깔이 있는.

✛**차림새**: 꾸미고 갖추어서 차린 모양.

✛**호기심**: 새롭고 신기한 것을 좋아하거나 모르는 것을 알고 싶어 하는 마음.

✛**열정적인**: 어떤 일에 뜨거운 애정을 가지고 열심히 하는.

✛**불가능한**: 할 수 없거나 될 수 없는.

✛**현실**: 현재 실제로 있는 사실이나 상태.

✛**존재하지**: 실제로 있지.

[ ]에 들어갈 알맞은 낱말을 글에서 찾아 쓰세요.

1 영롱이는 [ㅅ][ㄲ][ㄷ][ㄱ]에서 증기 기관차를 발견했다.

____

2 영롱이의 등 뒤에서 희끗한 머리카락에 [ㅋ][ㅅ][ㅇ]이 윗입술을 살짝 가린 채 흰색 가운을 입은 아저씨가 나타났다.

🖉 ________________________

3 아저씨가 자신의 이름은 [ㅇ][ㅇ][ㅅ][ㅌ][ㅇ]이고, 영롱이가 본 증기 기관차는 탐정 사무소라고 말했다.

🖉 ________________________

4 아저씨는 영롱이에게 [ㅎ][ㄱ][ㅅ]을 가지고 알아내려고 노력하는 것이 중요하다고 했다.

🖉 ________________________

5 아저씨는 불가능한 일도 상상하면서 [ㅎ][ㅅ]로 만들어 낸다고 했다.

🖉 ________________________

---

1 갈래

이 글을 읽는 방법으로 알맞은 것은 무엇인가요? (   )

① 리듬감을 느끼며 노래하듯 읽는다.

② 등장하는 인물이 한 일을 알아보며 읽는다.

③ 대상의 공통점과 차이점을 표로 나타내며 읽는다.

④ 어떤 대상에 대한 정보를 쓴 것인지 파악하며 읽는다.

⑤ 글쓴이가 여행지에서 보고 들은 것을 정리하며 읽는다.

2 내용 이해

아저씨에 대한 설명으로 알맞은 것은 무엇인가요?

(   )

① 검은 머리카락에 콧수염이 없다.

② 상상보다 지식이 더 중요하다고 말했다.

③ 빛처럼 빠르게 날아가는 것을 두려워한다.

④ 의사나 과학자와 비슷한 모습을 하고 있다.

⑤ 바닷속을 다니는 잠수함을 타 본 적이 있다.

3 내용 이해

다음 중 다른 인물이 한 말은 무엇인가요? (   )

① "산꼭대기에 왜 열차가 있지?"

② "난 항상 이런 상상을 하며 살아."

③ "열정적인 호기심이 세상을 바꾸니까."

④ "빛을 타고 날아가는 상상을 해 보았니?"

⑤ "지금은 불가능한 일일지라도 상상하면서 그것을 현실로 만들어 내는 거야."

4 어휘

㉠ **'호기심'의 뜻을 보기 에서 찾아 기호를 쓰세요.**

보기

㉮ 모르는 것을 알고 싶어 하는 마음.

㉯ 지나치게 남의 일을 염려하는 마음.

㉰ 다른 사람이 잘되는 것을 미워하는 마음.

(   )

5 이 글을 읽고 감상한 내용을 알맞게 말한 친구의 이름을 쓰세요.

(   )

6 아저씨가 ㉡의 말에 이어서 할 말로 가장 알맞은 것은 무엇인가요? (   )

① 상상하는 것은 시간 낭비이니 현실에 집중해야 한단다.
② 상상력은 재미있는 이야기를 만드는 데만 필요한 것이란다.
③ 사람들이 상상한 것은 현실에서 실현될 가능성이 거의 없단다.
④ 호기심을 가진다고 해서 항상 모든 것을 이해할 수 있는 것은 아니란다.
⑤ 작은 일이지만 호기심을 가지고 끊임없이 상상하면 이 세상을 바꿀 수도 있단다.

7 빈칸에 알맞은 말을 써서, 이 글의 짜임을 정리해 보세요.

| 산꼭대기 | 영롱이가 산꼭대기에서 이상한 증기 ❶(   )를 발견함. |

| 증기 기관차 근처 | 흰색 가운을 입은 아저씨가 갑자기 나타나 자신의 이름은 아인슈타인이고, 기차는 ❷(   ) 사무소라고 밝힘. |

| 증기 기관차 안 | 아저씨는 영롱이에게 호기심과 ❸(   )이 중요하다고 말함. |

이 글은 영롱이가 산꼭대기에서 ❹(   ) 아저씨를 만나
세상을 바꿀 수 있는 '상상'에 대해 궁금해하게 된 이야기이다.

1 다음 낱말의 뜻으로 알맞은 것을 찾아 선으로 이으세요.

(1) 현실 •

(2) 차림새 •

(3) 호기심 •

• ㉮ 꾸미고 갖추어서 차린 모양.

• ㉯ 현재 실제로 있는 사실이나 상태.

• ㉰ 새롭고 신기한 것을 좋아하거나 모르는 것을 알고 싶어 하는 마음.

2 다음 문장의 빈칸에 들어갈 알맞은 낱말을 보기 에서 찾아 쓰세요.

> **보기**
>
> 희끗한, 불가능한, 영락없는, 존재하는

(1) 사람이 영원히 산다는 것은 (　　　　　　) 일이다.

(2) 저 멀리 눈이 다 녹지 않아 (　　　　　　) 산봉우리가 보인다.

(3) 현지는 우주에 생명이 (　　　　　　) 다른 행성이 있다고 믿는다.

(4) 영수와 영철이는 행동으로 보나 생김새로 보나 (　　　　　　) 형제이다.

확장

3 다음 밑줄 친 낱말의 알맞은 뜻을 보기 에서 찾아 번호를 쓰세요.

> **보기**
>
> 나오다 ① 안에서 밖으로 오다.
> ② 책, 신문, 방송 등에 글이나 그림 등이 실리거나 어떤 내용이 나타나다.

(1) 한국 최고의 배우에 관한 기사가 신문에 <u>나오다</u>. (　　　)

(2) 가슴이 답답한 친구가 바람이라도 쐬고 싶어 집 밖으로 <u>나오다</u>. (　　　)

오늘
나의 실력은?   

부모님의
응원 한마디

여러분,
지구를 지키는 두 가지 방법!
무엇인지 알고 있나요?

재활용이란 한 번 사용한 물건을 다시 사용할 수 있도록 새로운 물건의 +원료로 이용하는 것이에요.

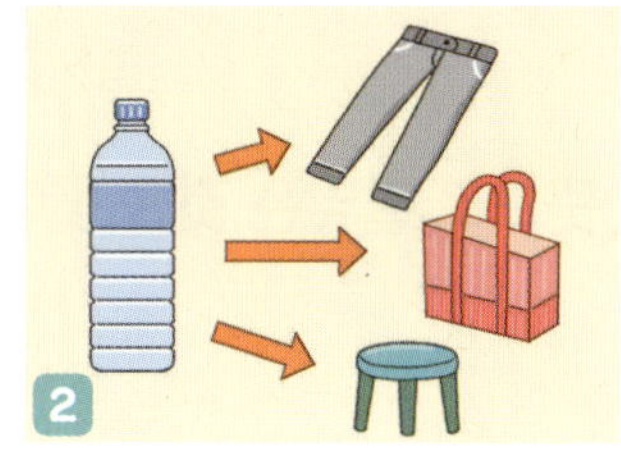

재사용은 이미 사용한 물건을 버리지 않고 다시 쓰는 것을 뜻해요. 같은 +용도로 계속 쓰는 것이죠.

재활용은 쓰레기 처리량을 줄여 환경 오염을 막는 데 도움을 줘요. 한국의 재활용률은 높답니다.

플라스틱, 종이, 유리, 금속 등으로 만든 물건이 재활용될 수 있는 재활용품이에요.

+배출한 플라스틱은 부수고 녹여 '펠릿'으로 만들어 써요. 유리도 색깔별로 ㉠+분류하면 재활용돼요.

낱말 풀이

+**원료**: 어떤 물건을 만드는 데 들어가는 재료.

+**용도**: 쓰이는 곳이나 목적.

+**배출한**: 안에서 밖으로 밀어 내보낸.

+**분류하면**: 여럿을 종류에 따라서 나누면.

+**자원**: 사람이 생활하거나 경제적인 생산을 하는 데 이용되는 것.

+**경제적**: 돈이나 시간, 노력을 적게 들이는 것.

+**기부하세요**: 다른 사람이나 기관, 단체 등을 도울 목적으로 돈이나 재산을 대가 없이 내놓아 보세요.

+**벼룩시장**: 중고품을 싸게 사고파는 시장.

+**판매할**: 상품을 팔.

+**변형하는**: 형태나 모양, 성질 등이 달라지거나 달라지게 하는.

+**분리배출**: 쓰레기 등을 종류별로 나누어서 버림.

+**불필요한**: 필요하지 않은.

+**소비**: 돈이나 물자, 시간, 노력 등을 들이거나 써서 없앰.

+**이점**: 이익이 되는 점.

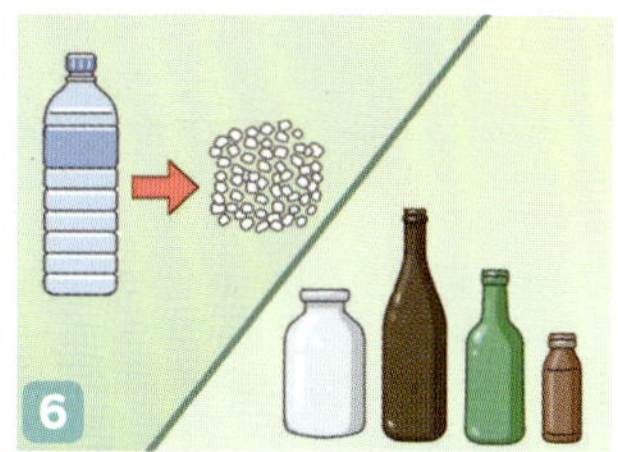

반면에 재사용은 새로운 +자원을 덜 쓰게 해요. 물건을 오래 쓰면 +경제적이에요.

잘 쓰지 않는 인형이나 신발 등의 물건은 +기부하세요. +벼룩시장에서 +판매할 수도 있답니다.

재활용은 새로운 것을 만들기 위해 +변형하는 것! 재사용은 그대로 다시 쓰는 것!

가정에서는 +분리배출하며 재활용할 수 있어요. 또 필요 없는 물건을 물려주거나 교환해 물건을 오래 재사용할 수 있어요.

재활용과 재사용을 실천하면 환경을 보호할 수 있고, +불필요한 +소비가 줄어들어서 경제적인 +이점도 누릴 수 있지요.

지금부터 우리 모두 재활용과 재사용을 함께 실천해 보아요. 지구를 지키고, 더 나은 미래를 만들어요!

□에 들어갈 알맞은 낱말을 글에서 찾아 쓰세요.

 **1** 재활용이란 한 번 사용한 물건을 다시 사용할 수 있도록 새로운 물건의 [ㅇ][ㄹ]로 이용하는 것이다.

✎ ________________

 **2** 재사용은 이미 사용한 물건을 버리지 않고 [ㄷ][ㅅ] 쓰는 것이다.

✎ ________________

 **3** 재활용은 쓰레기 처리량을 줄여 환경 [ㅇ][ㅇ]을 막는 데 도움을 준다.

✎ ________________

 **4** 재사용은 새로운 자원을 덜 쓰게 하고, [ㅁ][ㄱ]을 오래 쓰게 한다.

✎ ________________

5 재활용과 재사용을 실천하면 환경을 보호하고, 경제적인 [ㅇ][ㅈ]도 얻는다.

✎ ________________

 **6** 재활용과 재사용을 [ㅅ][ㅊ]하자.

✎ ________________

---

1 핵심어

이 카드 뉴스의 내용 중에서 중심이 되는 낱말을 에서 모두 찾아 ○표 하세요.

> 보기
>
> 경제, 재활용, 물건, 소비, 재사용, 플라스틱

2 내용 이해

이 카드 뉴스의 내용으로 알맞지 <u>않은</u> 것은 무엇인가요?

(   )

① 종이, 유리로 만든 물건은 재활용될 수 있다.
② 우리나라의 재활용률은 세계에서 가장 낮다.
③ 재사용은 새로운 자원을 덜 쓰게 하여 경제적이다.
④ 재활용 과정에서 플라스틱은 부수고 녹여 '펠릿'으로 만든다.
⑤ 잘 사용하지 않는 물건을 판매하는 것은 재사용의 예에 해당한다.

3 내용 이해

재활용과 재사용을 통해 얻을 수 있는 장점으로 알맞은 것은 무엇인가요? (   )

① 자원이 무한하게 된다.
② 쓰레기가 전혀 생기지 않는다.
③ 모든 제품을 무료로 얻을 수 있다.
④ 환경을 보호하고 필요 없는 소비를 줄일 수 있다.
⑤ 해마다 새로운 제품을 하나도 개발하지 않아도 된다.

4 어휘

㉠ '분류하면'과 바꾸어 쓰기에 알맞은 말은 무엇인가요?

(   )

① 실천하면   ② 사용하면   ③ 구분하면
④ 교환하면   ⑤ 변형하면

5 재활용과 재사용을 실천한 예로 알맞지 <u>않은</u> 것은 무엇인가요? (   )

적용

① 착용하지 않은 옷을 기부한다.

② 쓰레기를 종류별로 나누어서 버린다.

③ 신제품이 출시되는 시기에 즉시 구입한다.

④ 다 읽은 도서는 친구들과 바꾸어 가며 읽는다.

⑤ 사용하지 않는 물건은 모아 두었다가 벼룩시장에서 판매한다.

6 다음 내용을 읽고, 빈칸에 들어갈 알맞은 낱말을 쓰세요.

추론

종류	( ) 분리배출 방법
종이류	물기에 젖지 않도록 하고 반듯하게 펴서 묶어서 배출
유리병	병 속 이물질을 제거한 후 뚜껑을 분리하여 배출
금속 캔	이물질을 제거한 후 가능한 압착하여 배출
페트병	내용물을 깨끗이 비우고 상표를 제거한 후 뚜껑을 닫아 배출
플라스틱	재활용 표시가 되어 있는 것만 배출

7 빈칸에 알맞은 말을 써서, 이 글의 짜임을 정리해 보세요.

글의 구조

재활용

- 의미: 한 번 사용한 물건을 다시 사용할 수 있도록 새로운 물건의 원료로 이용하는 것
- 예: 플라스틱, 종이, 유리, 금속 등으로 만든 다양한 물건이 재활용될 수 있음.

재사용

- 의미: 이미 사용한 ❶(   )을 버리지 않고 다시 쓰는 것
- 예: 잘 사용하지 않는 물건을 기부하거나 벼룩시장에서 ❷(   )함.

환경을 보호할 수 있고, 경제적인 이점을 누릴 수 있음.

❸(   )과 ❹(   )을 실천하여
지구를 지키고, 더 나은 미래를 만들자.

1 다음 뜻에 알맞은 낱말을 완성하여 쓰세요.

(1) 이익이 되는 점. → ㅇ ㅈ

(2) 어떤 물건을 만드는 데 들어가는 재료. → ㅇ ㄹ

(3) 돈이나 시간, 노력을 적게 들이는 것. → ㄱ ㅈ ㅈ

(4) 쓰레기 따위를 종류별로 나누어서 버림. → ㅂ ㄹ ㅂ ㅊ

2 다음 낱말이 들어갈 문장을 찾아 선으로 이으세요.

(1) 분류 •

(2) 소비 •

(3) 변형 •

• ㉮ 이 인형에 열을 가하면 다른 모양으로 (　　　)할 수 있다.

• ㉯ 환경을 보호하기 위해서는 에너지 (　　　)을/를 줄여야 한다.

• ㉰ 책장의 책을 종류별로 (　　　)하여 책을 쉽게 찾을 수 있게 했다.

확장
3 다음 낱말의 뜻을 보고, 문장에 어울리는 뜻을 찾아 번호를 쓰세요.

배출
하다

① 안에서 밖으로 밀어 내보내다.

② 인재나 인물이 잇따라 나오도록 하다.

(1) 오래된 자동차가 매연을 배출하다. (　　　)

(2) 이 학교는 오천 명이 넘는 졸업생을 배출했다. (　　　)

(3) 공장 지대에서 지속적으로 오염 물질을 배출한다. (　　　)

오늘
나의 실력은? 

부모님의
응원 한마디 

☑ 설명문
☐ 논설문
☐ 실용문
☐ 시
☐ 동화
☐ 극본

낱말 풀이

✦ **통계**: 어떤 경우의 수나 횟수를 모두 합해서 일정한 체계에 따라 수치로 나타낸 것.

✦ **부상**: 몸에 상처를 입음.

✦ **보행자**: 길거리를 걸어 다니는 사람.

✦ **퍼센트**: 전체 수량을 100으로 하여 그것에 대해 가지는 비율을 나타내는 단위.

✦ **법규**: 법으로 정해져서 지키거나 따라야 할 규칙이나 규범.

✦ **반사되는**: 빛이나 전파 등이 다른 물체의 표면에 부딪쳐서 나아가던 방향이 반대 방향으로 바뀌는.

✦ **계통**: 서로 비슷한 성질의 것들이 속해 있는 분야.

✦ **수칙**: 지키도록 정한 규칙.

✦ **혼잡한**: 여러 가지가 한데 뒤섞여 어지럽고 복잡한.

✦ **착용해야**: 옷이나 신발 등을 입거나 신거나 해야.

✦ **통행해야**: 어떤 곳을 지나 다녀야.

---

1 도로교통공단이 발표한 ✦통계 자료에 따르면 지난해 도로에서 교통사고로 인해 ✦부상을 당하거나 숨진 사람은 모두 194만여 명으로, 16초마다 1명이 상처를 입거나 사망했습니다. 특히, ✦보행자 사고의 경우 전체 교통사고의 35✦퍼센트를 차지하는데 그중 절반 이상이 어린이가 주로 다니는 도로에서 일어난 어린이 교통사고입니다. 따라서 운전자에게 어린이 보행 안전에 대한 교육을 더욱 철저히 해야 하는 것은 물론이고, 어린이 스스로도 교통 ✦법규를 지켜야 할 것입니다. 교통사고를 줄이기 위해 우리가 할 일을 알아봅시다.

2 첫째, 횡단보도를 건널 때 주의해야 합니다. 신호등이 설치되어 있는 횡단보도에서는 초록색 신호를 확인한 뒤, 차량이 완전히 정지했을 때 주위를 살피며 건너야 합니다. 특히 신호등이 없는 횡단보도에서는 더욱 조심해야 하고, 좌우를 잘 살핀 뒤에 차량이 다니지 않을 때 건너야 합니다.

3 둘째, 어둡거나 비가 오는 날에 길을 건널 때에는 특히 조심해야 합니다. 밤길을 다닐 때에는 불빛이 잘 ✦반사되는 흰색 ✦계통의 옷을 입어야 합니다. 그리고 비가 오는 날에도 흰색이나 노란색과 같은 밝은 색상의 옷을 입는 것이 좋습니다. 그래야 운전자의 눈에 쉽게 띄어 사고 위험을 줄일 수 있습니다. 그리고 우산을 사용할 때에는 앞을 가리지 않도록 우산을 들고, 차량이 오는지 확인하며 걸어야 합니다.

4 마지막으로, 자전거를 탈 때에도 안전 ✦수칙을 잘 지킵니다. 자전거를 탈 때에는 ✦혼잡한 차량 도로를 이용하면 안 되고, 반드시 자전거 도로를 이용해야 합니다. 그리고 헬멧과 무릎 보호대 등 안전 장비를 꼭 ✦착용해야 합니다. 또, 길을 건널 때에는 자전거에서 내려서 자전거를 끌고 안전하게 ✦통행해야 합니다.

5 교통사고 발생률을 줄이는 일은 사회 구성원 모두의 책임입니다. 우리 모두가 교통안전 수칙을 지키고, 안전한 행동을 습관으로 만들면 큰 사고를 막을 수 있습니다.

□에 들어갈 알맞은 낱말을 글에서 찾아 쓰세요.

1 지난해 발생한 ㅂㅎㅈ 사고의 절반 이상이 어린이가 주로 다니는 도로에서 일어났다.

2 신호등이 설치되어 있는 ㅎㄷㅂㄷ에서는 초록색 신호를 확인한 뒤에 건너야 한다.

3 어둡거나 비가 오는 날에 길을 건널 때에는 밝은 색상의 ㅇ을 입는다.

4 ㅈㅈㄱ를 탈 때에는 자전거 도로를 이용하고, 안전 장비를 꼭 착용한다.

5 ㄱㅌㅇㅈ 수칙을 지키고, 안전한 행동을 습관으로 만들면 큰 사고를 막을 수 있다.

정답 확인
29쪽

1 글쓴이가 이 글을 쓴 의도는 무엇인가요? (　　　　)

중심 내용

① 교통사고와 횡단보도의 관계를 설명하려고
② 어린이 보호 구역 내 교통사고의 비율을 조사하려고
③ 교통사고를 방지하기 위한 실천 방법을 알려 주려고
④ 자전거 사고와 차량 사고의 관련성을 수치로 나타내려고
⑤ 교통사고의 원인을 다양하게 분석한 기사문을 작성하려고

2 이 글의 내용과 일치하는 것을 보기에서 찾아 기호를 쓰세요.

내용 이해

보기

㉮ 전체 교통사고 중 보행자 사고가 50퍼센트를 차지한다.
㉯ 흰색 계통의 옷은 불빛을 잘 반사하므로 밤길을 다닐 때 입는다.
㉰ 신호등이 있는 횡단보도에서 초록색 신호가 켜지면 차량이 정지하기 전에 빨리 건넌다.

(　　　　　　)

3 자전거 이용 안전 수칙은 무엇인가요? (　　　　)

내용 이해

① 한적한 차량 도로를 주로 이용한다.
② 길을 건널 때 자전거에서 내려 걷는다.
③ 여러 명이 자전거를 함께 끌고 통행한다.
④ 가능한 빠른 속도로 페달을 밟아 움직인다.
⑤ 비가 오는 날에만 안전 장비를 구입해 착용한다.

4 다음 설명을 읽고, 빈칸에 '률'이나 '율'을 써넣으세요.

어법

'-률'과 '-율'은 모두 낱말 뒤에 붙어 '법칙'이나 '비율'의 뜻을 더한다. 앞말이 모음자로 끝나거나 'ㄴ' 받침으로 끝나면 '-율'을 사용하고, 이 외의 경우에는 '-률'을 사용하는 것이 원칙이다.

발 생 □

5 이 글에서 답을 찾을 수 있는 질문이 <u>아닌</u> 것은 무엇인가요? (   )

추론

① 비가 내리는 날 적절한 옷차림은 무엇인가요?
② 운전자의 눈에 잘 보이는 색상은 무엇인가요?
③ 교통사고가 발생했을 때 행동 요령은 무엇인가요?
④ 자전거 이용 시 피해야 하는 도로의 종류는 무엇인가요?
⑤ 신호등이 없는 횡단보도를 통행할 때 주의할 점은 무엇인가요?

6 이 글과 다음 기사문에서 공통으로 다룬 내용은 무엇인가요? (   )

적용

> 스쿨 존은 교통사고의 위험으로부터 어린이를 보호하기 위해 도로교통법에 의해 지정된 구역이다. 최근 스쿨 존 내 보행 중 어린이 교통사고는 오후 2시~6시 사이에 가장 많이 일어났다. 하교를 하고 학원을 오가는 등 인도나 도로를 통행할 일이 많은 시간대여서 교통사고도 집중된다는 분석이 나온다.

① 스쿨 존에서의 제한 속도
② 교통사고에 대비하는 방안
③ 보행 중 어린이 교통사고의 현황
④ 교통사고에 영향을 미치는 도로의 상태
⑤ 교통사고가 가장 많이 일어나는 시간대

7 빈칸에 알맞은 말을 써서, 이 글의 짜임을 정리해 보세요.

글의
구조

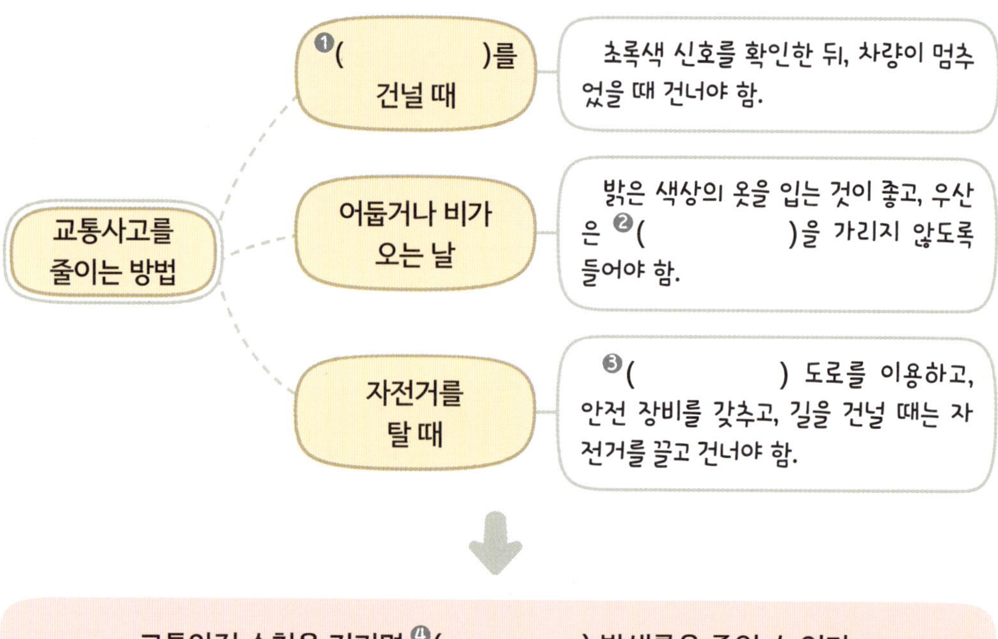

1 다음 낱말의 뜻을 보기 에서 찾아 기호를 쓰세요.

> **보기**
> ㉮ 지키도록 정한 규칙.
> ㉯ 일정한 공간이나 비율을 이루다.
> ㉰ 여러 가지가 한데 뒤섞여 어지럽고 복잡하다.
> ㉱ 어떤 경우의 수나 횟수를 모두 합해서 일정한 체계에 따라 수치로 나타낸 것.

(1) 통계: (　　　　　　)　　(2) 수칙: (　　　　　　)

(3) 혼잡하다: (　　　　　　)　　(4) 차지하다: (　　　　　　)

2 다음 초성과 뜻을 참고하여 빈칸에 알맞은 낱말을 쓰세요.

(1) ㅌㅎ: 어떤 곳을 지나다님.

　　예 이 도로는 현재 공사 중이어서 (　　　　　　)이 금지되었다.

(2) ㅊㅇ: 옷이나 신발 등을 입거나 신거나 함.

　　예 스키를 탈 때는 반드시 보호 장비를 (　　　　　　)해야 한다.

(3) ㅂㅅ: 몸에 상처를 입음.

　　예 경기 중 (　　　　　　)을 당한 선수는 즉시 의사의 진료를 받았다.

확장

3 다음 낱말의 뜻을 보고, 문장에 알맞은 낱말을 찾아 ○표 하세요.

띠다	용무나 사명을 가지다.
띄다	눈에 보이다.

(1) 어머니는 중요한 임무를 (띠고, 띄고) 출장을 가셨다.

(2) 화려하면서도 아름다운 한복이 눈에 쉽게 (띠다, 띄다).

(3) 그분은 역사적 사명을 (띠고, 띄고) 독립운동을 하신 분이다.

(4) 아침마다 열심히 줄넘기를 하는 영우의 모습이 눈에 (띠다, 띄다).

오늘
나의 실력은?   

부모님의
응원 한마디

- ☐ 설명문
- ☐ 논설문
- ☐ 실용문
- ☐ 시
- ☑ 동화
- ☐ 극본

[앞부분 이야기] '나'는 길에서 본 아픈 새끼 고양이를 돕고 싶어 동물 병원에 가지만 실패하고, 강아지를 기르는 미나에게 가서 죽어 가는 새끼 고양이 이야기를 했습니다.

1 미나라면 ✛당장 새끼 고양이를 데리러 가자고 할 줄 알았습니다. 그런데 미나는 '그래서 뭐 어쨌다고?' 하는 표정이었습니다.

화가 나서 나도 모르게 목소리가 ✛날카로워졌습니다.

"너는 새끼 고양이가 불쌍하지도 않니?"

"그렇게 새끼 고양이가 불쌍하면 네가 데려다주면 되잖아? 네 돈으로 치료해 주고, 네가 데려다 길러."

미나는 ✛뾰로통하여 가시처럼 톡 ✛쏘아붙였습니다.

'내가?' / 말문이 막혔습니다. 할 말이 없어 미나네 집을 나왔습니다.

2 집으로 돌아왔습니다. / "왜 그래?"

풀 죽은 내 얼굴을 보고 언니가 물었습니다. 나는 고개를 저었습니다. 아무 말도 하고 싶지 않았습니다. 방으로 들어왔습니다. 그런데 이상한 일이었습니다. 자꾸만 새끼 고양이 울음소리가 나를 따라다니는 것이었습니다. 욕실로 가면 욕실로, 주방으로 가면 주방으로.

3 나는 언니에게 새끼 고양이 이야기를 하였습니다. 동물 병원에 갔던 일도, 미나에게 도움을 ✛요청한 것도.

"참, 얘가 왜 이래? 잊어버려. 죽으면 환경미화원 아저씨께서 치우실 거야."

언니는 아무것도 아닌 일이라는 듯 가볍게 웃었습니다.

4 "고양이가 있는 곳이 어디야?"

언니는 검정 비닐봉지와 ✛꽃삽을 들고 나를 ✛재촉하였습니다.

"정말, 언니가 같이 갈 거야?"

"밥도 안 먹고 그러는 너를 보니 용감한 이 언니가 도와주어야겠어. 고양이가 살았다면 병원에 데려다주고, 죽었다면 땅에 묻어 주자."

나는 그때처럼 언니가 고마운 적이 없었습니다.

5 나는 달려갔습니다. 고양이는 있던 자리에 없었습니다. 비닐봉지 몇 개만 ✛휘날릴 뿐이었습니다. / "누가 데려가서 치료해 주었을 거야."

언니가 ✛위로하듯 말하였습니다. 나는 고개를 끄덕였습니다.

낱말 풀이 🐱

✛**당장**: 눈앞에 닥친 현재의 이 시간.

✛**날카로워졌습니다**: 언짢은 느낌을 줄 정도로 매우 강해졌습니다.

✛**뾰로통하여**: 얼굴에 못마땅한 표정이 나타나.

✛**쏘아붙였습니다**: 공격하듯이 날카롭게 말했습니다.

✛**요청한**: 필요한 일을 해 달라고 부탁한.

✛**꽃삽**: 화초나 꽃나무를 심거나 가꾸는 데 쓰는 작은 삽.

✛**재촉하였습니다**: 어떤 일을 빨리하도록 자꾸 요구했습니다.

✛**휘날릴**: 거세게 펄펄 흩어져 날.

✛**위로하듯**: 따뜻한 말이나 행동 등으로 괴로움을 덜어 주거나 슬픔을 달래 주듯.

□에 들어갈 알맞은 낱말을 글에서 찾아 쓰세요.

1 '나'는 □□에게 도움을 요청하려고 갔지만, 거절당하고 말문이 막혀 미나네 집을 나왔다.

 ____________________

2 집 안에서 새끼 고양이의 □□□□가 '나'를 계속 따라다녔다.

✏ ____________________

3 '나'는 새끼 고양이 이야기를 □□에게 했는데, 언니도 아무것도 아닌 일처럼 여겼다.

✏ ____________________

4 언니는 '□'를 위해 새끼 고양이가 있던 곳에 함께 가 주겠다고 했다.

 ____________________

5 '나'는 언니와 새끼 고양이가 있던 자리에 가 보았지만, 새끼 □□□는 없었다.

✏ ____________________

정답 확인 30쪽

1 〔갈래〕 이 글에 나온 인물을 모두 쓰세요.

(   )

2 〔내용 이해〕 '나'에 대한 설명으로 알맞은 것은 무엇인가요? (   )

① 고양이의 울음소리를 무서워한다.
② 미나의 고민을 대수롭지 않게 여겼다.
③ 언니보다 친구를 소중하게 생각하고 따랐다.
④ 새끼 고양이를 도와주지 못한 채 집으로 돌아왔다.
⑤ 언니에게 끝까지 오늘 있었던 일을 말하지 않았다.

3 〔내용 이해〕 **1**~**5** 에 드러난 '나'의 마음으로 알맞은 것을 두 가지 고르세요. (,   )

① **1** : 화난 마음
② **2** : 행복한 마음
③ **3** : 즐거운 마음
④ **4** : 고마운 마음
⑤ **5** : 자랑스러운 마음

4 〔어휘〕 다음은 '나'의 행동과 관련 있는 관용 표현입니다. 관용 표현의 뜻을 보기에서 찾아 기호를 쓰세요.

> **보기**
> ㉮ 말이 입 밖으로 나오지 않게 되다.
> ㉯ 잊히지 않고 자꾸 생각나 눈에 떠오르다.
> ㉰ 옳다거나 좋다는 뜻으로 고개를 위아래로 흔들다.

(1) 눈에 밟히다.　　　　　　　(   )
(2) 말문이 막히다.　　　　　　(   )
(3) 고개를 끄덕이다.　　　　　(   )

5 이 글 속 인물의 성격을 알맞게 나타낸 것을 두 가지 고르세요. (　　,　　)

① **1** 의 미나: 냉정하지만 솔직하다.

② **2** 의 '나': 성격이 급하다.

③ **3** 의 '나': 남의 일에 참견하기를 싫어한다.

④ **4** 의 언니: 적극적이며 실천력이 강하다.

⑤ **5** 의 언니: 두려움이 많고 동물을 무서워한다.

6 이 글의 '나'가 다음 글의 민철이와 닮은 점을 모두 고르세요. (　　,　　,　　)

> 민철이는 겁이 많은 것 외에는 나무랄 데가 없는 아이이다. 책 읽기를 좋아하고 인정도 많은 아이이다. 지난겨울에는 민철이네 집에서 키우던 강아지가 차에 치여 죽은 일이 있었다. 그 일로 민철이는 아파트 계단에 앉아서 하루를 꼬박 훌쩍이며 보냈다.

① 착하다.　　　　② 엉뚱하다.　　　　③ 용감하다.

④ 인정이 많다.　　⑤ 동물을 사랑한다.

7 빈칸에 알맞은 말을 써서, 이 글의 짜임을 정리해 보세요.

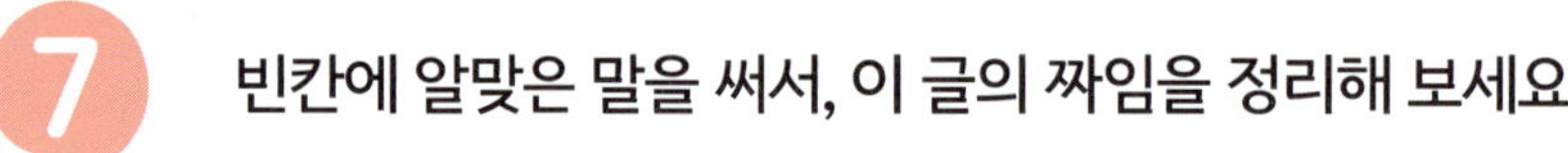

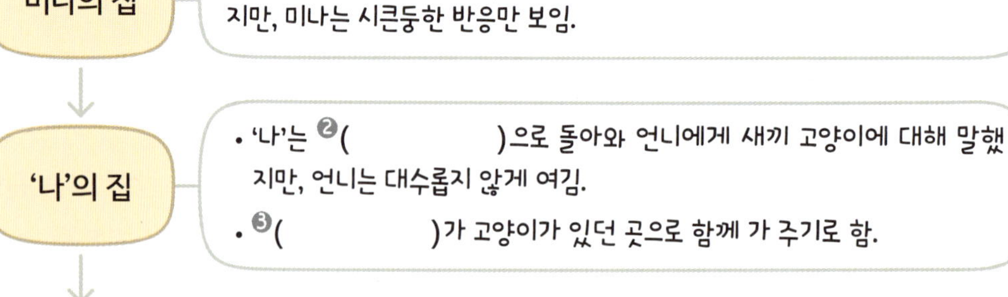

'나'는 우연히 만난 아픈 새끼 고양이를 도와주고 싶어 했지만
용기가 없어 도와주지 못하고 가슴 아파했다.

1 다음 뜻을 가진 낱말을 찾아 선으로 이으세요.

(1) 거세게 펄펄 흩어져 날다. • • ㉮ 꽃삽

(2) 눈앞에 닥친 현재의 이 시간. • • ㉯ 당장

(3) 어떤 일을 빨리하도록 자꾸 요구하다. • • ㉰ 휘날리다

(4) 화초나 꽃나무를 심거나 가꾸는 데 쓰는 작은 삽. • • ㉱ 재촉하다

2 다음 문장의 빈칸에 들어갈 알맞은 낱말을 보기 에서 찾아 쓰세요.

보기
> 요청하다, 뽀로통하다, 쏘아붙이다

(1) 찢어진 공책의 환불을 (   ).

(2) 잘 삐치는 지수는 걸핏하면 표정이 (   ).

(3) 화가 많이 난 그녀가 그에게 한바탕 거친 말을 (   ).

확장
3 다음 밑줄 친 낱말과 비슷한 뜻을 가진 낱말을 모두 찾아 ○표 하세요.

> 옛날, 선조 임금님이 바닷가 마을로 피난을 가게 되었습니다. 그런데 이 바닷가 마을에는 임금님께 바칠 만한 음식이라고는 없었습니다. 더구나 몇 년 동안 흉년이 들어 백성은 밥도 제대로 못 먹는 <u>불쌍한</u> 처지에 놓여 있었습니다. 신하들은 임금님의 밥상에 무엇을 올려야 할지 걱정이 되었습니다.

(염치없다, 안쓰럽다, 애처롭다)

오늘
나의 실력은?   
부모님의
응원 한마디

☑ 설명문
☐ 논설문
☐ 실용문
☐ 시
☐ 동화
☐ 극본

1 매체란 내용을 전달하는 ✦수단이다. 매체를 영어로 미디어(media)라고 하는데 '중간의'를 뜻하는 라틴어에서 생겨난 말이다. 즉, 매체는 중간에서 전달하는 역할을 하는 것이다. 옛날과 오늘날의 매체를 알아보자.

2 아주 먼 옛날에는 ✦사신을 통해 소식을 전했다. 왕이 지방이나 ✦타국에 메시지를 전할 때 사신을 ✦파견했다. 사신은 말이나 배를 타고 멀리 가서 소식을 전하는 중요한 역할을 했다.

3 다음으로, ✦봉수로 소식을 전했다. 낮에는 연기를 피우고, 밤에는 횃불을 피워서 지방에서의 전쟁 상황을 중앙에 알린 것이다. 삼국 시대부터 조선 시대까지 봉수로 의사소통을 했다. 연기나 불의 개수로 신호를 보냈는데, 연기나 불이 많을수록 더욱 위급하다는 의미였다.

4 끝으로 목판 ✦인쇄술이나 금속 ✦활자를 이용했다. 우리나라의 목판 인쇄술이나 금속 활자 기술은 매우 앞섰다. 목판이나 금속 활자로 같은 내용의 책을 여러 권 빠르고 정확하게 만들면서 많은 사람이 정보를 ✦공유하게 됐다.

5 오늘날에는 다양한 특성의 매체가 더 많이 생겼다. 그중 책, 잡지, 신문 등을 대량으로 만드는 인쇄 매체가 있다. 인쇄 매체는 다른 매체보다 보존이 쉽고 반복해서 볼 수 있다. 문자, 사진, 그림 등으로 표현한다.

6 다음으로 ✦시각과 ✦청각을 모두 이용하는 영상 매체가 있다. 텔레비전 영상물이나 영화 등이 영상 매체에 속한다. 영상 매체는 동영상이나 문자, 음성, 음악, 음향 등을 표현 수단으로 한다.

7 끝으로 인터넷 매체가 있다. 정보 통신 기술이 발달하면서 생겨난 인터넷 매체는 인쇄 매체와 영상 매체의 표현 수단을 모두 활용할 수 있다는 특징이 있다. 인터넷 매체의 등장으로 우리 사회는 크게 변했다.

8 이처럼 사람들은 옛날부터 오늘날까지 다양한 매체로 정보를 기록하고, 전달해 왔다. 매체가 발달하면서 시간과 공간의 ✦제약을 덜 받으며 많은 정보를 주고받게 되었다. 따라서 우리는 정보의 사실 ✦여부를 판단하며 매체를 ✦효율적으로 이용하는 태도를 가져야 한다.

낱말 풀이

✦ **수단**: 어떤 목적을 이루기 위한 방법. 또는 그 도구.

✦ **사신**: 옛날에 임금이나 나라의 명령을 받고 다른 나라에 보내진 신하.

✦ **타국**: 자기 나라가 아닌 다른 나라.

✦ **파견했다**: 일정한 임무를 주어 사람을 보냈다.

✦ **봉수**: 전쟁 때 신호로 올리던 불.

✦ **인쇄술**: 글자, 글, 그림을 기계로 찍어 내는 기술.

✦ **활자**: 네모기둥 모양의 금속 윗면에 문자나 기호를 볼록 튀어나오게 새긴 것.

✦ **공유하게**: 두 사람 이상이 어떤 것을 함께 가지게.

✦ **시각**: 눈으로 자극을 느낌.

✦ **청각**: 귀로 자극을 느낌.

✦ **제약**: 조건을 붙여 내용을 제한함. 또는 그 조건.

✦ **여부**: 그러함과 그러하지 않음.

✦ **효율적**: 들인 노력이나 힘에 비해 얻는 결과가 큰 것.

□에 들어갈 알맞은 낱말을 글에서 찾아 쓰세요.

1 ㅁㅊ는 내용을 전달하는 수단이다.

2 옛날에 왕이 지방이나 타국에 메시지를 전할 때 사신을 ㅍㄱ했다.

3 ㅂㅅ로 낮에는 연기를 피우고, 밤에는 횃불을 피워서 전쟁 상황을 알렸다.

4 ㅁㅍ 인쇄술이나 금속 활자를 이용했는데, 우리나라의 기술은 매우 앞섰다.

5 오늘날에는 책, 잡지, 신문 등을 만드는 ㅇㅅ 매체가 있다.

6 시각과 ㅊㄱ을 모두 이용하는 영상 매체가 있다.

7 정보 통신 기술의 발달로 등장한 ㅇㅌㄴ 매체가 있다.

8 우리는 정보의 사실 여부를 판단하며 매체를 ㅎㅇㅈ으로 이용하는 태도를 가져야 한다.

1 〈중심 내용〉 이 글을 쓴 목적으로 알맞은 것은 무엇인가요? (　　　)

① 매체 사용의 문제점을 알려 주려고
② 사신의 역할과 중요성을 설명하려고
③ 금속 활자의 역사적 의미를 소개하려고
④ 옛날과 오늘날의 정보 전달 수단을 소개하려고
⑤ 인터넷 매체의 등장으로 변화된 사회 모습을 설명하려고

2 〈내용 이해〉 사신에 대한 설명으로 알맞은 것은 무엇인가요? (　　　)

① 주로 전쟁 상황을 알렸다.
② 옛날부터 오늘날까지 활동하고 있다.
③ 대부분 바다를 통해 소식을 전달했다.
④ 소식을 전하기 위해 금속 활자를 사용했다.
⑤ 왕의 명령을 받아 지방이나 다른 나라에 정보를 전했다.

3 〈내용 이해〉 인쇄 매체를 설명한 것이면 〇표 하고, 그렇지 않으면 X표를 하세요.

(1) 시각과 청각을 모두 이용한다. (　　　)
(2) 음성, 음악, 동영상 등으로 표현한다. (　　　)
(3) 책, 잡지, 신문 등을 대량으로 만든다. (　　　)
(4) 삼국 시대부터 조선 시대까지 이용했다. (　　　)
(5) 다른 매체보다 보존이 쉽고 반복해서 볼 수 있다. (　　　)

4 〈어휘〉 '감각'에 포함되는 낱말을 글에서 모두 찾아 빈칸에 쓰세요.

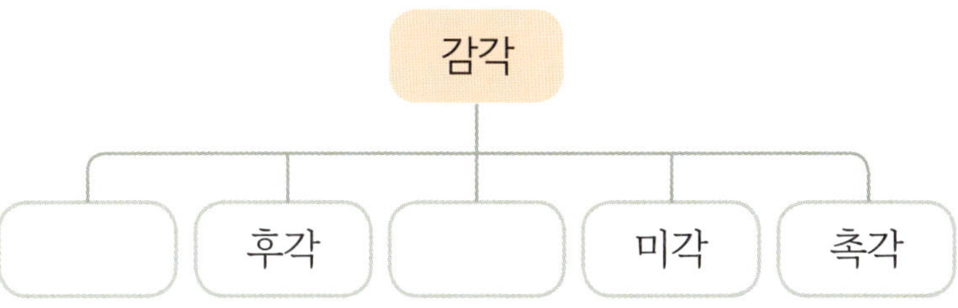

가장 위급한 상황을 알리는 봉수를 보기 에서 찾아 기호를 쓰세요.

( )

6

다음 설명을 읽고, 바르게 말한 친구를 찾아 ○표 하세요.

> 고려 사람들은 금속 활자를 발명하여 책을 인쇄했다. 『직지심체요절』은 1377년에 금속 활자로 인쇄한 것으로, 세계에서 가장 오래된 금속 활자 책이다. 금속 활자는 납이나 구리 등의 금속으로 만들었기 때문에 오래 보관할 수 있었다.

(1) 수민: 위 글은 **7** 에 어울리는 내용이야. ( )

(2) 경진: 고려인들은 금속 활자보다 목판 인쇄술을 더 많이 이용했네. ( )

(3) 한솔: 『직지심체요절』이 세계에서 가장 오래된 금속 활자 책이라고 한 것에서 당시 우리나라 인쇄술이 정말 뛰어났음을 알 수 있어. ( )

7

빈칸에 알맞은 말을 써서, 이 글의 짜임을 정리해 보세요.

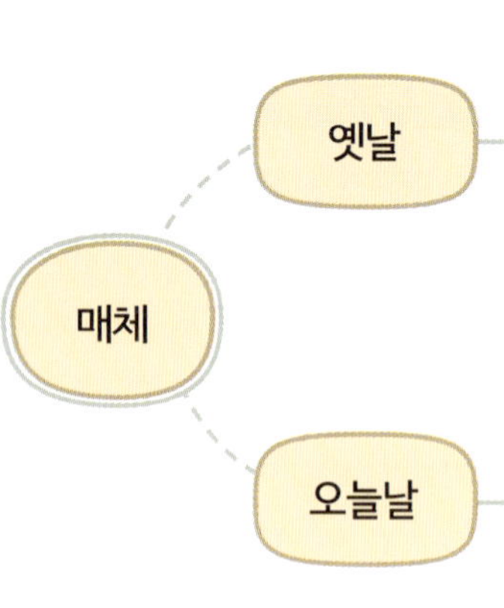

매체

옛날
- 사신: 말이나 배를 타고 멀리 가서 ❶( )을 전함.
- 봉수: 연기와 횃불을 피워서 ❷( ) 상황을 알림.
- 목판 인쇄술, 금속 활자: 같은 내용의 책을 여러 권 빠르고 정확하게 만듦.

오늘날
- 인쇄 매체: 책, 잡지, 신문 등을 대량으로 만듦.
- ❸( ) 매체: 텔레비전 영상물, 영화 등이 속함.
- 인터넷 매체: 정보 통신 기술의 발달로 등장하여 우리 사회를 크게 변하게 함.

> 매체가 발달하면서 많은 ❹( )를 주고받게 되었으므로
> 정보가 사실인지 아닌지를 판단하며 매체를 이용하자.

1 다음 뜻을 지닌 낱말을 [보기]에서 찾아 쓰세요.

> [보기]
> 여부, 수단, 봉수, 활자

(1) 그러함과 그러하지 않음. ( )

(2) 전쟁 때 신호로 올리던 불. ( )

(3) 어떤 목적을 이루기 위한 방법. 또는 그 도구. ( )

(4) 네모기둥 모양의 금속 윗면에 문자나 기호를 볼록 튀어나오게 새긴 것.

( )

2 다음 문장의 빈칸에 들어갈 알맞은 낱말을 찾아 선으로 이으세요.

(1) 공장에서 신발을 ( )으로 만들어 냈다. · · ㉮ 타국

(2) 그 친구는 ( )에 이민을 가서 적응하며 살았다. · · ㉯ 대량

(3) 발표할 때 ( ) 자료를 이용해 듣는 사람들의 이해를 도왔다. · · ㉰ 시각

확장

3 다음 밑줄 친 낱말과 뜻이 통하는 낱말을 [보기]에서 찾아 쓰세요.

> [보기]
> 파견하다, 위급하다, 공유하다, 활용하다

(1) 이 기쁨을 모든 국민과 <u>함께하고</u> 싶다. ( )

(2) 방송사가 기자들을 사고 현장에 <u>보내다</u>. ( )

(3) 응급조치로 병세가 <u>심각한</u> 환자의 생명을 구했다. ( )

(4) 취미 생활을 열심히 하기 위해 주민 시설을 <u>이용했다</u>. ( )

오늘
나의 실력은?   

부모님의
응원 한마디

□ 설명문
□ 논설문
□ 실용문
□ 시
☑ 동화
□ 극본

1 어느 마을에 거친 말을 자주 하는 아이가 있었습니다. 아이는 하루에도 몇 번씩 화를 참지 못하고 아무에게나 ✦버럭 화를 내고 거친 말을 내뱉었습니다. 아버지는 아이를 더 이상 그대로 둘 수 없다고 생각했습니다. 아버지는 아이를 불러 이렇게 말했습니다.

"얘야, 앞으로는 거친 말을 할 때마다 이 자루에서 못을 하나씩 꺼내어 울타리에 박아라."

아이는 아버지께 못이 가득 든 자루를 건네받고 투덜거렸습니다.

"아버지는 왜 이런 귀찮은 일을 하라고 하시는 거야."

2 다음 날, 아이는 아버지와의 약속을 까맣게 잊고 늘 하던 대로 습관처럼 거친 말을 내뱉었습니다. 아버지는 그때마다 용서하지 않고 ✦엄하게 눈을 ✦부릅뜨며 못을 박도록 했습니다. 아이는 하루에도 여러 번 밖으로 나가 울타리에 못을 박아야 했습니다.

"밖에 나가서 울타리에 못 박는 건 귀찮고 힘들어."

아이는 거친 말을 더 이상 하지 말아야겠다고 다짐했습니다. 스무 번, 열 번, 다섯 번……. 아이가 못을 박는 ✦횟수는 눈에 띄게 줄었고, 얼마 되지 않아 더 이상 ㉠울타리에 못을 박지 않아도 되었습니다. 아이는 ✦콧노래를 ✦흥얼거리며 아버지에게 달려갔습니다.

"아버지! 오늘은 한 번도 거친 말을 하지 않았어요!"

3 아버지는 아들을 조용히 밖으로 데리고 나갔습니다. 아이는 ✦어리둥절한 채로 아버지를 따라 나갔습니다.

"자, 네가 그동안 박아 놓은 못을 다시 뽑아라."

아이는 낑낑거리며 못을 뽑으려고 하였지만 ✦단단히 박힌 못은 쉽게 뽑히지 않았습니다. 아이는 겨우겨우 못을 뽑아내고 거친 숨을 내쉬었습니다. 그런데 못을 빼낸 울타리에는 깊이 ✦팬 못 ✦자국이 남아 있었습니다. 아버지는 못 자국을 쓰다듬으며 말하였습니다.

> ㉡

아버지의 말씀을 들은 아들은 고개를 푹 ✦떨구고 말았습니다.

낱말 풀이

✦**버럭**: 몹시 불쾌하여 갑자기 소리를 지르거나 화를 내는 모양.

✦**엄하게**: 규칙을 적용하거나 예절을 가르치는 일 등이 매우 철저하고 바르게.

✦**부릅뜨며**: 무섭고 사나워 보이도록 눈을 크게 뜨며.

✦**횟수**: 반복해서 일어나는 차례의 수.

✦**콧노래**: 입은 다물고 코로 소리를 내어 부르는 노래.

✦**흥얼거리며**: 흥이 나거나 기분이 좋아서 계속 입속으로 노래를 부르며.

✦**어리둥절한**: 일이 돌아가는 상황을 잘 알지 못해서 정신이 얼떨떨한.

✦**단단히**: 사물이 어떤 힘에 의해 모양이 변하지 않게.

✦**팬**: 구멍이나 구덩이가 만들어진.

✦**자국**: 어떤 것 때문에 원래의 상태가 달라진 흔적.

✦**떨구고**: 고개를 아래로 숙이고.

쏙쏙! 내용 정리

에 들어갈 알맞은 낱말을 글에서 찾아 쓰세요.

1 아버지가 자신의 아이에게 ㄱㅊㅁ을 할 때마다 울타리에 못을 박으라고 했다.

✎ ___________

2 아이는 울타리에 못 박는 것이 귀찮고 힘들어서 거친 말을 하지 않게 되었고, 더 이상 울타리에 ㅁ을 박지 않게 되었다.

✎ ___________

3 아버지가 아이에게 박아 놓은 못을 다시 뽑으라고 했고, 아이는 겨우겨우 못을 뽑아냈다. 못을 빼낸 울타리에 깊이 팬 ㅁㅈㄱ이 남아 있었다.

✎ ___________

---

1 중심 글감

아이의 나쁜 습관은 무엇인가요? (   )

① 거짓말을 하는 것
② 거친 말을 하는 것
③ 비밀을 소문내는 것
④ 못을 곳곳에 박는 것
⑤ 남의 몸에 상처를 내는 것

2 내용 이해

아버지가 아이의 습관을 고치기 위해 아이에게 시킨 일은 무엇인가요? (   )

① 망가진 울타리를 고쳐라.
② 바닥에 쏟아진 못을 자루에 담아라.
③ 거친 말을 할 때마다 울타리에 못을 박아라.
④ 화가 날 때마다 울타리에 박힌 못을 뽑아라.
⑤ 거친 말을 듣고 상처 받은 친구를 찾아가 사과해라.

3 내용 이해

㉠이 의미하는 것은 무엇인가요? (   )

① 아버지께서 그만해도 되겠다고 용서하셨다.
② 아이가 더 이상 거친 말을 쓰지 않게 되었다.
③ 아버지께서 아이의 습관 고치기를 포기하셨다.
④ 아이가 아버지의 말씀을 듣지 않기로 마음먹었다.
⑤ 못을 모두 사용해 버려 더 이상 박을 수 없게 되었다.

4 어휘

'두드러지게 드러나다.'를 뜻하는 관용 표현은 무엇인가요?

(   )

① 눈이 높다
② 눈이 맞다
③ 눈에 띄다
④ 눈에 밟히다
⑤ 눈을 붙이다

5 이 이야기의 ㉡에 들어갈 아버지의 말을 짐작하여 보기에서 알맞은 낱말을 찾아 빈칸에 쓰세요.

추론

울타리, 못, 하루, 밖, 거친 말, 못 자국, 상처, 마음

"못을 빼내도 울타리엔 못 자국이 남는 것처럼, 너의 (1) (　　　　　　　　) 도 그 말을 들은 사람에게는 (2) (　　　　　　　　)(으)로 남게 된단다."

6 이 이야기의 주제를 나타낸 속담이나 격언으로 가장 알맞은 것은 무엇인가요?

주제

(　　　　)

① 발 없는 말이 천 리 간다
② 담벼락하고 말하는 셈이다
③ 입은 비뚤어져도 말은 바로 해라
④ 한번 뱉은 말은 주워 담을 수 없다
⑤ 낮말은 새가 듣고 밤말은 쥐가 듣는다

7 빈칸에 알맞은 말을 써서, 이 글의 짜임을 정리해 보세요.

글의 구조

처음　아버지가 거친 말을 자주 하는 ❶(　　　　　　)에게 거친 말을 할 때마다 울타리에 못을 박도록 함.

가운데　아이가 거친 말을 하지 않게 되자 울타리에 ❷(　　　　　　)을 박지 않게 됨.

끝
• ❸(　　　　　　)가 아이에게 그동안 박아 놓은 못을 다시 뽑으라고 함.
• 아이가 울타리에서 쉽게 뽑히지 않는 못을 겨우 다 뽑고 나자, 울타리에는 못 ❹(　　　　　　)이 남아 있었음.

다른 사람에게 상처가 되는 ❺(　　　　　　)을 하지 말자.

1 다음 낱말의 뜻으로 알맞은 것을 찾아 선으로 이으세요.

(1) 자국 •

(2) 횟수 •

(3) 콧노래 •

• ㉮ 반복해서 일어나는 차례의 수.

• ㉯ 어떤 것 때문에 원래의 상태가 달라진 흔적.

• ㉰ 입은 다물고 코로 소리를 내어 부르는 노래.

2 다음 문장의 빈칸에 들어갈 알맞은 낱말을 보기 에서 찾아 쓰세요.

보기

엄하게, 떨구고, 부릅뜨고, 어리둥절하게

(1) 언니가 갑자기 웃음을 터뜨린 주현이를 (　　　　　　) 바라보았다.
(2) 할아버지께 꾸중을 듣는 동안 동생은 고개를 (　　　　　) 있었다.
(3) 어머니는 약속을 지키지 않고 행동한 나를 (　　　　　) 꾸짖으셨다.
(4) 두 눈을 (　　　　　) 노려보는 친구에게 차분하게 상황 설명을 했다.

확장

3 다음 밑줄 친 낱말의 알맞은 뜻을 보기 에서 찾아 번호를 쓰세요.

보기

박다
① 두들겨 치거나 돌려서 꽂히게 하다.
② 틀이나 판에 넣어 눌러 모양을 만들다.
③ 머리나 얼굴 등을 깊이 숙이거나 눌러서 대다.

(1) 예송이는 베개에 얼굴을 <u>박고</u> 펑펑 울었다.　　　　　　(　　　)
(2) 지수의 아버지가 의자에 나사를 <u>박아</u> 주셨다.　　　　　　(　　　)
(3) 태윤이가 반죽을 별 모양 틀에 <u>박아서</u> 쿠키 모양을 만들었다.　　(　　　)

오늘
나의 실력은?   

부모님의
응원 한마디

☑ 설명문
□ 논설문
□ 실용문
□ 시
□ 동화
□ 극본

1 인사말은 사람들이 서로 만나거나 헤어질 때, 또는 축하하거나 ✦격려할 때, 고마움을 나타낼 때에 예의를 갖추어서 사용하는 말입니다. 이러한 인사말은 친구나 가족처럼 가까운 사람들과 주고받을 수도 있고, 학교나 학교 밖에서 개최하는 여러 행사에서도 사용합니다. 인사말의 특성을 알아봅시다.

2 인사말에는 ✦비공식적인 상황에서의 인사말과 ✦공식적인 상황에서의 인사말이 있습니다. 먼저 비공식적인 상황에서의 인사말은 ✦사적인 관계의 상대방과 주고받는 인사말을 뜻합니다. 따라서 비공식적인 상황에서의 인사말은 운동장에서 친구와 이야기를 나누거나 가정에서 어머니나 아버지와 대화를 나눌 때와 같이 편안한 상황에서 ✦친근하게 인사를 나눌 때 사용하는 인사말입니다.

3 반면 공식적인 상황에서의 인사말은 공적인 관계의 ✦청중을 상대로 하는 인사말입니다. 따라서 공식적인 상황에서의 인사말은 환영사나 ✦송별사, 감사의 말이나 ✦축사 등과 같이 조금 더 ✦정중하고 공식적인 인사를 나눌 때 사용하는 인사말입니다. 공식적인 상황에서는 주로 높임말 표현을 사용합니다.

4 인사말은 듣는 사람과의 관계에 따라 달라질 수 있습니다. 듣는 사람과의 관계는 ✦지위나 나이, 친한 정도 등에 따라 ✦형성되는 관계입니다. 사적인 관계인지 공적인 관계인지에 따라 인사말의 내용과 형식이 달라질 수 있습니다. 쉽게 말해 친구에게는 "안녕?", 선생님께는 "안녕하세요?"라고 인사말을 하는 것입니다.

5 적절한 인사말은 다른 사람과의 관계를 형성하고 유지하거나 발전시키는 데 도움을 줍니다. 상냥한 말씨에 공손한 태도로 하는 인사는 서로의 관계를 좋게 만들지만, 퉁명스러운 말씨와 거만한 태도로 하는 인사는 상대방을 불쾌하게 만들 뿐만 아니라 인간관계를 어렵게 만들 수 있습니다. 그러므로 상대방을 존중하는 마음을 가지고 인사말을 하는 상황과 듣는 사람과의 관계에 따라 적절한 인사말을 해야 합니다.

낱말 풀이

✦ **격려할**: 용기나 의욕이 솟아나도록 북돋워 줄.

✦ **비공식적**: 국가적으로나 사회적으로 인정되지 않고 개인적인 것.

✦ **공식적**: 국가적으로 규정되었거나 사회적으로 인정된 것.

✦ **사적**: 개인에 관계된 것.

✦ **친근하게**: 친하여 익숙하고 허물없게.

✦ **청중**: 강연이나 설교, 음악 등을 듣기 위하여 모인 사람들.

✦ **송별사**: 떠나는 사람을 이별하여 보내며 하는 인사말.

✦ **축사**: 축하의 뜻을 나타내는 글을 쓰거나 말을 함. 또는 그 글이나 말.

✦ **정중하고**: 태도나 분위기가 점잖고 엄숙하고.

✦ **지위**: 개인의 사회적 신분에 따르는 위치나 자리.

✦ **형성되는**: 어떤 현상이 이루어지는.

□에 들어갈 알맞은 낱말을 글에서 찾아 쓰세요.

1 인사말은 만나거나 헤어질 때, 축하하거나 격려할 때, 고마움을 나타낼 때에 ㅇㅇ를 갖추어 사용하는 말이다.

 ______________

2 ㅂㄱㅅ적인 상황에서의 인사말은 사적인 관계의 상대방과 주고받는 인사말이다.

 ______________

3 ㄱㅅ적인 상황에서의 인사말은 공적인 관계의 청중을 상대로 하는 인사말이다.

 ______________

4 인사말은 ㄷㄴ 사람과의 관계에 따라 달라질 수 있다.

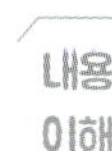 ______________

5 적절한 인사말은 다른 사람과의 관계를 형성하고 ㅇㅈ하거나 발전시키는 데 도움을 준다.

 ______________

---

1 글의 종류

이 글에 대한 설명으로 알맞은 것은 무엇인가요? (   )

① 행사에서 청중에게 발표할 내용을 쓴 글
② 책의 내용을 요약하고 느낀 점을 담은 글
③ 읽는 이가 이해하기 쉽도록 정보를 제공한 글
④ 어머니와 아버지께 감사하는 마음을 전하는 글
⑤ 의견과 함께 의견을 뒷받침하는 근거를 제시한 글

2 내용 이해

설명하는 것이 <u>다른</u> 하나는 무엇인가요? (   )

① 사적인 관계의 상대방과 주고받는 말이다.
② 환영사, 송별사, 축사 등과 같은 인사말이다.
③ 가정에서 부모님과 대화를 나눌 때 사용한다.
④ 운동장에서 친구와 이야기를 나눌 때 사용한다.
⑤ 편안한 상황에서 허물없이 인사를 나눌 때 사용한다.

3 내용 이해

1~**5** 중 적절한 인사말의 중요성을 설명한 문단의 번호를 쓰세요.

(   )

4 어휘

이 글에 쓰인 낱말 중 비슷한 뜻을 가진 낱말끼리 짝 지은 것은 무엇인가요? (   )

① 공적 – 사적
② 어머니 – 아버지
③ 주고받다 – 나누다
④ 공식적 – 비공식적
⑤ 공손하다 – 거만하다

5 이 글의 내용을 바탕으로, 표의 빈칸에 알맞은 말을 보기 에서 찾아 쓰세요.

적용

> 보기
>
> 예사말, 높임말, 공식적인 상황, 공적인 관계, 사적인 관계

상황	비공식적인 상황
듣는 사람과의 관계	(1)
표현	예사말

상황	(2)
듣는 사람과의 관계	(3)
표현	(4)

6 이 글을 읽고 답을 찾을 수 있는 질문이 <u>아닌</u> 것은 무엇인가요? (　　　　)

추론

① 인사말의 의미는 무엇인가요?

② 비공식적인 상황의 예는 무엇인가요?

③ 인사말의 역사는 어떻게 발전해 왔나요?

④ 공식적인 상황에서 알맞은 인사말 표현은 무엇인가요?

⑤ 인사말이 사람들 사이의 관계에 미치는 영향은 무엇인가요?

7 빈칸에 알맞은 말을 써서, 이 글의 짜임을 정리해 보세요.

글의 구조

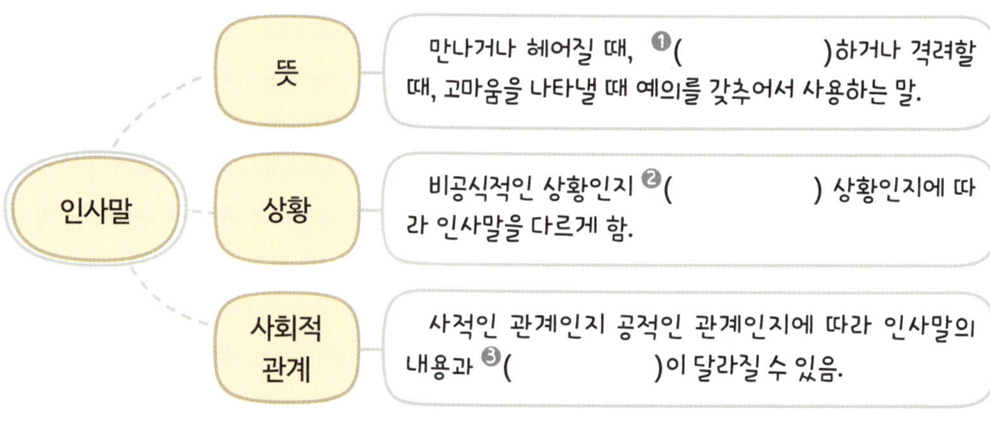

1 다음 뜻에 알맞은 낱말을 완성하여 쓰세요.

(1) 개인에 관계된 것. → ㅅ ㅈ

(2) 말이나 행동이 겸손하고 예의 바르다. → ㄱ ㅅ ㅎ ㄷ

(3) 국가적으로 규정되었거나 사회적으로 인정된 것. → ㄱ ㅅ ㅈ

(4) 축하의 뜻을 나타내는 글을 쓰거나 말을 함. 또는 그 글이나 말. → ㅊ ㅅ

2 다음 낱말이 들어갈 문장을 찾아 선으로 이으세요.

(1) 개최 ・

(2) 존중 ・

(3) 청중 ・

・㉮ 강연자가 (   )의 질문에 대답했다.

・㉯ 부산에서 (   )되는 영화제에 처음 참여해 보았다.

・㉰ 토론을 할 때에는 서로의 의견 차이를 (   )하고 인정해야 한다.

확장

3 다음 낱말의 뜻을 보고, 문장에 어울리는 뜻을 찾아 번호를 쓰세요.

가정

① 한 가족으로 이루어진 공동체나 그들이 생활하는 집.

② 사실이 아니거나 사실인지 아닌지 분명하지 않은 것을 임시로 받아들임.

(1) 가족이 모두 건강해야 <u>가정</u>이 평화롭고 행복하다.　　　　　(   )
(2) 일부 학자가 화성에 생명체가 산다는 <u>가정</u>을 내세우고 있다.　　（   )
(3) 시골에 여행을 갔다가 한 단란한 <u>가정</u>을 보고 감동을 받았다.　　（   )

오늘
나의 실력은?　  　부모님의
응원 한마디

☑ 설명문
☐ 논설문
☐ 실용문
☐ 시
☐ 동화
☐ 극본

낱말 풀이

✦ **고안해**: 연구를 하여 새로운 물건이나 방법, 계획 등을 생각해 내어.

✦ **변형시켜**: 형태나 모양, 성질 등이 달라지거나 달라지게 하여.

✦ **유래한**: 사물이나 일이 생겨난.

✦ **속도**: 물체가 움직이거나 일이 진행되는 빠르기.

✦ **근육**: 힘줄과 살을 통틀어 이르는 말.

✦ **관문**: 어떤 곳에 가려면 반드시 지나야만 하는 부분이나 장소.

✦ **원반**: 접시처럼 둥글고 넓적하게 생긴 물건.

✦ **향상**: 실력, 수준, 기술 등이 더 나아짐. 또는 나아지게 함.

✦ **투호**: 두 사람이 일정한 거리에서 청·홍의 화살을 던져 병 속에 많이 넣은 개수를 따져 승부를 가리는 놀이.

✦ **표적**: 목표로 삼는 물건.

1 생활 속에서 쉽게 할 수 있는 운동에 관심이 높아지면서 예전에 볼 수 없던 새로운 운동이 많이 늘어나고 있습니다. 이 운동 가운데에는 새로 ✦고안해 만든 운동도 있고, 외국에서 예전부터 즐겼지만 우리나라에는 늦게 들어온 운동도 있습니다. 그리고 우리나라 전통 놀이를 새롭게 ✦변형시켜 만든 운동도 있습니다.

2 새로 만든 운동으로 스포츠 스태킹이 있습니다. 스포츠 스태킹은 1980년대에 미국 어린이들이 종이컵으로 하던 놀이에서 ✦유래한 운동입니다. 이 운동을 할 때에는 컵 열두 개를 다양한 방법으로 쌓고 내리는 기술과 ✦속도가 중요합니다. 이 운동을 하면 ✦근육을 사용하는 능력과 집중력을 높일 수 있습니다.

3 외국에서 최근에 우리나라에 들어온 운동으로 '슐런'이 있습니다. 슐런은 네덜란드에서 예전부터 즐기던 것인데, 슐박이라는 놀이판의 끝에 있는 ✦관문 네 곳에 나무 ✦원반 서른 개를 밀어 넣는 운동입니다. 관문마다 점수가 다르지만, 원반을 네 곳에 골고루 넣으면 추가 점수가 있습니다. 점수가 높은 사람이 이기는 운동이므로 원반을 한 곳에 몰아넣는 것보다 네 곳에 골고루 넣는 것이 높은 점수를 얻을 수 있어 유리합니다. 슐런은 규칙이 간단해서 누구나 쉽게 배울 수 있고, 손힘을 조절하는 능력과 집중력 ㉠향상에 도움을 줍니다.

4 마지막으로, 우리나라 전통 놀이를 새롭게 바꾸어 만든 한궁이 있습니다. 한궁은 우리나라 전통 놀이인 ✦투호와 외국의 다트를 합쳐서 만든 운동입니다. 자석 한궁 핀을 ✦표적 판에 던져 높은 점수를 얻는 사람이 이기며, 왼손과 오른손으로 각각 다섯 번씩 던져야 하기 때문에 양손 근육을 골고루 발달시킬 수 있습니다.

5 [㉡] 규칙이 간단해 쉽게 배울 수 있고, 특별한 운동 기술이 없어도 누구나 즐길 수 있습니다. 또 긴 시간과 넓은 장소가 필요하지 않기 때문에 생활 속에서 틈틈이 즐길 수도 있습니다. 여러분도 한번 해 보는 게 어떨까요?

쏙쏙! 내용 정리

□에 들어갈 알맞은 낱말을 글에서 찾아 쓰세요.

1 새로운 ㅇㄷ이 많이 늘어나고 있다.

✎ ____________

2 스포츠 스태킹을 할 때에는 컵 열두 개를 다양한 방법으로 쌓고 허무는 기술과 ㅅㄷ가 중요하다.

✎ ____________

3 슐런은 ㅅㅂ 끝에 있는 관문 네 곳에 나무 원반 서른 개를 밀어 넣는 운동이다.

✎ ____________

4 ㅎㄱ은 자석 한궁 핀을 표적 판에 던져 높은 점수를 얻는 사람이 이기는 운동이다.

✎ ____________

5 새로운 운동은 ㄱㅊ이 간단해 쉽게 배울 수 있고, 특별한 운동 기술이 없어도 누구나 즐길 수 있다.

✎ ____________

1 　중심내용

이 글의 중심 내용은 무엇인가요? (　　　)

① 다양한 새로운 운동　　② 운동을 하면 좋은 점
③ 집중력을 높이는 방법　　④ 체력을 향상시키는 방법
⑤ 옛날 놀이와 오늘날 놀이

2 　내용이해

이 글의 내용과 일치하지 <u>않는</u> 것은 무엇인가요? (　　　)

① 슐런은 네덜란드에서 즐기던 것이다.
② 한궁은 투호와 다트를 합쳐서 만든 운동이다.
③ 스포츠 스태킹은 최근 영국에서 시작된 운동이다.
④ 새로운 운동을 할 때 특별한 운동 기술이 필요하지 않다.
⑤ 한궁은 왼손과 오른손을 번갈아 사용해서 한궁 핀을 표적 판에 던진다.

3 　내용이해

슐런에 대한 설명으로 알맞은 것을 모두 찾아 ○표 하세요.

(1) 각 관문마다 원반을 넣었을 때의 점수는 같다. (　　　)
(2) 이 운동을 하려면 슐박이라는 놀이판이 필요하다.
　　　　　　　　　　　　　　　　　(　　　)
(3) 원반을 모든 관문에 골고루 넣으면 추가 점수가 있다.
　　　　　　　　　　　　　　　　　(　　　)
(4) 네 개의 관문에 금속 원반을 가장 빠르게 밀어 넣는 사람이 우승한다. (　　　)

4 　어휘

다음 중 빈칸에 ㉠'향상'이 들어갈 수 <u>없는</u> 것은 무엇인가요? (　　　)

① 규칙적인 운동은 체력을 (　　　)시킨다.
② 책을 많이 읽었더니 성적이 (　　　)되었다.
③ 바둑을 배우면 집중력을 (　　　)시킬 수 있다.
④ 기술이 발전하면서 일의 효율성이 (　　　)되고 있다.
⑤ 불을 끄고 스마트폰을 사용하면 눈 건강이 (　　　)된다.

이 글의 내용을 바르게 이해하고 설명한 것은 무엇인가요? (   )

▲ 스포츠 스태킹

▲ 슐런

▲ 한궁

① 스포츠 스태킹은 미국 어린이들만 하는 운동이야.

② 스포츠 스태킹에서 컵을 빨리 쌓는 것은 중요하지 않아.

③ 슐런은 모든 원반을 한 관문에만 넣어야 하는 규칙이 있어.

④ 한궁은 투호처럼 자석이 달린 핀을 통 속에 던지는 운동이야.

⑤ 한궁은 우리나라 전통 놀이를 변형시켜 새롭게 만든 운동이야.

ⓛ에 들어갈 문장으로 알맞은 것을 **보기** 에서 찾아 기호를 쓰세요.

> **보기**
> ㉮ 이렇게 다양한 새로운 운동들은 장점이 많습니다.
> ㉯ 새로운 운동을 하려면 시간과 비용이 많이 필요합니다.
> ㉰ 새로운 운동은 우리나라에서 오래전부터 사랑받아 왔습니다.

(   )

빈칸에 알맞은 말을 써서, 이 글의 짜임을 정리해 보세요.

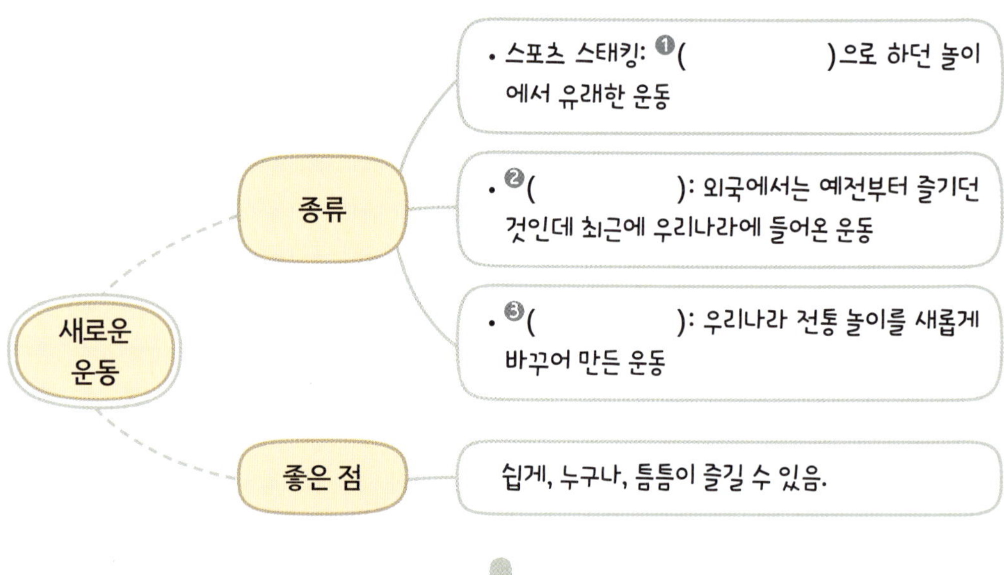

좋은 점이 많은 새로운 ❹(   )을 한번 해 보자.

1 다음 낱말의 뜻을 보기 에서 찾아 기호를 쓰세요.

보기

㉮ 사물이나 일이 생겨나다.

㉯ 여러 개의 물건을 겹겹이 포개어 얹어 놓다.

㉰ 형태나 모양, 성질 등이 달라지거나 달라지게 하다.

㉱ 연구를 하여 새로운 물건이나 방법, 계획 등을 생각하다.

(1) 쌓다: (　　　　　　)　　(2) 변형하다: (　　　　　　)

(3) 유래하다: (　　　　　　)　　(4) 고안하다: (　　　　　　)

2 다음 초성과 뜻을 참고하여 빈칸에 알맞은 낱말을 쓰세요.

(1) ㅍㅈ: 목표로 삼는 물건.

　　㉠ 양궁 선수가 쏜 화살이 (　　　　　　)의 중앙에 꽂혔다.

(2) ㄱㅁ: 어떤 곳에 가려면 반드시 지나야만 하는 부분이나 장소.

　　㉠ 이번 여행의 첫 번째 (　　　　　　)인 공항에 도착했다.

(3) ㅊㄱ: 나중에 더 보탬.

　　㉠ 우리 팀은 연장전에서 (　　　　　　)로 3점을 얻어 승리했다.

확장

3 다음 낱말의 뜻을 보고, 문장에 알맞은 낱말을 찾아 ○표 하세요.

들여오다	물건을 사서 일정한 공간으로 가져오다.
들어오다	사상, 문화, 기술 등이 외부로부터 안으로 전해지다.

(1) 세탁기가 고장 나 새 세탁기를 (들여왔다, 들어왔다).

(2) 인터넷의 발달로 외국 문화가 쉽게 (들여오다, 들어오다).

(3) 그 가게는 산지에서 물건을 직접 (들여와, 들어와) 물건값이 싸다.

오늘
나의 실력은?   

부모님의
응원 한마디

□ 설명문
□ 논설문
□ 실용문
□ 시
☑ 동화
□ 극본

1 옛날, 어느 마을에 박씨 ✦성을 가진 젊은이가 살고 있었습니다. 박씨는 눈이 먼 홀어머니를 모시고 가난하게 살았습니다.

하루는 어머니께서 생선 반찬을 먹고 싶어 하셨습니다. 젊은이는 물고기를 잡으러 하루 종일 냇물을 ✦휘젓고 다녔지만 작은 물고기 한 마리밖에 잡지 못하였습니다.

2 그때 그곳을 지나가던 ✦선비가 젊은이에게 생선을 많이 잡았느냐고 물었습니다.

"한 마리밖에 잡지 못하여 걱정입니다."

"걱정이라니요?"

젊은이는 선비에게 생선 반찬을 먹고 싶어 하시는 어머니 이야기를 해 주었습니다. 사실, 선비는 임금님이었습니다. 선비는 젊은이의 마음을 ✦떠보고 싶었습니다.

"나도 사실 물고기를 구하러 이곳에 왔소. 많은 돈을 줄 테니 그 물고기를 내게 팔지 않겠소?"

"죄송하지만 그럴 수 없습니다."

"그렇다면 할 수 없군. 그런데 ㉠날이 벌써 ✦저물었으니, 혹시 젊은이 집에서 하루 머물 수 있겠소?"

젊은이는 허락하였습니다.

3 "생선을 많이 잡았니?"

집에 돌아온 젊은이에게 어머니께서 물으셨습니다.

"네, 생선이 많으니 제 걱정은 마세요."

젊은이는 정성스럽게 생선을 ✦발라서 어머니 입에 넣어 드렸습니다. 어머니는 앞이 안 보이기 때문에 젊은이가 저녁을 먹지 못하는 것을 몰랐습니다. 이 모습을 지켜본 임금님은 깊이 감동하였습니다.

4 이튿날, 임금님은 젊은이에게 넓은 땅을 상으로 주었습니다. 이후 사람들은 그 땅을 '박석 고개'라고 불렀다고 합니다.

낱말 풀이

✦ **성**: 같은 조상을 가진 사람들이 조상으로부터 물려받아 이름에 붙이는 부분.

✦ **휘젓고**: 골고루 섞이도록 이리저리 마구 젓고.

✦ **선비**: 옛날에 학문을 배우고 익힌 사람.

✦ **떠보고**: 남의 마음을 슬쩍 알아보고.

✦ **저물었으니**: 해가 저서 어두워졌으니.

✦ **발라서**: 생선이나 고기에서 뼈에 붙은 살을 떼어 내거나 가시를 골라내서.

쓱쓱! 내용 정리

□에 들어갈 알맞은 낱말을 글에서 찾아 쓰세요.

1 박씨 성을 가진 젊은이가 냇물에서 작은 ⬚ㄱㄱ 한 마리만 잡았다.

✎ _______________

2 임금님이 물고기를 많은 돈에 팔라고 했지만 ㅈㅇㅇ는 거절했다.

✎ _______________

3 젊은이가 어머니께 생선을 드리는 모습에 임금님이 ㄱㄷ 했다.

✎ _______________

4 임금님이 젊은이에게 상으로 준 땅은 'ㅂㅅㄱㄱ'라고 불렸다.

✎ _______________

---

1 〔갈래〕

이 글을 읽는 알맞은 방법은 무엇인가요? (   )

① 이야기를 쓴 사람을 면담하며 읽는다.

② 이야기의 내용이 사실인지 따지며 읽는다.

③ 이야기의 인물, 사건, 배경을 찾으며 읽는다.

④ 이야기에 드러난 인물의 의견이 적절한지 살피며 읽는다.

⑤ 이야기 내용이 몇 명에게 감동을 주는지 파악하며 읽는다.

2 〔내용 이해〕

젊은이가 하루 종일 물고기를 잡은 까닭은 무엇인가요?

(   )

① 냇물에 물고기가 많아서

② 젊은이가 물고기를 좋아해서

③ 물고기를 잡아 임금님께 바치려고

④ 어머니께서 생선 반찬을 드시고 싶어 해서

⑤ 물고기를 많이 잡아 팔면 큰돈을 벌 수 있어서

3 〔내용 이해〕

임금님이 젊은이에게 감동한 까닭은 무엇인가요?

(   )

① 엄청나게 큰 물고기를 잡아서

② 힘들게 잡은 물고기를 놓아주어서

③ 하룻밤을 묵게 해 달라는 부탁을 들어주어서

④ 어머니께 생선 반찬을 드리기 위해 돈을 벌어서

⑤ 저녁도 먹지 못한 채 어머니의 식사를 정성스럽게 챙겨서

4 〔어휘〕

㉠의 뜻은 무엇인가요? (   )

① 먼동이 트려 했으니

② 오랫동안 비가 오지 않았으니

③ 해가 져서 주변이 어두워졌으니

④ 한 해의 마지막 무렵이 되었으니

⑤ 달의 초하룻날부터 헤아려 세 번째가 되는 날이니

5 추론

다음 젊은이의 말을 실감 나게 읽을 때 어울리는 목소리를 보기 에서 찾아 기호를 쓰세요.

보기

㉮ 화가 난 목소리　　　　　　　　　　㉯ 밝고 다정한 목소리

㉰ 풀이 죽어 힘없는 목소리　　　　　　㉱ 비웃으며 무시하는 목소리

㉲ 공손하면서도 단호한 목소리

(1) "한 마리밖에 잡지 못하여 걱정입니다."　　　　　　　(　　　　　　)

(2) "죄송하지만 그럴 수 없습니다."　　　　　　　　　　(　　　　　　)

(3) "생선이 많으니 제 걱정은 마세요."　　　　　　　　　(　　　　　　)

6 적용

젊은이의 성격과 가장 비슷한 성격의 인물은 누구인가요? (　　　　　)

① 음흉하고 인색한 놀부

② 꾀가 많고 지혜로운 농부

③ 아버지에 대한 효심이 깊은 심청

④ 거짓말을 했지만 잘못을 반성한 피노키오

⑤ 다른 사람을 배려하지 않고 자기만 생각하는 팥쥐

7 글의 구조

빈칸에 알맞은 말을 써서, 이 글의 짜임을 정리해 보세요.

젊은이가 한 일	임금님이 한 일
젊은이가 작은 ❶(　　　　) 한 마리를 잡음.	임금님은 많은 ❷(　　　　)을 줄 테니 그 물고기를 자신에게 팔라고 말함.
젊은이는 "죄송하지만 그럴 수 없습니다."라고 말하며 거절함.	임금님은 젊은이가 ❸(　　　　)께 생선을 드리는 것을 보고 감동함.

젊은이의 효성스러운 마음을 알게 된 임금님이 젊은이에게 상으로 넓은 땅을 주었고, 그 땅은 ❹(　　　　)라고 불렸다.

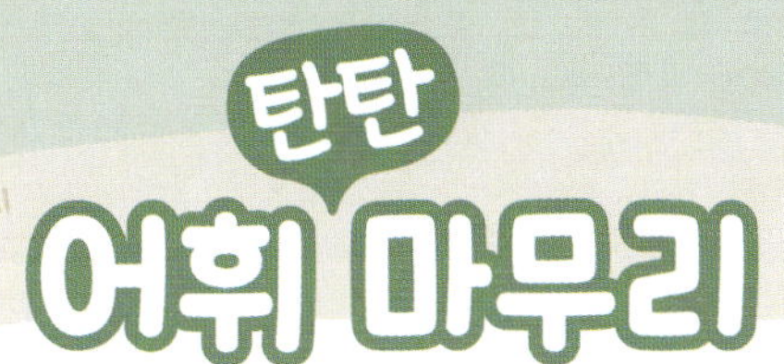

1 다음 뜻을 가진 낱말을 찾아 선으로 이으세요.

(1) 옛날에 학문을 배우고 익힌 사람. • • ㉮ 성

(2) 요청하는 일을 하도록 들어주다. • • ㉯ 선비

(3) 생선이나 고기에서 뼈에 붙은 살을 떼어 내거나 가시를 골라내다. • • ㉰ 바르다

(4) 같은 조상을 가진 사람들이 조상으로부터 물려받아 이름에 붙이는 부분. • • ㉱ 허락하다

2 다음 문장의 빈칸에 들어갈 알맞은 낱말을 보기 에서 찾아 쓰세요.

> **보기**
>
> 저물다, 떠보다, 휘젓다

(1) 일곱 시가 되자 해가 뉘엿뉘엿 (　　　　　　　　).
(2) 동생의 말이 믿기 어려워 자꾸 (　　　　　　　　).
(3) 볶음밥의 재료가 골고루 섞이도록 (　　　　　　　　).

확장

3 다음 밑줄 친 낱말과 비슷한 뜻을 가진 낱말을 모두 찾아 ○표 하세요.

　시를 읽고 <u>감동한</u> 적이 있나요? 시에서 감동적인 부분을 찾을 때에는 가장 먼저 시를 읽고 어떤 장면이 떠오르는지 생각해 보아야 해요. 그런 다음 자신의 경험이나 느낌과 비슷한 일을 떠올려 보아요. 그리고 시에 나오는 인물의 마음이 어떠할지 헤아려 보고, 어떤 부분이 가장 인상 깊었는지 생각해 보아요.

(감격하다, 감질나다, 감명하다)

오늘
나의 실력은?   　　부모님의
응원 한마디

☑ 설명문
☐ 논설문
☐ 실용문
☐ 시
☐ 동화
☐ 극본

1 지구에서 가장 못생기고 흉측한 동물을 꼽으라면 아마도 악어를 꼽을 수 있을 것이다. 날카로운 이빨과 부리부리한 눈, 우툴두툴한 가죽 때문에 사람들은 악어를 무서워한다. 악어는 인도, 미국, 아프리카, 중남미 등 주로 ✦열대 지방에서 살고 있다.

2 악어는 ✦파충류로서, 원래 먼 옛날에 지구에 살았던 공룡의 ✦자손으로 보기도 한다. 몸집은 공룡보다 작아졌지만, 힘은 공룡처럼 세다. 인도에서는 해마다 악어에게 ✦희생되는 사람이 많다고 한다. 그래서 악어는 코브라와 함께 사람을 ✦해치는 무서운 동물로 여겨지고 있다.

3 육식 동물인 악어는 사람을 해치는 것은 물론이고 짐승이나 물고기들을 ✦닥치는 대로 먹어 치운다. 심지어는 악어를 잡아먹기도 한다. 악어가 먹이를 잡을 때에는 물속에서 바위처럼 ✦위장하고 있다가 먹이가 나타나면 번개처럼 낚아챈다. 이러한 방법은 호랑이나 사자와 같은 ✦포유류가 먹이를 잡는 것과는 다르다.

4 한 번쯤 '악어의 눈물'이라는 표현을 들어 본 적이 있을 것이다. 이 표현은 고대 이집트 나일강에 살던 한 악어가 사람을 잡아먹은 뒤 그를 위해 눈물을 흘린 전설에서 유래했다. 악어가 먹잇감에게 미안하여 눈물을 흘린 것이라고 여겨 '악어의 눈물'은 '거짓 눈물'의 의미로 쓰인다. 그런데 실제로 악어는 먹이를 먹을 때에 눈물을 흘린다. 눈물을 만들고 내보내는 눈물샘의 신경이 입을 움직이는 신경과 연결되어 있기 때문이다.

5 악어의 가죽은 매우 질기고 ✦윤이 나서 악어가죽으로 만든 가방이나 허리띠 등은 값이 비싸고 인기가 높다. 하지만 사람들이 악어가죽을 얻으려고 악어를 되는대로 잡기 때문에 악어의 수가 점점 줄어들고 있다는 사실을 기억해야 한다.

6 악어는 위험한 동물이기는 하지만, 강이나 늪에서 죽은 짐승이나 물고기들을 먹어 치우기 때문에 청소부의 역할도 한다. 그런 악어가 급격하게 줄어들면 환경이나 생태계에도 문제가 생길 것이라고 환경 전문가들은 걱정하고 있다.

낱말 풀이

✦**열대**: 적도에 가까우며, 연평균 기온이 섭씨 20도 이상인 덥고 비가 많이 오는 지역.

✦**파충류**: 악어나 뱀 등과 같이 폐로 숨을 쉬며 바깥 온도에 따라 체온이 변하는 동물.

✦**자손**: 자신의 세대 이후에 태어난 모든 자녀.

✦**희생되는**: 사고나 자연 재해 등으로 슬프고 안타깝게 목숨을 잃게 되는.

✦**해치는**: 사람의 마음이나 몸에 해를 입히는.

✦**닥치는**: 이것저것 가릴 것 없이 앞에 나타나거나 눈에 띄는.

✦**위장하고**: 진짜 모습이나 생각 등이 드러나지 않도록 거짓으로 꾸미고.

✦**포유류**: 새끼를 낳아 젖을 먹여 기르며 허파로 숨을 쉬는 척추동물의 한 종류.

✦**윤**: 반들거리고 매끄러운 물체의 표면에서 나는 빛.

정답 확인
36쪽

□에 들어갈 알맞은 낱말을 글에서 찾아 쓰세요.

1 사람들이 무서워하는 ㅇㅇ 는 주로 열대 지방에서 살고 있다.

2 악어의 ㅁㅈ은 공룡보다 작아졌지만, 힘은 공룡처럼 세다.

3 악어는 사람을 해치는 것은 물론이고 ㅈㅅ이나 물고기들을 닥치는 대로 먹어 치운다.

4 악어는 먹이를 먹을 때에 ㄴㅁ을 흘린다.

5 사람들이 ㅇㅇㄱㅈ을 얻으려고 악어를 되는대로 잡아 악어의 수가 줄어들고 있다.

6 악어는 강이나 늪에서 죽은 짐승이나 물고기들을 먹어 치워 ㅊㅅㅂ의 역할도 한다.

---

1 글의 종류

이 글의 짜임을 [보기]에서 찾아 기호를 쓰세요.

> [보기]
> ㉮ 설명하는 대상의 특징을 나열하여 설명하는 글의 짜임
> ㉯ 설명하는 대상의 특징을 시간의 순서에 따라 설명하는 글의 짜임

(   )

2 내용 이해

이 글의 내용으로 보아, 악어가 사는 곳으로 알맞지 <u>않은</u> 것은 무엇인가요? (   )

① 인도   ② 미국   ③ 중남미
④ 아프리카   ⑤ 시베리아

3 내용 이해

악어에 대한 설명으로 알맞은 것은 무엇인가요? (   )

① 죽은 짐승은 먹지 않는다.
② 공룡보다 몸집이 작고 힘도 약하다.
③ 코브라와 함께 공룡의 자손으로 남아 있다.
④ 악어가죽은 우툴두툴해 인기가 없어 저렴하다.
⑤ 물속에서 바위처럼 꾸미고 숨어 있다가 먹이를 낚아챈다.

4 어휘

낱말 사이의 관계를 생각하며 이 글을 다시 읽고, 글에서 알맞은 낱말을 찾아 빈칸에 쓰세요.

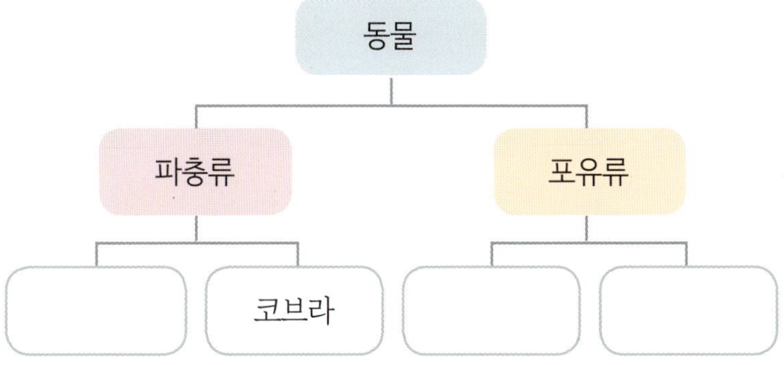

5 '악어의 눈물'을 흘린 사람을 본 경험을 말한 친구를 찾아 ○표 하세요.

(   )   (   )   (   )

---

6 5 에 담긴 글쓴이의 생각을 알맞게 짐작한 친구는 누구인가요? (   )

① 예진: 악어를 상품화시키는 것을 권장하고 있어.

② 현빈: 악어가죽의 우수성이 널리 알려지길 바라고 있어.

③ 우빈: 사람들의 사치와 지나친 소비에 대해 걱정하고 있어.

④ 민아: 사람을 해치는 악어의 수를 줄이기 위해 노력해야 한다고 생각해.

⑤ 혜리: 악어가죽을 얻기 위해 무분별하게 악어를 포획해서는 안 된다고 생각해.

---

7 빈칸에 알맞은 말을 써서, 이 글의 짜임을 정리해 보세요.

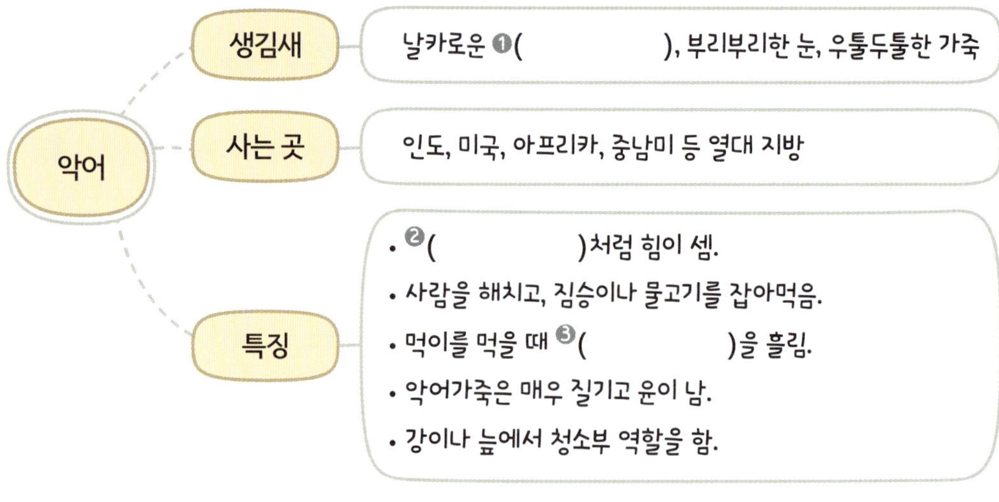

탄탄 어휘 마무리

1 다음 뜻을 지닌 낱말을 보기 에서 찾아 쓰세요.

보기
윤, 위장, 자손, 포유류

(1) 자신의 세대 이후에 태어난 모든 자녀. ( )

(2) 반들거리고 매끄러운 물체의 표면에서 나는 빛. ( )

(3) 진짜 모습이나 생각 등이 드러나지 않도록 거짓으로 꾸밈. ( )

(4) 새끼를 낳아 젖을 먹여 기르며 허파로 숨을 쉬는 척추동물의 한 종류.

( )

2 다음 문장의 빈칸에 들어갈 알맞은 낱말을 찾아 선으로 이으세요.

(1) ( )의 더운 날씨를 견디기 힘들다. · · ㉮ 열대

(2) 동물 사체는 독수리에게 ( )이다. · · ㉯ 파충류

(3) 선하는 ( )을/를 좋아해 도마뱀을 키운다. · · ㉰ 먹잇감

확장

3 다음 밑줄 친 낱말과 뜻이 통하는 낱말을 보기 에서 찾아 쓰세요.

보기
꼽다, 낚아채다, 희생되다, 우툴두툴하다

(1) 우리 반을 빛낸 영웅으로 내 짝을 지목했다. ( )

(2) 큰 전쟁에 많은 젊은이의 목숨이 바쳐지다. ( )

(3) 독수리가 먹이를 보자마자 잽싸게 잡아당기다. ( )

(4) 시골길에 돌들이 박혀 있어 여기저기 울퉁불퉁하다. ( )

오늘 나의 실력은?    부모님의 응원 한마디

☐ 설명문
☐ 논설문
☐ 실용문
☐ 시
☐ 동화
☑ 극본

- 때: 이른 아침
- 곳: 마을 근처에 있는 ✛대장간
- 나오는 인물: 꼬마, 사냥꾼, 토끼, 참새 1, 참새 2, 참새 3, 까마귀 1, 까마귀 2, 까마귀 3

1 토끼: 아저씨, 살려 주세요! 사냥꾼이 뒤쫓아 와요.

꼬마: 뭐, 사냥꾼이?

토끼: 절 좀 숨겨 주세요.

참새 1, 2, 3: 빨리빨리, 숨겨 주어요.

까마귀 1, 2, 3: 바보 같은 꼬마, 뭘 하고 있니? 사냥꾼이 뒤쫓아 온다는데.

꼬마: 까마귀, 넌 가만히 있어!

토끼: (발을 ✛동동 구르며) 빨리요.

꼬마: (주위를 살피며) 어디다 감춰 주나……. 이것 참 ✛야단났네.

참새 1, 2, 3: 빨리요! 저기 사냥꾼이 오고 있어요.

까마귀 1, 2, 3: 솥 안에다 숨겨 주면 될 게 아니야.

꼬마: 그렇군, 솥 안이 좋아. (　　㉠　　) 토끼야, 빨리 솥 안에 들어가거라!

　꼬마가 토끼를 솥 안에 감추고 나자 사냥꾼이 나타난다.

2 꼬마: 솥에 물부터 ✛길어 넣어야지. (물통을 들고 밖으로 나가다가 사냥꾼에게) 주인님이 와 계시니까 함부로 ✛뒤지지 마셔야 해요.

사냥꾼: 오냐. (　　㉡　　) 이상하다. 아까부터 자꾸만 아무 ✛데나 손을 ✛대지 말라고 하니 웬일일까? 정말 솥 안에 물이 없을까? (솥뚜껑에 손을 댄다.)

참새 1, 2, 3: (숲속에서 고개를 내밀며) 불이야, 산불이야!

까마귀 1, 2, 3: (숲속에서 고개를 내밀며) 까옥까옥!

사냥꾼: 뭐, 산불? (밖으로 달려 나간다.)

3 꼬마, 재빨리 들어와 물통을 내려놓고 솥뚜껑을 열어 토끼를 도망치게 한다. 토끼, 달아나면서 꼬마에게 고맙다고 인사한다.

낱말 풀이

✛**대장간**: 쇠를 달구어 온갖 연장을 만드는 곳.

✛**동동**: 매우 춥거나 안타까워서 발을 가볍게 자꾸 구르는 모양.

✛**야단났네**: 난처하거나 딱한 일이 벌어졌네.

✛**길어**: 우물이나 샘 따위에서 두레박이나 바가지 따위로 물을 떠내어.

✛**뒤지지**: 무엇을 찾으려고 샅샅이 들추거나 헤치지.

✛**데**: '곳'이나 '장소'의 뜻을 나타내는 말.

✛**대지**: 무엇을 어디에 닿게 하지.

쑥쑥! 내용 정리

□에 들어갈 알맞은 낱말을 글에서 찾아 쓰세요.

1 사냥꾼에게 쫓기는 |ㅌ|ㄲ|가 꼬마에게 숨겨 달라고 부탁을 한다. 꼬마는 |ㅅ| 안에 토끼를 숨겨 준다.

2 꼬마가 물을 길으러 간 사이에 사냥꾼이 솥뚜껑에 손을 대자 참새들이 산불이 났다고 외쳤고, 사냥꾼은 |ㅂ|으로 달려 나갔다.

3 꼬마는 |ㅅ|ㄸ|ㄲ|을 열어 토끼를 도망치게 해 주었다.

---

1 〔갈래〕 이 글의 특징으로 알맞은 것은 무엇인가요? (   )

① 글쓴이의 경험을 바탕으로 솔직하게 쓴 글
② 어떤 지식이나 정보를 이해시키기 위해 쓴 글
③ 실제로 일어난 사건을 시간 순서대로 나타낸 글
④ 말하는 이의 마음 변화를 운율을 살려 드러낸 글
⑤ 연극 공연을 위해 인물들의 대사와 행동으로 전개된 글

2 〔내용 이해〕 꼬마가 한 일을 두 가지 고르세요. (,   )

① 토끼를 솥에 숨겨 주었다.
② 토끼를 위해 물을 떠서 주었다.
③ 참새들에게 가만히 있으라고 말했다.
④ 사냥꾼에게 산불이 났다고 소리쳤다.
⑤ 사냥꾼에게 아무 데나 손을 대지 말라고 당부했다.

3 〔내용 이해〕 이 글의 내용에 맞게 빈칸에 알맞은 말을 쓰세요.

> 참새들은 토끼가 발각될까 봐 사냥꾼의 시선을 돌리려고 "(   )"라고 외쳤다.

4 〔어휘〕 꼬마에 대한 토끼의 마음을 나타낸 사자성어를 〔보기〕에서 찾아 기호를 쓰세요.

> 〔보기〕
> ㉮ 입신양명(立身揚名): 사회적으로 인정받고 출세하여 이름을 세상에 드날림.
> ㉯ 동상이몽(同狀異夢): 겉으로는 같이 행동하면서 속으로는 각각 딴생각을 함.
> ㉰ 각골난망(刻骨難忘): 남에게 입은 은혜가 뼈에 새길 만큼 커서 잊히지 아니함.

(   )

5 이 글에 등장하는 인물에 대한 평가로 알맞은 것에 ○표, 알맞지 <u>않은</u> 것에 X표 하세요.

(1) 꼬마: 사냥꾼에게 쫓기는 토끼를 구해 준 것으로 보아, 생명을 소중히 여기는 착한 마음을 가졌다. ( )

(2) 사냥꾼: 꼬마의 말을 의심하며 솥 안에 직접 들어가려고 한 행동으로 보아, 위기를 잘 극복하는 인물이다. ( )

(3) 참새들과 까마귀들: 기지를 발휘하여 위험한 순간에 힘을 합쳐 사냥꾼을 속이는 모습으로 보아, 현명하고 재치 있다. ( )

6 ㉠, ㉡에 들어갈 알맞은 지문의 내용은 무엇인가요? ( )

	㉠	㉡
①	다급한 목소리로	머리를 갸우뚱거리며
②	크고 무서운 목소리로	들어오면서 큰 소리로
③	졸리고 떨리는 목소리로	두 팔을 휘휘 내저으며
④	느리고 힘없는 몸짓으로	꼬마에게 물통을 건네주며
⑤	늦장을 부리며 우렁찬 목소리로	손뼉을 치면서 반가워하며

7 빈칸에 알맞은 말을 써서, 이 글의 짜임을 정리해 보세요.

> 대장간에 ❶( )가 나타나 꼬마에게 숨겨 달라고 부탁함.

> 꼬마가 토끼를 ❷( ) 안에 숨겨 주었고, 사냥꾼에게 함부로 뒤지지 말라고 당부함.

> ❸( )의 말이 이상하다고 생각한 사냥꾼은 꼬마가 나간 사이에 솥뚜껑에 손을 댐.

> 참새들이 불이 났다고 말하여 ❹( )이 밖으로 달려 나감.

> 꼬마가 솥뚜껑을 열어 토끼가 도망치게 해 줌.

> 꼬마와 새들이 지혜롭게 행동하여 사냥꾼에게 쫓기는 토끼를 구해 주었다.

1 다음 낱말의 뜻으로 알맞은 것을 찾아 선으로 이으세요.

(1) 걷다 •

(2) 뒤지다 •

(3) 야단나다 •

• ㉮ 난처하거나 딱한 일이 벌어지다.

• ㉯ 무엇을 찾으려고 샅샅이 들추거나 헤치다.

• ㉰ 우물이나 샘 따위에서 두레박이나 바가지 따위로 물을 떠내다.

2 다음 문장의 빈칸에 들어갈 알맞은 낱말을 보기 에서 찾아 쓰세요.

> 보기
>
> 데, 웬일, 동동, 함부로

(1) 네가 가장 일찍 출석을 하다니, (   )이니?

(2) 민준이가 들를 (   )가 있다며 빠르게 교실을 나갔다.

(3) 현관문이 잠겨 있어서 추위에 발을 (   ) 구르고 있었다.

(4) (   ) 다른 사람에게 전화번호나 주소를 알려 주지 마세요.

확장

3 다음 밑줄 친 낱말의 알맞은 뜻을 보기 에서 찾아 번호를 쓰세요.

> 보기
>
> 달아나다
> ① 쫓아오는 것에 잡히지 않게 빨리 가다.
> ② 어떠한 생각이나 의욕, 느낌 등이 없어지다.
> ③ 시간이 빨리 지나가다.

(1) 찬물로 세수를 했더니 잠이 확 달아났다. (   )

(2) 술래에게 쫓기던 연준이가 나무 뒤로 달아났다. (   )

(3) 눈 코 뜰 새 없이 바쁘게 살다 보니 한 달이 달아났다. (   )

오늘
나의 실력은?   

부모님의
응원 한마디

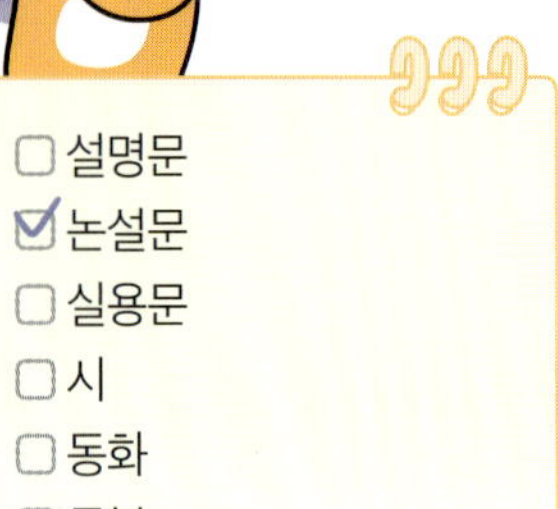

☐ 설명문
☑ 논설문
☐ 실용문
☐ 시
☐ 동화
☐ 극본

낱말 풀이

✦ **열량**: 음식이나 연료로 얻을 수 있는 에너지의 양.

✦ **고단백**: 단백질이 많이 포함됨.

✦ **고지방**: 지방의 포함 비율이 매우 높은 상태.

✦ **발병**: 병이 남.

✦ **채식**: 고기를 먹지 않고 주로 채소, 과일, 해초 등의 식물성 음식만 먹음.

✦ **위주**: 으뜸으로 삼음.

✦ **질환**: 몸의 온갖 병.

✦ **노화**: 나이가 들며 신체의 구조나 기능이 약해지는 현상.

✦ **섭취하는데**: 영양분 등을 몸속에 받아들이는데.

✦ **방목장**: 가축을 우리에 가두지 않고 풀어 놓고 기르는 일정한 장소.

✦ **우림**: 우거진 열대 식물의 숲.

✦ **목초지**: 가축의 먹이가 되는 풀이 많이 난 땅.

✦ **사막화**: 풀과 나무가 거의 자랄 수 없는 땅이 됨.

✦ **동물성**: 동물에서만 볼 수 있는 고유한 성질.

1 여러분은 어제 무엇을 먹었나요? 기름지고 ✦열량이 높은 육류나 즉석 음식을 많이 먹지는 않았나요? 이런 ✦고단백, ✦고지방의 식사 습관은 비만 등 여러 질병의 ✦발병 위험을 증가시켜요. 또한 육류를 생산해 내는 과정이 환경에 나쁜 영향을 끼치기도 하지요. 그래서 ㉠최근 건강을 지키고 환경을 보호하기 위해 ✦채식을 하는 사람이 많아졌어요. 채식을 하면 좋은 점을 자세히 알아보고, 채식을 해요.

2 채식은 건강에 좋아요. 채소는 사람에게 꼭 필요한 엽록소, 철, 인과 같은 물질과 비타민을 제공해 줘요. 그래서 채소와 과일이 풍성한 식사는 질병을 감소시켜요. ㉡특히, 채소 ✦위주의 식단은 심장 ✦질환의 발병을 감소시켜요. 또 채소와 과일은 몸속으로 들어온 활성 산소를 없애 ✦노화를 예방한다고 알려져 있고, 채소에 많이 들어 있는 섬유질은 변비도 예방하여 주지요.

3 채식을 하면 환경을 보호할 수 있어요. 현대인들은 육류를 많이 ✦섭취하는데 이 육류를 생산하기 위해 엄청난 양의 곡물과 물을 소비하고 있어요. 그래서 오늘날에는 ㉢✦방목장 건설을 위해 열대 ✦우림을 파괴하고, 너무 많은 방목으로 인해 ✦목초지가 ✦사막화되고 있어요. 또 목초지와 양계장 등의 시설물에서 발생하는 오물은 흙과 물을 오염시키고, 오물 더미에서 발생하는 가스는 대기를 오염시키지요.

4 흔히 사람들은 채식을 하게 될 경우, 영양 불균형을 염려해요. 하지만 밭에서 나는 쇠고기라는 별명이 있는 콩은 각종 영양소로 이루어져 있어요. ㉣비타민 종류의 섭취가 조금 부족하기는 하지만 이는 다른 과일이나 음식으로 충분히 보충할 수 있어요. 균형 잡힌 채식을 하면 우리 몸에 필요한 영양소를 충분히 얻을 수 있어요.

5 채식을 부담스럽게 생각하는 사람도 있어요. ✦동물성 식품을 ㉮빼면 무엇을 어떻게 먹어야 할지 잘 모르기 때문이지요. ㉤하지만 요즈음에는 채식주의자를 위한 다양한 요리법이 개발되고 있어요. 게다가 우리 고유의 음식 중에 자연의 맛과 향을 살린 것이 많아 큰 어려움 없이 즐겁게 채식을 할 수 있어요. 채식으로 식탁 위의 작은 변화를 일으켜 건강한 식생활을 해요.

정답 확인
38쪽

□에 들어갈 알맞은 낱말을 글에서 찾아 쓰세요.

1 건강을 지키고 환경을 보호하기 위해 ㅊㅅ 을 하는 사람이 많아졌다.

2 채식을 하면 ㄱㄱ 에 좋다.

3 채식을 하면 환경을 ㅂㅎ 할 수 있다.

4 채식을 하게 되면 영양 불균형을 염려하지만, ㄱㅎ 잡힌 채식을 하면 필요한 영양소를 충분히 얻을 수 있다.

5 식탁 위의 작은 변화를 일으켜 건강한 ㅅㅅㅎ 을 해 보자.

1
중심 내용

글쓴이가 읽는 이에게 바라는 일은 무엇인가요? (   )

① 육류의 생산 과정을 아는 것
② 식사 습관을 다양하게 갖는 것
③ 식사 습관을 채식으로 바꾸는 것
④ 환경을 보호하기 위해 노력하는 것
⑤ 동물성 식품과 식물성 식품을 고르게 섭취하는 것

2
내용 이해

이 글의 내용과 일치하지 <u>않는</u> 것은 무엇인가요? (   )

① 채식을 하면 환경을 보호할 수 있다.
② 채식만 하면 영양 불균형을 막을 수 없다.
③ 채소가 풍성한 식사는 질병을 감소시킨다.
④ 우리 고유의 음식으로 즐겁게 채식할 수 있다.
⑤ 채식주의자를 위한 다양한 요리법이 개발되고 있다.

3
내용 이해

육류의 생산이 환경에 미치는 영향으로 알맞지 <u>않은</u> 것은 무엇인가요? (   )

① 많은 양의 곡물과 물을 생산한다.
② 과다한 방목으로 목초지가 사막화된다.
③ 양계장에서 대기 오염 가스가 발생한다.
④ 방목장 건설을 위해 열대 우림을 파괴한다.
⑤ 목초지에서 발생하는 오물이 흙을 오염시킨다.

4
어휘

밑줄 친 낱말 중 ㉮ '빼면'과 같은 뜻으로 사용된 것을 찾아 ○표 하세요.

(1) 십에서 삼을 <u>빼면</u> 칠이 된다.   (   )
(2) 멋있게 정장을 <u>빼고</u> 공연장에 갔다.   (   )
(3) 딸은 목소리까지 제 어머니를 쏙 <u>뺐다</u>.   (   )
(4) 민준이는 노래를 안 부르려고 자꾸 <u>뺐다</u>.   (   )

5

⑤~⑩ 중 다음 기사문의 내용과 가장 관련 깊은 것을 찾아 기호를 쓰세요.

> 채식만 하는 사람들이 심장병으로 사망할 확률은 육식을 즐겨 하는 사람들의 십분의 일에 불과하다.

(   )

6

글쓴이가 추구하는 가치에 대해 알맞게 말한 것을 보기 에서 찾아 기호를 쓰세요.

보기

㉮ 저는 글쓴이의 가치에 공감합니다. 채소를 생산하는 과정에서 사용된 농약과 비료가 환경을 오염시켜 왔기 때문입니다. 이제라도 채소를 얻기 위해 친환경적인 농사 방법을 도입해야 합니다.

㉯ 저는 글쓴이와 마찬가지로 어떤 특정한 음식만을 가려서 즐겨 먹는 것에 반대합니다. 채소, 과일, 동물성 식품 등을 고르게 먹어야 우리가 성장하는 데 도움이 된다고 생각하기 때문입니다.

㉰ 저는 채식에 참여할 수 없습니다. 현대인들이 채식만 하여 육류 소비가 줄게 되면 그 업종에 종사하는 많은 사람이 직장을 잃게 될 것입니다. 그들의 행복도 소중하게 지켜 주어야 한다고 생각합니다.

(   )

7

빈칸에 알맞은 말을 써서, 이 글의 짜임을 정리해 보세요.

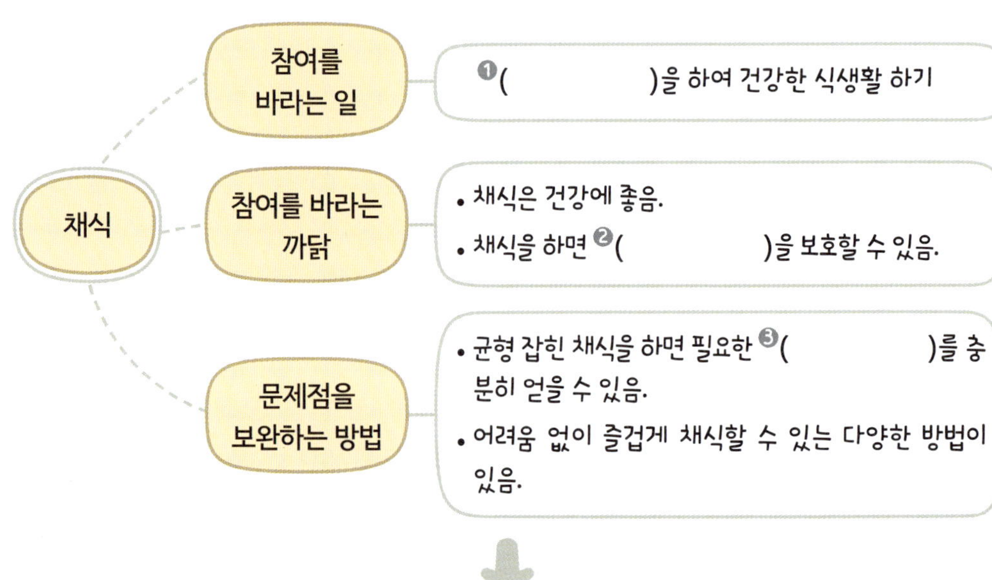

1 다음 뜻에 알맞은 낱말을 완성하여 쓰세요.

(1) 몸의 온갖 병. → [ㅈ][ㅎ]

(2) 으뜸으로 삼음. → [ㅇ][ㅈ]

(3) 가축의 먹이가 되는 풀이 많이 난 땅. → [ㅁ][ㅊ][ㅈ]

(4) 고기를 먹지 않고 주로 채소, 과일, 해초 등의 식물성 음식만 먹음. → [ㅊ][ㅅ]

2 다음 낱말이 들어갈 문장을 찾아 선으로 이으세요.

(1) 섭취하여 •

• ㉮ 형은 꽃이 시들까 봐 (　　　) 꽃병의 물을 자주 갈아 주었다.

(2) 염려하여 •

• ㉯ 사람은 음식물을 (　　　) 생활에 필요한 에너지를 얻는다.

(3) 제공하여 •

• ㉰ 이 학원은 성적이 좋은 사람에게 온갖 혜택을 (　　　) 인기가 높다.

확장

3 다음 낱말의 뜻을 보고, 문장에 어울리는 뜻을 찾아 번호를 쓰세요.

예방
① 질병이나 재해 등이 일어나기 전에 미리 대처하여 막는 일.
② 예를 갖추는 의미로 인사차 방문함.

(1) 전염병 예방을 위해 물을 꼭 끓여 마시자. (　　　)

(2) 대통령이 외국 환경 보호 단체의 예방을 받았다. (　　　)

오늘
나의 실력은?　  　부모님의
응원 한마디 

□ 설명문
□ 논설문
☑ 전기문
□ 시
□ 동화
□ 극본

1　　　"선생님, 106호 환자가 ✛간밤에 사라졌습니다."

의사 선생님은 ✛멋쩍게 웃으며 간밤의 일을 고백하였습니다.

2　병원에 한 농부가 입원을 하였습니다. 농부는 건강을 ✛회복하고도 퇴원을 할 수 없었습니다.

"이 돈을 다 어찌 갚누."

워낙 가난한 ✛형편이라 병원비를 낼 ✛엄두가 나지 않았던 것입니다. 그렇다고 언제까지 ㉠손 놓고 있을 수 없는 ✛노릇이었습니다. 생각다 못한 농부는 의사를 찾아가 말하였습니다.

"선생님, 이제 곧 ✛모내기를 해야 하는데, 병원비를 다 내야 집에 갈 수 있다고 하더군요. 저희 집은 제가 있어야 농사를 짓습니다. 선생님, 제가 돈을 벌어서 꼭 갚을 테니 제발 퇴원시켜 주시면 안 될까요?"

3　농부의 ✛사정을 ✛딱히 여긴 의사 선생님은 이러한 ✛제안을 하였습니다.

"그럼 이렇게 합시다. 내가 밤에 문을 열어 놓을 테니 살짝 도망치세요."

마치 남의 병원 의사처럼 ✛인심을 쓰는 말에 농부는 깜짝 놀랐습니다.

"그래도 그건……."

"생각해 보십시오. 돈이 없으니 퇴원은 힘들 테고. 그렇다고 병원에 있으면 가족이 배를 ✛곯아야 하니 가족을 위하여 몰래 도망이라도 쳐야지요."

"네, 그런데……."

4　그날 밤, 의사 선생님은 농부와 약속한 대로 직원들이 퇴근한 틈을 타 병원 뒷문을 열어 두었습니다. 그리고 머뭇거리는 농부의 손에 따로 마련한 돈을 쥐어 주기도 하였습니다.

"이거 얼마 안 됩니다. 차비라도 하세요."

농부는 고마움의 눈물을 흘렸습니다.

낱말 풀이

✛ **간밤**: 바로 어젯밤.

✛ **멋쩍게**: 어색하고 쑥스럽게.

✛ **회복하고도**: 아프거나 약해졌던 몸을 다시 예전의 상태로 돌이키고도.

✛ **형편**: 살림살이의 상태나 처지.

✛ **엄두**: 감히 무엇을 하려는 마음.

✛ **노릇**: 일의 상황 또는 형편.

✛ **모내기**: 벼의 싹을 논으로 옮겨 심는 일.

✛ **사정**: 일의 형편이나 이유.

✛ **딱히**: 처해 있는 상황이나 형편이 불쌍하게.

✛ **제안**: 의견이나 안건으로 내놓음.

✛ **인심**: 남의 딱한 처지를 헤아려 알아주고 도와주는 마음.

✛ **곯아야**: 양에 아주 모자라게 먹거나 굶어야.

쏙쏙! 내용 정리

[ ]에 들어갈 알맞은 낱말을 글에서 찾아 쓰세요.

1 의사 선생님이 웃으며 간밤에 [ㅎ][ㅈ]가 사라진 일에 대해 고백했다.

✏ ______________

2 한 [ㄴ][ㅂ]가 의사 선생님을 찾아가 나중에 돈을 갚을 테니 퇴원시켜 달라고 말했다.

✏ ______________

3 농부의 사정을 딱히 여긴 의사 선생님은 밤에 병원 [ㅁ]을 열어 놓을 테니 살짝 도망치라고 말했다.

✏ ______________

4 그날 밤, [ㅇ][ㅅ] 선생님은 농부와 약속한 대로 병원 뒷문을 열어 두어 농부가 떠날 수 있게 해 주었다.

✏ ______________

정답 확인 39쪽

1 중심 내용

이 글의 의사 선생님은 실존했던 인물인 '장기려'입니다. 이 글의 제목으로 알맞은 것을 보기 에서 찾아 기호를 쓰세요.

보기
> ㉮ 천재성이 빛난 인물 장기려
> ㉯ 가난한 환자를 도운 의사 장기려
> ㉰ 병원 진료의 중요성을 일깨운 장기려

( )

2 내용 이해

농부가 건강을 회복하고도 퇴원하지 못한 까닭은 무엇인가요? ( )

① 집에 갈 차비가 없었기 때문에
② 병원비를 마련할 수 없었기 때문에
③ 집에 가면 모내기를 해야 하기 때문에
④ 의사가 퇴원을 하지 못하게 막았기 때문에
⑤ 병원에 있어야 가족이 밥을 먹을 수 있었기 때문에

3 내용 이해

의사 선생님의 제안을 들은 농부가 놀란 까닭은 무엇인가요? ( )

① 같이 도망을 치자고 하여서
② 자신에게 큰돈을 요구하여서
③ 모내기를 도와주겠다고 하여서
④ 자기 병원이면서 도망치라고 하여서
⑤ 지나치게 각박하고 냉정하게 느껴져서

4 어휘

㉠의 뜻으로 가장 알맞은 것은 무엇인가요? ( )

① 손을 움직이기 어려운.
② 가만히 있을 수는 없는.
③ 손에 아무것도 쥘 수 없는.
④ 무엇을 달라고 요구할 수 없는.
⑤ 나에게 내밀어 주는 손을 뿌리칠 수 없는.

5 글 전체의 내용을 볼 때, 106호 환자가 사라졌다는 말에 의사 선생님이 멋쩍게 웃은 까닭은 무엇인가요? (   )

추론

① 환자가 사라진 이유를 잘 알고 있어서
② 106호 환자가 누구인지 기억이 나지 않아서
③ 환자가 다시 자신을 찾아온 상황이 이상해서
④ 바쁘게 일하고 있던 중에 누군가 말을 걸어서
⑤ 환자가 도망치게 해 달라고 부탁한 일을 비밀로 해 주고 싶어서

6 농부와 의사 선생님은 각각 어떤 인물인지 평가하여 보고, 빈칸에 들어갈 알맞은 말을 보기 에서 찾아 쓰세요.

감상

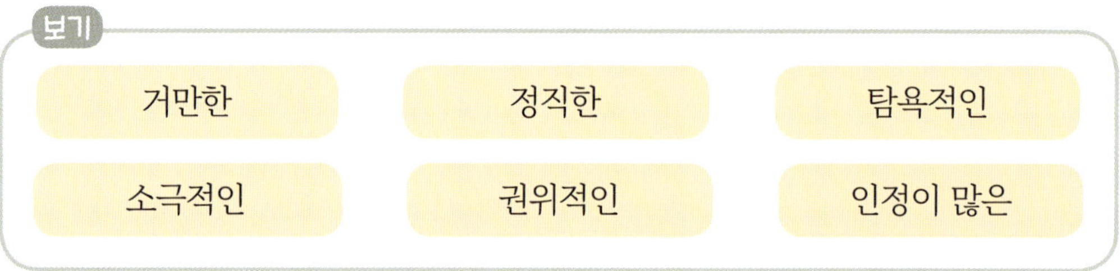

(1) 의사 선생님에게 병원비를 다 내지 못하는 상황을 자세히 말한 것으로 보아, 농부는 (   ) 성격의 인물이다.

(2) 병원비가 밀려 퇴원하지 못하는 환자를 밖으로 몰래 내보내 준 것으로 보아, 의사 선생님은 (   ) 인물이다.

7 빈칸에 알맞은 말을 써서, 이 글의 짜임을 정리해 보세요.

글의 구조

병원에 입원한 한 농부가 건강을 회복하고도 ❶(   )를 낼 수 없어 퇴원을 할 수 없었음.

→

농부가 의사 선생님을 찾아가 농사를 지으러 가야 하는 사정과 함께 돈을 꼭 갚을 테니 ❷(   )시켜 달라고 부탁함.

↓

의사 선생님이 ❸(   )에게 밤에 문을 열어 놓을 테니 도망치라고 말하자, 농부는 깜짝 놀람.

→

의사 선생님은 병원 뒷문을 열어 두었고, 농부에게 ❹(   )까지 주어 보냄.

다른 사람을 생각하는 따뜻한 마음을 가진 의사 장기려의 이야기이다.

1 다음 낱말의 뜻을 보기 에서 찾아 기호를 쓰세요.

보기
㉮ 바로 어젯밤.
㉯ 일의 상황 또는 형편.
㉰ 감히 무엇을 하려는 마음.
㉱ 처해 있는 상황이나 형편이 불쌍하게.

(1) 간밤: (   )   (2) 엄두: (   )

(3) 노릇: (   )   (4) 딱히: (   )

2 다음 초성과 뜻을 참고하여 빈칸에 알맞은 낱말을 쓰세요.

(1) ㅁㄴㄱ: 벼의 싹을 논으로 옮겨 심는 일.

  ㉮ 농부들은 초여름에 (   )를 해서 가을까지 벼를 키운다.

(2) ㅊㅂ: 버스나 열차, 택시 등의 차를 탈 때 내는 돈.

  ㉮ 나는 (   )가 없어서 버스를 타지 못하고 집에 걸어왔다.

(3) ㅇㅅ: 남의 딱한 처지를 헤아려 알아주고 도와주는 마음.

  ㉮ 그녀는 (   )이 넉넉하여 어려운 처지의 이웃을 도왔다.

확장

3 다음 낱말의 뜻을 보고, 문장에 알맞은 낱말을 찾아 ○표 하세요.

쥐다	어떤 물건을 손가락과 손바닥으로 잡다.
지다	물건을 나르기 위하여 어깨나 등에 얹다.

(1) 아기가 울어서 놀잇감을 손에 (쥐어, 지어) 주었다.

(2) 나무꾼은 나무가 가득 실린 지게를 등에 (쥐고, 지고) 힘겹게 산을 내려갔다.

오늘
나의 실력은?   

부모님의
응원 한마디

- ☐ 설명문
- ☐ 논설문
- ☐ 실용문
- ☑ 시
- ☐ 동화
- ☐ 극본

딱 하루만 더 아프고 싶다

정연철

1

하루 종일

㉠ 골목골목 돌아다니며
손수레에 폐지 담는 할머니

내가 감기 몸살로 결석하자

일도 안 나가고

물수건으로 얼굴 닦아 주고

죽 먹여 주고

㉡ 약 먹여 주고

이불까지 덮어 주고는

곁에서 걸레로

조용히 방을 닦는다

할머니 나 먹여 살리려면

일 나가야 하는데

㉢ 딱 하루만 더

아프고 싶다

낱말 풀이

+ **골목골목**: 각각의 골목. 또는 모든 골목.
+ **손수레**: 사람이 손으로 직접 끄는 수레.
+ **폐지**: 쓰고 버린 종이.
+ **몸살**: 몸이 몹시 피로할 때 걸리는, 온몸이 쑤시고 기운이 없고 열이 나는 병.
+ **결석하자**: 학교나 회의 등 공식적인 자리에 나오지 않자.
+ **곁**: 어떤 대상의 옆.

□에 들어갈 알맞은 낱말을 글에서 찾아 쓰세요.

 감기 몸살로 결석한 '나'의 곁에서 ㅎㅁㄴ께서 간호를 해 주셨다. '나'는 할머니께서 일하러 나가셔야 하는 것을 알지만, 딱 ㅎㄹ만 더 아프고 싶다고 생각한다.

✎ ＿＿＿＿＿＿＿＿

1 갈래

이 시의 특징으로 알맞은 것은 무엇인가요? (　　　)

① 자연과 관련 있는 글감을 사용했다.

② 말하는 이의 마음을 직접 드러냈다.

③ 소리를 흉내 내는 말을 많이 사용했다.

④ 바쁘게 돌아가는 도시의 삶을 노래했다.

⑤ 감기의 통증을 다른 사물에 빗대어 표현했다.

2 내용 이해

이 시에서 말하는 이가 처한 상황으로 알맞은 것은 무엇인가요? (　　　)

① 꾀병을 부리고 있다.

② 몸이 아파서 집에서 누워 있다.

③ 아픈 할머니를 돌봐 드리고 있다.

④ 할머니를 도와 손수레를 끌고 있다.

⑤ 할머니와 함께 집 안을 청소하고 있다.

3 내용 이해

이 시를 읽고 알 수 있는 내용이 <u>아닌</u> 것은 무엇인가요?

(　　　)

① 할머니께서 오늘 일을 나가지 못하셨다.

② 할머니께서 말하는 이에게 죽을 먹여 주셨다.

③ 할머니께서 말하는 이에게 이불을 덮어 주셨다.

④ 할머니께서 말하는 이의 보호자 역할을 하신다.

⑤ 할머니께서 말하는 이를 대신해 걸레질을 해 주셨다.

4 어휘

다음에서 설명한 '이 시어'는 무엇인지 시에서 찾아 쓰세요.

> • 이 시어는 쓰고 버린 종이를 뜻하는 낱말이다.
>
> • 이 시어는 할머니께서 하시는 일이 무엇인지 알려 준다.

(　　　)

다음 중 이 시를 읽고 시에 담긴 마음을 중심으로 시에 대한 생각이나 느낌을 말한 친구의 이름을 쓰세요.

> 준수: 시를 읽고, 할머니께서 일도 못 나가시고 말하는 이를 돌보아 주시는 장면이 떠올랐어.
>
> 현아: 시를 읽으니 내가 아플 때 선생님께서 내 이마에 손을 얹으시며 걱정해 주셨던 일이 생각나.
>
> 시경: 시에서 말하는 이는 힘든 일을 하시는 할머니께서 하루라도 더 쉬셨으면 하는 마음도 들었을 거야.

(   )

㉠~㉢에서 느낄 수 있는 말하는 이의 마음을 보기 에서 찾아 기호를 쓰세요.

> **보기**
>
> ㉮ 힘든 일을 하느라 고생하시는 할머니를 생각하면 마음이 아파요.
>
> ㉯ 아픈 나를 걱정하여 주시고 다정히 돌보아 주셔서 참 고마웠어요.
>
> ㉰ 바쁘신 할머니께는 죄송하지만 하루 종일 할머니와 함께 있고 싶어요.

(1) ㉠: (   ) (2) ㉡: (   ) (3) ㉢: (   )

빈칸에 알맞은 말을 써서, 이 글의 짜임을 정리해 보세요.

말하는 이의 상황	감기 몸살로 ❶( )하고 집에 있음.
할머니께서 하신 일	• 일도 안 나가시고 ❷( )으로 얼굴을 닦아 주심. • 죽과 약을 먹여 주심. • ❸( )을 덮어 주심.
말하는 이의 마음이 직접 드러난 부분	딱 하루만 더 아프고 싶다

손주를 사랑하는 ❹(   )의 마음과
할머니와 함께하고 싶은 손주의 마음이 느껴져 감동을 주는 시이다.

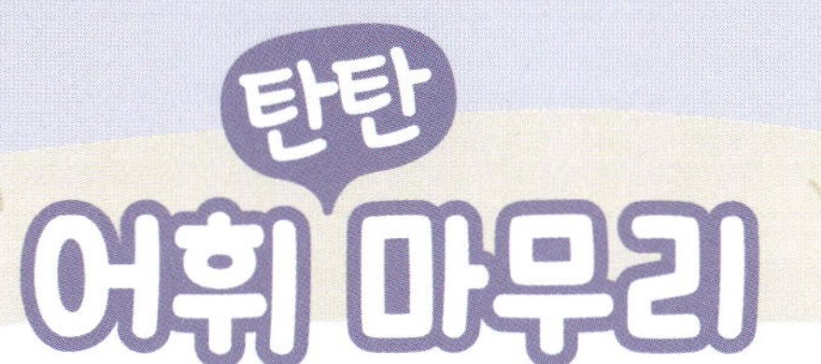

1 다음 뜻을 가진 낱말을 찾아 선으로 이으세요.

(1) 각각의 골목. 또는 모든 골목. · · ㉮ 덮다

(2) 사람이 손으로 직접 끄는 수레. · · ㉯ 손수레

(3) 학교나 회의 등 공식적인 자리에 나오지 않다. · · ㉰ 결석하다

(4) 무엇이 드러나거나 보이지 않도록 다른 것을 얹어서 씌우다. · · ㉱ 골목골목

2 다음 문장의 빈칸에 들어갈 알맞은 낱말을 보기 에서 찾아 쓰세요.

보기

곁, 조용히, 종일

(1) 비가 하루 (　　　　　　) 세차게 내렸다.

(2) 다른 친구의 독서 시간을 방해하지 않게 (　　　　　　) 하렴.

(3) 지수는 어려운 일이 있을 때마다 내 (　　　　　　)에 있어 주었다.

확장

3 다음 밑줄 친 낱말과 바꾸어 쓸 수 있는 낱말을 찾아 ○표 하세요.

　아프리카에서는 지금도 매일 많은 어린이가 굶주림으로 죽어 간대요. 계속되는 가뭄과 전쟁 때문에 아프리카의 땅이 메말라 버렸기 때문이에요. 그래서 세계 여러 나라에 있는 어린이 보호 단체에서는 아프리카에 사는 어린이들을 <u>살리기</u> 위해 돈을 모으고 있어요. 사천 원이면 아프리카 어린이 한 명이 한 달 동안 먹을 수 있는 옥수수 가루를 살 수 있거든요.

(관측하기, 존중하기, 구제하기)

오늘
나의 실력은?　　부모님의
응원 한마디

이 책의 출처

제재 출처

쪽수	제재명	지은이	출처
12쪽	아낌없이 주는 나무	셸 실버스타인 글, 이재명 옮김	『아낌없이 주는 나무』, 시공주니어, 2009.
24쪽	분수	이상교	『예쁘다고 말해 줘』, ㈜문학동네, 2014.
36쪽	벼농사를 지키자		전라북도 농업기술원 어린이 농업교실
44쪽	바위나리와 아기별	마해송	『사슴과 사냥개. 창비아동문고3』, 창비, 1985.
52쪽	바람의 딸, 우리 땅에 서다	한비야	『바람의 딸, 우리 땅에 서다』, 푸른숲, 2007.
60쪽	우리나라의 재래식 부엌	신현득	『학생이 정말 알아야 할 우리 민속 도감』, 현암사, 2006.
84쪽	바다	박필상	『눈물보다 하얀꽃』, 글벗, 2010.
92쪽	프린들 주세요	앤드루 클레먼츠 글, 햇살과나무꾼 옮김	『프린들 주세요』, 사계절, 2001.
96쪽	선물 상자 포장하기	종이나라 편집부	『종이접기 백선 5』, 종이나라, 1999.
112쪽	산꼭대기에 열차가?	김대조	『아인슈타인 아저씨네 탐정 사무소』, 주니어김영사, 2015.
124쪽	고양이야, 미안해!	원유순	『고양이야, 미안해!』, 시공주니어, 2010.
152쪽	숲속의 대장간	주평	『주평아동극전집. 제1권-제10권』, 신아출판사, 2004.
160쪽	장기려, 우리 곁에 살다 간 성자	김은식	『장기려, 우리 곁에 살다 간 성자』, 봄나무, 2006.
164쪽	딱 하루만 더 아프고 싶다	정연철	『딱 하루만 더 아프고 싶다』, ㈜문학동네, 2011.

하루의 학습이 끝날 때마다
붙임딱지를 골라 붙여 과자 집을 꾸며 보세요.

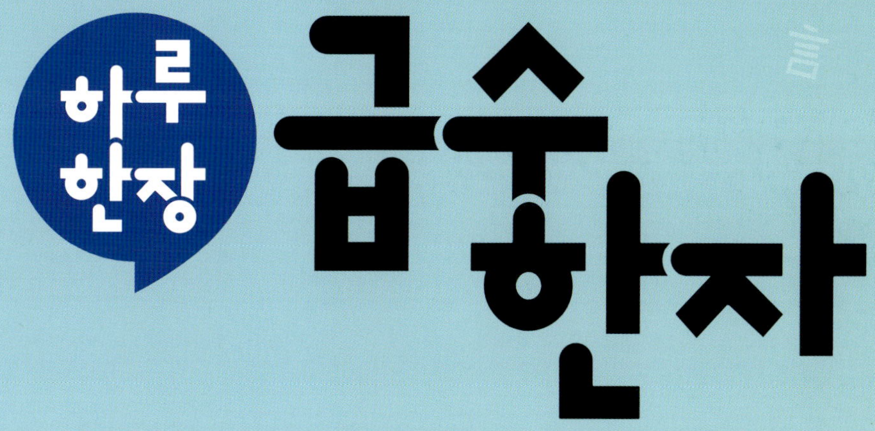

한자를 잘 알면 어휘력과 문해력이 크게 향상됩니다.
"하루 한장 급수 한자"와 함께 한자를 익히고,
급수 시험 '합격'이라는 성취감도 느껴 보세요!

한자능력검정시험
100% 합격을 위한
**하루 한장
한자 학습법**

1 그림과 놀이 학습으로 한자의 음과 뜻을 재미있게 익혀요.

2 관련 한자 묶음 학습으로 쉽게 기억하고 어휘력을 키워요.

3 실제 시험과 비슷한 유형의 문제로 실전 감각을 길러요.

교재 미리보기

급수 시험이 처음이라면 8급부터 도전해요!

하루 한장 급수 한자 8급
50자 학습

하루 한장 급수 한자 7급
100자 학습

하루 한장 급수 한자 6급
150자 학습

초등 도서 목록

초코

교과서 달달 쓰기 · 교과서 달달 풀기
1~2학년 국어 · 수학 교과 학습력을 향상시키고
초등 코어를 탄탄하게 세우는 기본 학습서
[4책] 국어 1~2학년 학기별
[4책] 수학 1~2학년 학기별

초등 필수 기본서, 초코
초등 공부의 핵심[CORE]을 탄탄하게 하여
교과 학습력을 키우는 초등 필수 학습서
[8책] 국어 3~6학년 학기별
[8책] 사회 3~6학년 학기별, [8책] 과학 3~6학년 학기별

전과목 단원평가
빠르게 단원 핵심을 정리하고, 수준별 문제로 실전력을
키우는 교과 평가 대비 학습서
[8책] 3~6학년 학기별

수비수학

개념편   초등 수학의 기본 실력을 다지는 수학 개념서
[8책] 3~6학년 학기별

유형편   다양한 유형 학습으로 문제 해결력을 키우는
수학 유형서
[8책] 3~6학년 학기별

문제 해결의 길잡이

원리   8가지 문제 해결 전략으로 문장제와 서술형 문제 정복
[12책] 1~6학년 학기별

심화   문장제 유형 정복으로 초등 수학 최고 수준에 도전
[6책] 1~6학년 학년별

하루한장 예비 초등

한글완성
초등학교 입학 전 한글 읽기·쓰기 동시에 끝내기
[3책] 기본 자모음, 받침, 복잡한 자모음

예비초등
기본 학습 능력을 향상하며 초등학교 입학을 준비하기
[2책] 국어, 수학

하루한장 독해

독해 시작편
초등학교 입학 전 기본 문해력 익히기 30일 완성
[2책] 문장으로 시작하기, 짧은 글 독해하기

어휘
문해력의 기초를 다지는 초등 필수 어휘 학습서
[6책] 1~6학년 단계별

독해
국어 교과서와 연계하여 문해력의 기초를 다지는 독해 기본서
[6책] 1~6학년 단계별

독해+플러스
본격적인 독해 훈련으로 문해력을 향상시키는 독해 실전서
[6책] 1~6학년 단계별

비문학 독해 (사회편·과학편)
비문학 독해로 배경지식을 확장하고 문해력을 완성시키는
독해 심화서
[사회편 6책, 과학편 6책] 1~6학년 단계별

퍼즐런

초등 필수 어휘를 퍼즐로 재미있게 익히는 학습서
[3책] 사자성어, 속담, 맞춤법

바른답·알찬풀이

플러스

독해+

한 학기

3 단계 | 초등 3·4학년

Mirae N 에듀

하루 한장 독해+

실전 문해력을 키우기 위한
바른답 알찬풀이의 핵심 포인트!

◆ 지문을 한번 더 읽으며 핵심 내용을 파악하는 훈련을 할 수 있습니다.

◆ 핵심 내용과 주제를 구조화하여 지문의 흐름을 짚어 볼 수 있습니다.

◆ 꼼꼼하고 자세한 해설을 통해 고난도 문제를 완벽히 이해할 수 있습니다.

쏙쏙! 내용 정리

1 폴립　　2 색깔
3 생태계　　4 온난화
5 이산화 탄소

정답

1 ①
2 (1) — ㈎
　(2) — ㈏
　(3) — ㈐
3 ④　　4 보금자리
5 ⑤　　6 ㈎
7 ① 폴립　② 산호초
　③ 멸종　④ 배출

어휘 탄탄 마무리

1 (1) 골격
　(2) 보금자리
　(3) 해일
　(4) 생태계
2 (1) — ㈎
　(2) — ㈏
　(3) — ㈐
3 (1) 상승하다
　(2) 절약하다
　(3) 멸종되다
　(4) 배출되다

---

1 바닷속에 사는 산호는 식물처럼 생겼지만, 사실은 동물이에요. 산호는 달걀 껍데기의 주성분인 탄산 칼슘으로 만들어진 단단한 골격이 있어요. 그 속에는 말미잘처럼 연한 몸을 가진 작은 동물들이 모여 사는데, 이 동물들을 '폴립'이라고 부르지요. 산호 폴립은 물속에 떠다니는 플랑크톤이나 물고기 등의 작은 생물을 잡아먹어요.
산호의 정체 → 읽는 이의 호기심을 불러일으킴.
산호 골격에 '폴립'이 살고 있음.

2 산호는 다양한 모양과 아름다운 색깔을 가지고 있어요. 산호는 커다란 부채 모양, 나뭇가지 모양, 사슴뿔 모양 등 여러 가지 모양이 있어요. 또 색깔도 여러 가지예요. 빨간산호는 작은 가지가 많고, 연분홍산호는 깊은 바다에 살며 크기가 크고, 흰산호는 가장 얕은 바다에 살며 가지가 적어요.
여러 가지 모양의 산호
산호의 종류별 특징

핵심 ① 바다 생태계에서 산호초의 역할
3 산호가 많이 모여 있는 곳을 말하는 '산호초'는 바다 생태계에서 중요한 역할을 해요. 산호초는 물고기, 조개, 꽃게 등 다양한 생물의 ㉠서식지가 되지요. 또, 산호초는 바닷물을 정화하고, 태풍이나 해일의 피해를 줄여 주는 역할을 해요.

핵심 ② 멸종 위기에 처한 산호초
4 그런데 최근에 서울 면적의 약 20배나 되는 산호초가 사라졌어요. 그 이유는 지구 온난화 때문이에요. 이산화 탄소 같은 온실가스가 늘어나고 지구가 더워지면서 바닷물의 온도도 상승해 산호들이 살기 힘들어졌어요. 지금 같은 속도로 이산화 탄소가 배출되면 10년 후에는 산호초의 대부분이 사라져서 멸종될 수도 있어요.
이산화 탄소 배출의 결과

5 바다 생물들의 보금자리인 산호초를 지키려면 어떻게 해야 할까요? 지구 평균 기온이 빠르게 높아지지 않도록 **이산화 탄소 배출을 줄이는 것이 중요해요.** 우리가 할 수 있는 일은 일상생활에서 일회용품 사용을 줄이고, 에너지를 절약하는 것 등이에요. 그리고 기업이 이산화 탄소 배출을 많이 하면 더 많은 비용을 지불하게 하는 '탄소 가격제'와 같은 제도를 도입하는 것도 이산화 탄소 배출량을 감소시키는 좋은 방법이에요.
핵심 ③ 산호초를 지키기 위해 우리가 할 일
산호를 지키기 위해 할 수 있는 일 ①
산호를 지키기 위해 할 수 있는 일 ②

핵심 ①	바다 생태계에서 산호초의 역할	핵심 ②	멸종 위기에 처한 산호초	핵심 ③	산호초를 지키기 위해 우리가 할 일

➜ 다양한 생물의 서식지로, 바닷물을 정화하고, 태풍, 해일 피해를 줄여 줌.

➜ 최근에 지구 온난화 때문에 서울 면적의 약 20배인 산호초가 사라짐.

➜ 지구 평균 기온이 빠르게 높아지지 않게 이산화 탄소 배출을 줄여야 함.

주제　멸종 위기에 빠진 산호초

1 이 글은 산호의 특징과 생김새, 바다 생태계에서의 역할과 지구 온난화로 멸종 위기에 빠진 산호초에 대해 설명하고 있습니다. ③의 내용은 글에 없으며, ②, ④는 글의 내용과 다릅니다. ⑤는 글의 중심 생각과 거리가 멉니다. 따라서 가장 알맞은 것은 '멸종 위기에 빠진 산호초'입니다.

2 2에서 산호의 종류와 그 특징에 대한 설명을 찾을 수 있습니다. 흰산호는 가장 얕은 바다에 살며 가지가 적다고 하였습니다. 빨간산호는 작은 가지가 많다고 하였고, 연분홍산호는 깊은 바다에 살며 크기가 크다고 하였습니다.

3 1에서 산호는 탄산 칼슘으로 만들어진 단단한 골격이 있다고 하였습니다.

4 ㉠'서식지'는 '생물 등이 일정한 곳에 자리를 잡고 사는 곳.'을 뜻하므로 '지내기에 매우 포근하고 아늑한 곳을 비유적으로 이르는 말.'인 보금자리와 바꾸어 쓸 수 있습니다.

5 산호초가 사라지는 이유는 지구 온난화 때문입니다. 온실가스가 늘어나고 지구가 더워지면서 바닷물의 온도도 높아져 산호들이 살기 힘들어졌다고 하였습니다.

6 5에서 우리가 할 수 있는 일은 '일상생활에서 일회용품 사용을 줄이고, 에너지를 절약하는 것 등이다.'라고 하였습니다.
|오답 풀이|　㈏ 에너지를 절약하는 방법이 아닙니다.
　㈐ 일회용품을 줄이는 것이 아닌 다른 일회용품을 사용하는 것이기 때문에 이산화 탄소 배출을 줄이기 위해 할 수 있는 일로 알맞지 않습니다.
　㈑ 정해진 양 이상의 탄소를 배출할 때 비용을 지불하지 않는다면 이산화 탄소 배출을 규제하는 것과 거리가 멀기 때문에 적절하지 않은 내용입니다.

7 1에서 산호의 특징, 2에서 산호의 생김새, 3에서 산호초의 역할을 알 수 있습니다. 4에서 지구 온난화로 인해 산호초가 사라지고 있다고 하였으며, 5에서 이산화 탄소 배출을 줄이는 노력을 해야 한다고 하였습니다.

문해력 상승 읽기 전략

핵심 내용을 따라 읽으며 흐름을 정리해 보세요.

쏙쏙! 내용 정리

1 나무   2 사과

3 밑동

정답

1 소년, 나무
2 ③
3 (1) ㉯   (2) ㉮
　(3) ㉯   (4) ㉮
4 (1) ○   5 ④
6 ⑤
7 ❶ 그늘   ❷ 사과
　❸ 밑동   ❹ 나무

어휘 탄탄 마무리

1 (1)　　　　㉮
　(2)　　　　㉯
　(3)　　　　㉰
2 (1) 밑동
　(2) 안간힘
　(3) 그저
　(4) 단잠
3 (1) ①
　(2) ②

---

1 「소년은 나무줄기를 타고 올라가서는 나뭇가지에 매달려 그네도 뛰고, 사과도 따 먹고는 하였습니다.

　나무와 소년은 때로는 숨바꼭질도 하였습니다. 그러다가 피곤해지면 소년은 나무 그늘에서 단잠을 자기도 하였습니다.』『 』: 나무가 소년에게 해 준 일 ①

핵심 ① 함께해서 행복한 소년과 나무
소년은 나무를 무척 사랑하였고……, 나무는 행복하였습니다.

2 소년도 점점 나이가 들어 갔습니다. 나무는 홀로 있을 때가 많아졌습니다.

　그러던 어느 날, 소년이 나무를 찾아갔을 때 나무가 말하였습니다.

　"얘야, 내 줄기를 타고 올라오렴. 가지에 매달려 그네도 뛰고, 사과도 따 먹고, 그늘에서 놀면서 즐겁게 지내자."
마음이 변하지 않은 나무

　"난 이제 나무에 올라가 놀기에는 너무 커 버렸는걸. 난 물건을 사고 싶고, 신나게 놀고 싶단 말이야. 그래서 돈이 필요해. 내게 돈을 좀 줄 수 없겠어?"
어른이 되어 마음이 변한 소년

　소년이 말하였습니다.

　"미안하지만 내겐 돈이 없는데……." / 나무가 말하였습니다.

핵심 ② 소년에게 사과를 준 나무
"내겐 나뭇잎과 사과밖에 없어. 얘야, 내 사과를 따다가 도회지에서 팔지 그러니? 그러면 돈이 생기고 행복해질 거야."

　그러자 소년은 나무 위로 올라가 사과를 따서 가지고 갔습니다. 그래서 나무는 행복하였습니다.
나무가 소년에게 해 준 일 ②

3 나무는 한숨을 지었습니다.

　"무언가 너에게 주고 싶은데……, 내겐 남은 것이 아무것도 없단다. 나는 그저 늙어 버린 나무 밑동일 뿐이야. 미안해."
소년에게 계속 베풀고 싶은 나무

　"이젠 나도 필요한 게 별로 없어. 그저 편안히 앉아서 쉴 곳이나 있었으면 좋겠어. 몹시 피곤하거든." / 소년이 말하였습니다.
나이가 들어 쉴 곳이 필요한 소년

　"아, 그래?"

　나무는 안간힘을 다하여 몸뚱이를 펴면서 말하였습니다.

핵심 ③ 소년에게 밑동을 내어 준 나무
"자, 앉아서 쉬기에는 늙은 나무 밑동이 그만이야. 얘야, 이리 와서 앉으렴. 앉아서 쉬도록 해."
나무가 소년에게 해 준 일 ③

　소년은 그렇게 하였습니다. 그래서 나무는 행복하였습니다.
소년을 도와줄 수 있어서

핵심 ① 함께해서 행복한 소년과 나무	핵심 ② 소년에게 사과를 준 나무	핵심 ③ 소년에게 밑동을 내어 준 나무
➜ 소년과 나무가 함께 놀고, 시간을 보내면서 행복하게 지냄.	➜ 나무가 돈이 필요한 소년에게 사과를 따다가 팔라고 말함.	➜ 나무가 쉴 곳이 필요한 소년에게 자신의 밑동에 앉으라고 말함.

주제　소년을 향한 나무의 헌신적인 사랑

1 이 글은 소년에게 아낌없이 주는 나무의 이야기입니다.

2 2에서 나무를 찾아간 소년은 물건을 사고 싶고, 신나게 놀고 싶어 돈이 필요하다고 말했습니다. 이 말에 나무는 자신에게 돈이 없으니 사과를 따다가 도회지에서 팔라고 답했을 뿐, 소년과 도회지에 함께 놀러 갔다는 내용은 찾을 수 없습니다.

3 소년이 나무 그늘에서 단잠을 잤을 때, 소년이 사과를 따서 가지고 갔을 때 나무는 행복했습니다. 반면, 소년이 나무에게 돈이 필요하다고 말했는데 돈이 없어 나무는 미안하다고 말했고, 늙어 버린 나무 밑동이 되었을 때 찾아온 소년에게 남은 것이 아무것도 없다며 미안해했습니다.

4 나무는 사랑하는 소년을 위해 자신의 몸을 희생하여 자신에게 남은 밑동까지 내어 주었으므로, '애지중지(愛之重之)'라고 표현하기에 알맞습니다.

|오답 풀이| (2) 결초보은(結草報恩): 한 번 입은 은혜는 잊지 않고 보답하는 경우를 이르는 말이므로 나무에게 어울리지 않습니다.

5 자신이 가진 것을 아까워하지 않고 다른 이에게 베푸는 사람이 이 이야기의 나무와 비슷한 사람이라고 할 수 있습니다.

6 나무는 사랑하는 소년을 위해 자신이 가진 모든 것을 내어 주어 행복함을 느꼈을 것입니다.

7 나무의 행동을 통해 '소년을 향한 나무의 헌신적인 사랑', '자신의 모든 것을 주고도 행복해하는 아름다운 마음'과 같은 이야기의 주제를 파악할 수 있습니다.

어휘 탄탄 마무리

3 (1) 바위에 붙어 있는 굴을 잡아뗀 것이므로, ①의 뜻으로 쓰인 문장입니다. (2) 선생님의 말씀에서 중요한 내용을 찾아 쓴 것이므로, ②의 뜻으로 쓰인 문장입니다.

문해력 상승 읽기 전략

핵심 나용을 따라 읽으며 흐름을 정리해 보세요.

쏙쏙! 내용 정리

1 신라　2 술병
3 외부, 내부
4 동서남북
5 국가유산

정답

1 ③
2 ⑤　3 ㉣
4 내부
5 ①, ②, ③
6 ⑤
7 ❶ 첨성대 ❷ 개요
　❸ 경주 ❹ 관람

어휘 탄탄 마무리

1 (1) 하차
　(2) 관측대
　(3) 연중무휴
　(4) 천문학
2 (1) ━━ ㉮
　(2) ━━ ㉯
　(3) ━━ ㉰
3 (1) 지었다
　(2) 짖었다
　(3) 짙었다

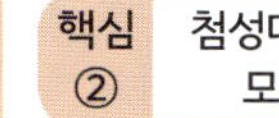

● 위치: 경상북도 경주시 인왕동 839-1
핵심 ① 첨성대를 만든 목적과 시기
● 개요: 경주 첨성대는 신라 시대에 별의 움직임을 관찰하기 위해 만들어졌습니다. 첨성대는 7세기 신라 선덕여왕 때 지어진 것으로 추정되며, 동양에서 가장 오래된 별 관측대입니다.
　　　　　첨성대의 가치

핵심 ② 첨성대의 크기와 모양, 구조
첨성대는 높이 9.17미터, 밑면 지름 4.93미터, 윗면 지름 2.85미터로 술병 모양을 하고 있습니다. 돌로 27단을 쌓아 올린 첨성대는 매끄럽게 잘 다듬어진 외부의 벽면과 달리, 내부는 돌의 뒷부분이 삐죽삐죽 나와 벽면이 고르지 않다는 특징이 있습니다.
　　외부 벽면의 특징 / 내부 벽면의 특징

첨성대 꼭대기에 놓은 네모난 돌의 각 면은 동서남북을 가리키고, 남동쪽으로 난 창을 통해 꼭대기에 올라 별을 관찰할 수 있습니다. 이와 같은 구조는 신라인들의 건축 기술과 천문학 지식이 뛰어났음을 보여 줍니다.

첨성대를 통해 신라 시대 사람들이 별을 어떻게 관찰했는지 짐작할 수 있습니다.
　첨성대를 통해 알 수 있는 것
예를 들어, 첨성대 꼭대기의 돌은 '정(井)' 자 모양으로 되어 있어 사다리를 걸칠 수 있고 앉거나 누워서 별을 관찰하기에 좋았습니다. 첨성대는 신라 사람들의 지혜와 높은 과학 기술 수준을 보여 주는 중요한 국가유산입니다.

핵심 ③ 첨성대에 가는 방법과 관람 시간
오시는 길　경주역 → 시내버스 이용 → 월성동 주민센터 정류장에서 하차
관람 시간　오전 9시~오후 10시 (연중무휴)

핵심 ① 첨성대를 만든 목적과 만든 시기	핵심 ② 첨성대의 크기와 모양, 구조	핵심 ③ 첨성대에 가는 방법과 관람 시간
➔ 첨성대는 별의 움직임을 관찰하기 위해 신라 선덕여왕 때 지어짐.	➔ 첨성대는 높이 9.17미터, 술병 모양에 꼭대기 돌이 동서남북을 가리킴.	➔ 월성동 주민센터 정류장 하차, 오전 9시부터 오후 10시까지 관람 가능함.

주제　경주 첨성대 관람을 위한 정보 안내

1 이 글은 첨성대의 위치와 개요, 가는 방법, 관람 시간에 대한 정보를 전달하는 인터넷 안내문입니다. 따라서 글쓴이는 읽는 이에게 첨성대 관람을 위한 정보를 안내하기 위해서 이 글을 썼습니다.

2 '개요' 부분에서 첨성대에 관한 설명을 찾을 수 있습니다.
|오답 풀이| ①, ④ 첨성대는 별의 움직임을 관찰하기 위해 만들어졌습니다.
　　　　② 첨성대는 동양에서 가장 오래된 관측대입니다.
　　　　③ 첨성대 꼭대기의 돌이 '정(井)' 자 모양으로 되어 있습니다.

3 첨성대 꼭대기의 네모난 돌의 각 면은 동서남북을 가리키고, 남동쪽으로 난 창을 통해 꼭대기에 올라 별을 관찰할 수 있습니다. 이 구조는 신라인들의 건축 기술과 천문학 지식이 뛰어났음을 보여 줍니다.

4 '외부'는 '바깥 부분.'이라는 뜻을 가진 낱말로 이와 반대되는 낱말은 '안쪽의 부분.'이라는 뜻을 가진 '내부'입니다. 안쪽 벽면과 바깥쪽 벽면의 차이점을 설명하는 문장에서 뜻을 짐작하여 반대의 뜻을 지닌 낱말을 찾을 수 있습니다.

5 이 글은 첨성대 관람 안내문으로 첨성대의 위치, 첨성대의 개요, 첨성대에 가는 방법, 첨성대 관람 시간 등의 내용을 담고 있습니다. 첨성대에서 볼 수 있는 별자리와 첨성대를 지을 때 사용된 돌의 종류는 알 수 없습니다.

6 첨성대와 관련된 역사적, 천문학적 지식 등 정보를 얻을 수 있는 매체로는 경주 관광 안내소, 첨성대에 관한 책, 국가문화유산 누리집, 첨성대에 관한 다큐멘터리 등이 있습니다. 반면, 첨성대와 유사한 외형의 국보 탐색하기는 첨성대에 대한 정확한 정보를 얻을 수 있는 방법으로 보기 어렵습니다.

어휘 탄탄 마무리

3 '집을 짓다', '강아지가 크게 짖다', '파란색이 짙다'와 같이 문장에 어울리는 낱말을 찾을 수 있습니다.

쏙쏙! 내용 정리

1 설계, 도안
2 정보 3 컴퓨터
4 편집, 영상
5 관심

정답

1 시각 디자인
2 ③ 3 ⑤
4 (2) ○ 5 ②
6 ㉺
7 ① 사진 ② 편집
③ 정보 ④ 조력자

어휘 탄탄 마무리

1 (1) ㉯ (2) ㉰
(3) ㉵ (4) ㉮
2 (1) 수단
(2) 실용적
(3) 편집
3 발전

---

1 디자인은 어디에나 있다는 사실을 알고 있나요? 디자인이란, 실용적인 목적을 가진 것의 설계나 도안을 말해요. 쉽게 말해 우리가 실제로 사용하는 옷이나 상품, 건축물 등을 멋있고 기능이 좋게 만들도록 도와주는 것이에요. 디자인은 시각 디자인, 산업 디자인, 환경 디자인 등으로 나눌 수 있어요. 그 중 시각 디자인에 대해서 자세히 알아보아요.
디자인의 의미
디자인의 종류

핵심 ① 시각 디자인의 의미
2 시각 디자인은 정보를 그림이나 사진, 기호, 문자, 픽토그램 등을 이용해서 전달하는 것이에요. 시각 디자인은 정보를 효과적으로 전달하고, 아름답게 보여 주기 위해 사용돼요. 그래서 우리는 책이나 영화 포스터, 컴퓨터 화면, 거리의 광고판 등 매우 다양한 것에서 시각 디자인을 접할 수 있어요.
시각 디자인의 사용 목적

3 예전에는 시각 디자인을 하기 위해 주로 종이와 펜을 사용했어요. 요즘은
핵심 ② 시각 디자인의 발전과 종류
포토샵, 인디자인 등의 컴퓨터 프로그램이 발달하면서 글자, 사진, 그림 등의 요소를 더욱 조화롭게 배열할 수 있게 되었어요. 그리고 글자의 크기나 위치, 간격, 색상 등을 조정하여 가독성과 심미성을 높일 수 있게 되었어요. 또한, 그림뿐만 아니라 디지털 사진이나 영상을 이용한 디자인도 가능해졌어요.
시각 디자인이 발전하게 된 까닭

4 시각 디자인에는 여러 가지 종류가 있어요. 책이나 잡지를 만드는 '편집 디자인', 회사 상표와 광고물을 만드는 '광고 디자인', 상품을 보호하고 상품의 성격을 잘 드러내는 포장을 만드는 '포장 디자인', 그리고 정보 전달을 위해 사진, 영화 등의 영상을 가공하고 아름답게 만드는 '영상 디자인' 등이 있어요.
시각 디자인의 종류 ①
시각 디자인의 종류 ②
시각 디자인의 종류 ③
시각 디자인의 종류 ④

5 디자인을 전문적으로 하는 디자이너들은 디자인을 통해 어떤 메시지를 전달하려고 해요. 그래서 시각 디자인은 우리가 정보를 잘 이해할 수 있도록 도움을 주어요. 또, 디자인한 대상에 관심을 갖게 하는 ㉠수단이 되지요. 이처럼 시각 디자인은 단순히 아름다움을 위한 것이 아니라, ㉡우리 삶을 편리하게 만들어 주는 조력자 역할을 한답니다.
핵심 ③ 시각 디자인의 역할
시각 디자인의 의의

핵심 ① 시각 디자인의 의미
→ 시각 디자인은 정보를 그림, 사진, 기호, 문자, 픽토그램 등을 이용해서 전달하는 것임.

핵심 ② 시각 디자인의 발전과 종류
→ 컴퓨터 프로그램의 발달로 시각 디자인도 발전하게 됨. 편집·광고·포장·영상 디자인 등이 있음.

핵심 ③ 시각 디자인의 역할
→ 시각 디자인은 정보를 잘 이해할 수 있도록 도움을 주고 디자인한 대상에 관심을 갖게 함.

주제 우리 삶을 편리하게 만들어 주는 시각 디자인

1 이 글은 시각 디자인의 의미, 시각 디자인의 발달과 종류, 역할 등을 자세히 설명한 글입니다.

2 2에서 '우리는 책이나 영화 포스터, 컴퓨터 화면, 거리의 광고판 등 매우 다양한 곳에서 시각 디자인을 접할 수 있어요.'라고 하였습니다. 문제를 꼼꼼히 읽으면 글의 내용과 다른 부분을 찾을 수 있습니다.

3 3에서 포토샵, 인디자인 등의 프로그램이 발달한 결과를 찾아봅니다.
|오답 풀이| ③ 영상을 이용한 디자인이 가능해졌다고 하였습니다.
④ 예전에 시각 디자인을 하기 위해 주로 종이와 펜을 사용했다고 썼을 뿐, 종이와 펜 사용이 불가능해졌다는 내용은 없습니다.

4 '수단'이 쓰인 문장과 그 문장의 앞뒤 문장은 모두 시각 디자인의 역할을 설명하고 있습니다. 이를 바탕으로 '수단'이 '방법 또는 도구.'의 뜻으로 쓰였음을 짐작할 수 있습니다.
|오답 풀이| (1) '언어나 기호에 의하여 전달되는 정보 내용.'은 '메시지'의 뜻입니다.
(3) '학문, 기술, 문명 등이 보다 높은 수준에 이름.'은 '발달'의 뜻입니다.

5 4에서 여러 가지 시각 디자인의 종류와 예를 살펴볼 수 있습니다.

6 5에서 시각 디자인은 우리가 정보를 더 잘 이해할 수 있도록 도움을 주고, 디자인한 대상에 관심을 갖게 하는 수단이 된다고 했습니다.

어휘 탄탄 마무리

3 '발달'은 '더 낫고 좋은 상태나 더 높은 단계로 나아감.'의 뜻을 가진 '발전'과 뜻이 비슷합니다. '발견'은 '이제까지 찾아내지 못했거나 세상에 알려지지 않은 것을 처음으로 찾아내거나 알아내는 것.'을 뜻하고, '발병'은 '병이 생기거나 병의 증세가 뚜렷이 나타나는 것.'을 뜻하므로 '발달'과 뜻이 비슷하지 않습니다.

쏙쏙! 내용 정리

1 물 2 일어설
3 버틸 4 수그릴
5 좌르륵

정답

1 분수
2 ①, ③, ④
3 ⑤ 4 ②
5 ③
6 (1) 강인함
 (2) 인내심
 (3) 겸손함
7 1 고여 2 키
 3 버틸 4 고개
 5 분수

어휘 탄탄 마무리

1 (1) ● ─ ● ㉮
 (2) ● ─ ● ㉯
 (3) ● ─ ● ㉰
 (4) ● ─ ● ㉱

2 (1) 고이다
 (2) 수그리다
 (3) 추켜들다
3 (1) ① (2) ③

분수

이상교

1연
1 물이라고

고여 있거나

흐르기만 하는 것은
　　　물이 하는 일
아냐

2연 핵심 ① 분수에게 배울 점 ① - 강인함
2 키를 세워
　높게
일어설 줄도
분수를 사람의 행동에 빗대어 표현한 부분 ①
알아

3연 핵심 ② 분수에게 배울 점 ② - 인내심
3 선 채

버틸 줄도
분수를 사람의 행동에 빗대어 표현한 부분 ②
알아

4연 핵심 ③ 분수에게 배울 점 ③ - 겸손함
4 추켜들었던 고개를

꺾어

수그릴 줄도
분수를 사람의 행동에 빗대어 표현한 부분 ③
알아

5연
5 좌르륵 좌르륵!
분수에서 나는 소리

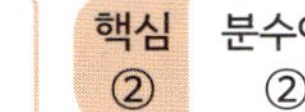

핵심 ①	분수에게 배울 점 ① - 강인함	핵심 ②	분수에게 배울 점 ② - 인내심	핵심 ③	분수에게 배울 점 ③ - 겸손함

➜ 분수는 키를 세워 일어설 줄 앎.

➜ 분수는 선 채 버틸 줄 앎.

➜ 분수는 추켜들었던 고개를 꺾어 수그릴 줄 앎.

주제 일어서고, 버티고, 수그릴 줄 아는 분수

1 이 글은 분수를 사람의 행동에 빗대어 표현한 시입니다.

2 말하는 이는 시에서 '키를 세워 / 일어설 줄도 / 알아', '선 채 / 버틸 줄도 / 알아', '추켜들었던 고개를 / 꺾어 / 수그릴 줄도 / 알아'라고 노래하였습니다.
|오답 풀이| ②, ⑤는 시에서 찾을 수 없는 내용으로, 시의 중심 글감인 '분수'에 어울리지 않는 모습입니다.

3 4연에서 분수가 고개를 꺾어 수그리는 모습을 나타내고, 5연에서 분수가 수그리며 쏟아지는 소리를 '좌르륵 좌르륵'이라고 생생하게 들리듯이 표현하였습니다.

4 '버티다'는 '어려운 일이나 외부의 압력을 참고 견디다.'라는 뜻이고, '수그리다'는 '깊이 숙이다.'라는 뜻입니다. 따라서 '버티다'와 '견디다', '수그리다'와 '숙이다'는 뜻이 비슷한 낱말입니다.

5 이 시에서 말하는 이는 일어설 줄 알고, 버틸 줄 알고, 수그릴 줄 아는 분수의 행동이 올바르다고 생각하여 그 모습을 배우고 싶어 합니다.

6 '강인함'이란 '억세고 질김.'을 뜻하므로, '키를 세워 / 일어설 줄도 / 알아'라는 표현과 관련이 깊습니다. '인내심'이란 '괴로움이나 어려움을 참고 견디는 마음.'을 뜻하므로, '선 채 / 버틸 줄도 / 알아'라는 표현과 관련이 깊습니다. 또, '겸손함'은 '남을 존중하고 자기를 내세우지 않는 태도가 있음.'을 뜻하므로, '추켜들었던 고개를 / 꺾어 / 수그릴 줄도 / 알아'라는 표현과 관련이 깊습니다.

7 말하는 이가 시를 통해 무엇을 말하고 싶어 하는지 짐작하며 글의 내용을 정리합니다. 이 시에서 말하는 이가 바라본 '일어서고 버티고 수그릴 줄 아는 분수의 모습'에서 강인함과 인내심, 겸손함을 배울 수 있습니다.

어휘 탄탄 마무리

3 (1) 기와집 개수를 세었으므로, ①의 뜻으로 쓰인 문장입니다. (2) 옷을 입은 상태로 물에 들어가 보기로 했다고 했으므로, ③의 뜻으로 쓰인 문장입니다.

2주 01일차

본문 28~31쪽

문해력 상승 읽기 전략

핵심 내용을 따라 읽으며 흐름을 정리해 보세요.

핵심 ① 고유어의 뜻과 예

1 고유어는 우리말에 본디부터 있던 말이나 그것에 기초하여 새로 만들어진 말을 일컫는다. 우리말의 어휘 중 한자어와 외래어를 제외한 고유의 말이 바로 고유어이다. ㉠고유어는 우리말의 기본 바탕을 이루고 있다. '어버이', '하늘', '땅', '아름답다' 등이 고유어이다. 고유어를 순우리말, 토박이말이라고도 한다.
우리말 = 한자어, 외래어, 고유어
고유어의 다른 이름

핵심 ② 한자어의 뜻과 예

2 한자어는 한자를 바탕으로 만들어진 말이다. 삼국 시대에 사람 이름, 땅 이름 등을 한자로 표기하면서 한자어가 우리말에 많이 생기게 되었다. 고려 시대 이후에는 일상어까지 한자어를 만들어 쓰면서 ㉡한자어가 우리말의 절반 이상을 차지하게 되었다. 한자어가 생기면서 고유어가 사라지기도 하였는데, '고뿔' 대신에 '감기', '샛바람' 대신에 '동풍', '즈믄 해' 대신에 '천 년'이라고 쓰는 경우가 이에 해당한다. 고유어와 한자어가 함께 쓰이는 말로는 '달걀'과 '계란', '오누이'와 '남매' 등이 있다.
한자어가 많이 생긴 때
고유어 대신에 쓰는 한자어의 예
고유어와 한자어를 함께 쓰는 예

핵심 ③ 외래어의 뜻과 예

3 외래어는 다른 나라에서 들어와서 우리말처럼 쓰이는 말이다. 이러한 말을 차용어 또는 들온말이라고도 한다. 나라 사이의 교류에 따라 일본어, 영어 등이 함께 들어오면서 쓰게 된 말이다. '버스', '빵', '텔레비전', '냄비' 등이 외래어이다. ㉢외래어는 우리말을 더 풍성하게 해 주는 반면, 고유어를 사라지게 하기도 한다. 최근에는 영어에서 온 외래어가 너무 많아 문제가 되고 있다.
외래어의 장점과 단점

핵심 ④ 외국어의 뜻과 예

4 외국어는 다른 나라의 말이다. 외래어는 처음에는 다른 나라의 말이었으나 지금은 우리말이 된 말이다. 그러나 외국어는 다른 나라의 말이어서 바꾸어 쓸 수 있는 우리말이 있다. 외국과의 교류가 활발해지면서 그 나라의 말이 그대로 들어와서 그 쓰임에 따라 ㉣외국어의 사용이 점점 늘어나는 추세이다. '오뎅', '무비', '밀크' 등이 외국어이다. 이 말은 '어묵', '영화', '우유' 등의 우리말로 다듬어 쓸 수 있다.
외국어를 우리말로 다듬어 쓴 예

핵심 ①	고유어의 뜻과 예

➡ 본디부터 있던 말이나 그것에 기초하여 새로 만들어진 말. ⑩ 어버이, 하늘

핵심 ②	한자어의 뜻과 예

➡ 한자를 바탕으로 만들어진 말. ⑩ 감기, 동풍

핵심 ③	외래어의 뜻과 예

➡ 다른 나라의 말에서 들어와서 우리말처럼 쓰이는 말. ⑩ 버스, 빵

핵심 ④	외국어의 뜻과 예

➡ 다른 나라의 말. ⑩ 오뎅, 무비

주제 우리말(고유어, 한자어, 외래어)과 외국어의 차이

1 이 글은 문단별로 설명하는 대상이 다릅니다. 1 에서는 고유어, 2 에서는 한자어, 3 에서는 외래어, 4 에서는 외국어에 대해 설명하고 있습니다.

2 고유어와 한자어가 함께 쓰이는 말로 '달걀'과 '계란', '오누이'와 '남매' 등이 있습니다.

|오답풀이| ④ 사람 이름, 땅 이름 등을 한자로 표기하면서 한자어가 우리말에 많이 생기게 되었습니다.
⑤ 외국과의 교류가 활발해지면서 외국어의 사용이 점점 늘어나는 추세입니다.

3 '어버이'와 '고뿔'은 고유어이고, '감기', '영화', '우유'는 한자어입니다.

4 장점과 단점을 둘 다 가진 경우에 '일장일단(一長一短)'이라는 사자성어를 사용합니다.

5 '남매(男妹)'는 남자 형제와 여자 형제를 아울러 이르는 한자어이고, '계란(鷄卵)'은 닭이 낳은 알을 뜻하는 한자어입니다.

6 '누리꾼'은 '사이버 공간에서 활동하는 사람.'을 뜻하며 '네티즌'을 다듬은 낱말입니다. 또 '에누리'는 '값을 깎는 일.' 등을 뜻하며 '디스카운트'를 다듬은 낱말입니다.

7 고유어, 한자어, 외래어는 우리말이고, 외국어는 우리말이 아닙니다.

어휘 탄탄 마무리

3 '푸짐하다'는 '마음이 흐뭇하도록 넉넉하다.', '들어맞다'는 '정확히 맞다.', '기운차다'는 '힘이 가득하고 넘치는 듯하다.', '적다'는 '어떤 내용을 글로 쓰다.'라는 뜻의 낱말입니다.

쏙쏙! 내용 정리

1 고유어 2 한자어
3 우리말 4 외국어

정답

1 (1) ㉮
　(2) ㉯
　(3) ㉰
　(4) ㉱

2 ②　　3 ㉰

4 ㉢

5 ②, ④

6 안전문

7 ❶ 한자　❷ 나라
　❸ 말　　❹ 한자어

어휘 탄탄 마무리

1 (1) 이후　(2) 추세
　(3) 삼국　(4) 이상

2 (1) ㉮
　(2) ㉯
　(3) ㉰

3 (1) 푸짐하다
　(2) 들어맞다
　(3) 기운차다
　(4) 적다

읽기 전략

핵심 내용을 따라 읽으며 흐름을 정리해 보세요.

쏙쏙 내용 정리

1 농부
2 돌, 거름
3 밤송이, 알밤
4 도깨비

정답

1 ㉮
2 ②
3 ④, ⑤
4 ③
5 ⑤
6 ㉰
7 ❶ 거름 ❷ 밤송이 ❸ 도깨비 ❹ 농부

어휘 탄탄 마무리

1 (1) ―――― ㉮
  (2) ――╳―― ㉯
  (3) ―――― ㉰

2 (1) 일구어
  (2) 땔감
  (3) 풍년
  (4) 덕분

3 (1) ①
  (2) ②

---

1 옛날에 아주 부지런하고 지혜로운 농부가 살고 있었어. 하루는 밭을 일
〔일이 일어난 때〕 〔중심인물 ①〕
구고 있었지. 땀을 뻘뻘 흘리면서 괭이로 돌을 골라냈어. 그런데 옆 동굴에
사는 심술쟁이 도깨비가 심술을 부렸지. 〔중심인물 ②〕

〔핵심 ① 농부를 혼내 주기로 한 도깨비〕
"에잇, 시끄러워. 나의 단잠을 방해하는 녀석을 혼내 주고 말 테야."

이런 도깨비의 마음을 모르는 농부는 열심히 괭이질만 하였지.

2 이튿날, 밭에 갔던 농부는 깜짝 놀랐지. 〔핵심 ② 농부에게 속은 어리석은 도깨비〕 어제 하루 종일 힘들게 골라낸 돌
들이 다시 밭으로 들어와 있는 것이 아니겠어? 〔도깨비가 농부를 혼내 주려고 한 일 ①〕

'이건 틀림없이 심술궂은 도깨비의 짓이로구나. 그렇다면…….'

"누군지 모르지만 이렇게 돌을 많이 가져다 놓았으니 고맙기도 하지. 만약,
〔도깨비가 돌을 치우고, 거름을 가져다 놓게 하려는 속셈으로 농부가 한 말〕
거름을 가져다 놓았더라면 큰일 날 뻔했지 뭐야?"

농사일을 모르는 도깨비가 가만히 들어 보니 자기가 실수를 한 것 같았지.

그래서 농부가 돌아가자마자 돌을 치우고 밭에 거름을 날랐지.
〔도깨비가 농부에게 속아서 한 일 ① / 도깨비가 농부를 혼내 주려고 한 일 ②〕
다음날, 밭을 본 농부는 놀라는 척하였지만 속으로는 무척 좋았지.

'이 정도면 풍년이 들겠는걸. 도깨비야, 네 심술이 나를 돕는구나!'

3 그러던 어느 날, 도깨비는 농부가 밤송이에 찔려 쩔쩔매는 걸 봤어.
〔시간의 흐름〕
'흥, 밤송이에는 꼼짝 못 하는구먼.'

그래서 도깨비는 밤새 농부네 집 마당 가득히 밤송이를 깔아 뒀지.
〔도깨비가 농부를 혼내 주려고 한 일 ③〕
아침 일찍 세수하러 나온 농부는 이걸 보고 또 엉뚱한 소리를 했어.

"세상에, 누가 또 이렇게 고마운 일을 했을까? 올겨울에는 땔감 걱정 안 해
도 되겠네. 난 참 복도 많아. 밤송이 말고 알밤을 깔아 놓았더라면 큰일 날
〔도깨비가 알밤을 깔아 놓게 하려는 속셈으로 농부가 한 말〕
뻔했는데 말이야!"

숨어서 이 이야기를 들은 도깨비는 화가 나서 쩔쩔맸어. 그러더니 곧장 밤
〔자기 뜻대로 되지 않아서〕
나무 숲으로 가더래. 밤새 밤송이를 까서 다섯 자루 가득히 알밤을 담아 농부
〔도깨비가 농부에게 속아서 한 일 ② / 도깨비가 농부를 혼내 주려고 한 일 ④〕
네 마당에 깔아 놓았지.

4 〔핵심 ③ 도꺠비를 이긴 지혜로운 농부〕 누가 이긴 것 같아? 도깨비가 들으면 또 심술 날 일이지만, 그 농부는 도
깨비 덕분에 농사만 잘 지은 게 아니고, 도깨비가 가져다준 밤을 팔아서 돈도
벌었대.

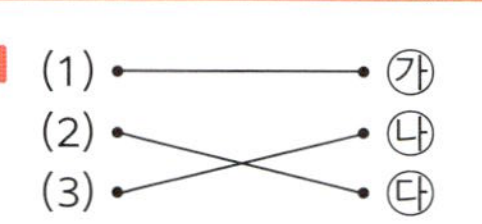

핵심 ① 농부를 혼내 주기로 한 도깨비	핵심 ② 농부에게 속은 어리석은 도깨비	핵심 ③ 도깨비를 이긴 지혜로운 농부
➜ 옛날에 도깨비가 자신의 단잠을 방해한 농부를 혼내 주고 말 것이라고 결심함.	➜ 도깨비는 돌을 깔았다가 거름을, 밤송이를 깔았다가 알밤을 깔아 놓음.	➜ 농부는 도깨비 덕에 농사를 잘 짓고 밤을 팔아서 돈도 벌게 됨.

주제 도깨비를 골탕 먹인 농부의 지혜

1 심술쟁이 도깨비가 농부의 지혜로 골탕 먹는 과정이 잘 드러난 이야기이므로 농부의 행동에 초점을 맞춘 '도깨비를 골탕 먹인 농부'가 가장 알맞습니다.

2 도깨비가 심술을 부리며 한 말을 통해 도깨비가 농부를 괴롭히기로 한 까닭을 알 수 있습니다.

3 밭에 돌을 가져다 놓고, 밤새 밤송이를 까서 알밤을 깔아 놓은 인물은 도깨비입니다. 그리고 농부는 집 마당에 깔린 밤송이를 직접 치우지 않고, 도깨비가 들으라고 일부러 꾸며서 말하여 도깨비가 알밤을 깔아 놓게 했습니다.

4 '거름'은 식물이 잘 자라도록 땅을 기름지게 하기 위하여 주는 물질을 뜻합니다.

|오답 풀이| ① '불을 때는 데 쓰는 재료.'를 뜻하는 '땔감'으로 씁니다.
② '곧이어 바로.'를 뜻하는 '곧장'으로 씁니다.
④ '어찌할 줄 몰라서 정신을 못 차리고 헤매다.'를 뜻하는 '쩔쩔매다'로 씁니다.
⑤ '남을 성가시게 하는 것을 좋아하거나 남이 잘못되는 것을 좋아하는 마음이 매우 많다.'를 뜻하는 '심술궂다'로 씁니다.

5 농부는 도깨비가 자신을 골탕 먹이기 위해 밭에 돌을 가져다 놓고 마당에 밤송이를 깔아 두었다는 것을 눈치챘습니다. 그래서 도깨비에게 고맙다고 말하면 도깨비가 반대로 행동할 것을 예상한 것입니다.

6 도깨비는 농부에게 속아 알밤을 가져다 놓았습니다. 그 알밤을 팔아 농부가 돈을 벌게 해 줄 의도는 없었으므로 배려심이 깊다고 평가하기는 어렵습니다. 또 농부가 게으른 모습이나 도깨비와 말싸움을 한 모습은 찾을 수 없습니다.

7 이 글에서 도깨비는 농부를 골탕 먹이려고 밭에 돌을 가져다 놓고, 마당에 밤송이를 깔아 놓았지만, 그때마다 농부는 도깨비가 들으라고 일부러 꾸며서 말하며 지혜롭게 대처하였습니다.

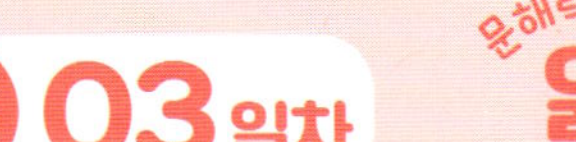

문해력 상승
읽기 전략

핵심 내용을 따라 읽으며 흐름을 정리해 보세요.

쏙쏙! 내용 정리

1 보존 　　**2** 홍수

3 환경 　　**4** 벼농사

정답

1 벼농사 　　**2** ④

3 ⑤ 　　**4** ②

5 ④ 　　**6** ㉓

7 ❶ 쌀 　　❷ 벼농사

　❸ 홍수 　　❹ 환경

어휘 탄탄 마무리

1 (1) 보존하다

　(2) 흡수하다

　(3) 홍수

　(4) 문화

2 (1) ──── ㉮

　(2) ──── ㉯

　(3) ──── ㉰

3 소비한

---

1 식생활의 변화로 우리 밥상의 모습이 달라졌다. 고기 등 육류나 즉석식품과 같은 음식을 많이 이용하면서 우리의 밥상에서 쌀이 점점 사라지고 있다. 해마다 줄어드는 쌀 소비량 때문에 벼농사를 짓는 사람들이 어려움을 겪고 과거에 비해 그 수는 계속 줄어들고 있다. 또한 쌀을 중요하게 여기는 문화도 사라져 가는 상황이다. 우리는 벼농사를 지켜야 한다. 벼농사는 쌀을 생산하는 것뿐만 아니라 우리나라의 환경을 보존하는 중요한 기능을 하기 때문이다. 벼농사의 장점을 알아보자.

2 첫째, 벼농사는 홍수를 예방하는 역할을 한다. 벼농사를 짓기 위해서는 논에 물을 채워야 한다. 대체로 논에는 3~10센티미터의 물을 채우는데, 우리나라 논에 가둘 수 있는 물의 양을 계산하면 춘천 댐이 가두는 물의 양의 약 24배에 달한다. 비가 많이 오는 여름철에 논은 댐과 같은 역할을 한다. 그래서 홍수가 나는 것을 막아 준다.

3 둘째, 벼농사는 환경을 깨끗하게 해 준다. 하늘에서 내리는 비에는 여러 가지 물질이 섞여 있다. 그중에 물을 오염시키는 성분도 있는데, 벼는 그 물질을 흡수하여 물이 오염되는 것을 막는다. 물을 오염시키는 그 성분은 사람에게는 좋지 않지만 벼가 자라는 데에는 중요한 영양분이 된다. 또, 벼는 공기를 맑게 해 준다. 벼는 산소를 많이 생산하는 식물 중 하나이다. 벼가 많다는 것은 그만큼 산소가 많다는 것을 의미한다.

4 이처럼 벼농사는 중요한 기능을 하지만 우리나라 국민의 쌀 소비량은 계속 줄어들고 있는 추세이다. 국민 한 사람이 1년 동안 먹는 쌀의 양이 1993년도에는 110.2킬로그램이었지만 2023년에는 56.4킬로그램으로 절반이 줄었다. 쌀 소비량이 줄어들면 벼농사를 짓는 사람들이 줄어들게 되기 때문에 당연히 논도 줄어들 수밖에 없다. 우리는 벼농사를 지키기 위해 노력해야 한다. 우리가 먹는 밥 한 그릇이 우리나라의 환경을 지키는 것임을 알아야 한다.

핵심 ①	핵심 ②	핵심 ③
문제 상황과 글쓴이의 주장	주장을 뒷받침하는 근거 ①	주장을 뒷받침하는 근거 ②
➜ 해마다 쌀 소비량이 줄어듦. 벼농사를 지켜야 함.	➜ 벼농사는 홍수를 예방하는 역할을 함.	➜ 벼농사는 환경을 깨끗하게 해 줌.

주제　환경 보존을 위해 벼농사를 지키자.

1 이 글은 벼농사를 지으면 좋은 점을 근거로 들어 '벼농사를 지키자.'라는 주장을 쓴 논설문입니다.

2 벼농사를 짓기 위해서는 논에 물을 채워야 합니다. 이때 대체로 논에는 3~10센티미터의 물을 채우는데, 우리나라 논에 가둘 수 있는 물의 양을 계산하면 춘천 댐이 가두는 물의 양의 약 24배에 달한다고 했습니다.

3 글에서 쌀을 이용한 즉석식품을 개발하는 데 주력하고 있다는 내용은 찾을 수 없습니다. 오히려 육류의 소비와 즉석식품의 이용이 늘면서 우리의 밥상에서 쌀이 점점 사라지고 있다고 밝혔습니다.

4 '오염되다'는 '더럽게 물들다.', '맑다'는 '지저분하고 더러운 것이 섞이지 않아 깨끗하다.'를 뜻합니다.

|오답 풀이| ①, ③, ④, ⑤ 뜻이 비슷한 낱말끼리 묶은 것입니다.

5 '벼농사를 지키자.'라는 주장을 쓴 논설문에 추가할 자료로 쌀 소비량이 줄어들어 어려움을 겪고 있는 농부를 면담한 내용이 가장 적절합니다.

6 글쓴이는 벼농사가 홍수를 예방하는 역할을 한다는 것과 환경을 깨끗하게 해 준다는 근거를 들어 우리나라 환경을 보존하는 벼농사를 지켜야 한다고 주장하였습니다. 글쓴이가 제시한 근거는 주장과 관련 있고 주장을 잘 뒷받침해 주는 내용이므로 주장과 근거가 모두 타당하다고 볼 수 있습니다.

7 이 글은 글쓴이의 주장을 담은 논설문입니다. 도식으로 정리된 글의 전체 구조를 확인하고, 빈칸을 채워 봅니다.

어휘 탄탄 마무리

3 '생산하다'는 '인간이 생활하는 데 필요한 각종 물건을 만들어 내다.'라는 뜻을 가진 낱말입니다. 따라서, '돈이나 물자, 시간, 노력 등을 들이거나 써서 없애다.'라는 뜻을 가진 '소비하다'가 '생산하다'와 뜻이 반대인 낱말입니다.

2주 04일차 

본문 40~43쪽

문해력 상승 읽기 전략

핵심 너용을 따라 읽으며 흐름을 정리해 보세요

쏙쏙! 내용 정리

1 눈   2 눈물샘
3 물   4 감정
5 눈물

정답

1 ㉯

2 (1) X   (2) ○   (3) X

3 ①, ⑤   4 ④

5 (1) 눈물샘   (2) ㉠

6 혜성

7 ❶ 건강하게
❷ 염화 나트륨
❸ 감정   ❹ 보호

어휘 탄탄 마무리

1 (1) ㉯   (2) ㉮
(3) ㉣   (4) ㉢

2 (1) 상대적
(2) 주성분
(3) 면역

3 (1) 주위   (2) 주위
(3) 주의   (4) 주의

---

1 사람은 누구나 세상에 태어나서 죽을 때까지 눈물을 흘려요. [핵심 ① 눈물의 역할] 눈물은 사람의 눈을 깨끗하고 건강하게 유지하는 데 매우 중요한 역할을 해요. [핵심어] 눈물에 대해 자세히 알아보아요.

2 눈물은 어디에서 만들어질까요? [핵심 ② 눈물의 생성 기관] 눈물은 우리 눈 위쪽에 있는 작은 공장, 바로 눈물샘에서 만들어져요. 눈 위쪽에 있는 눈물샘에서 만들어진 눈물은 눈 주위를 촉촉하게 해요. [눈물이 하는 일 ①] 그리고 먼지나 작은 이물질 같은 것들을 씻어 내고 우리 눈을 깨끗하게 해 주어요. [눈물이 하는 일 ②]

3 [핵심 ③ 눈물의 구성 성분] 눈물의 성분은 대부분 물이지만 순수한 물은 아니에요. 눈물에는 소금의 주성분인 염화 나트륨이 들어 있어서 짠맛이 나지요. [눈물의 구성 성분 ①] 또, 눈을 보호하는 기름 성분과 단백질 등 여러 물질이 포함되어 있어요. [눈물의 구성 성분 ②] 이러한 눈물의 성분들 덕분에 우리는 건강한 눈을 유지할 수 있어요. [눈물의 구성 성분 ③ ④] 그래서 눈물은 우리 눈을 지켜 주는 방패와 같다고 볼 수 있지요. [= 눈물]

4 눈물의 특이한 점은 감정에 따라서 그 성분이 달라지기도 한다는 것이에요. 화날 때 흘리는 눈물이 가장 짜다는 사실을 알고 있나요? 이는 화를 내면 눈을 크게 뜨게 되고, 눈 깜빡임이 줄어들어 눈물이 빨리 마르기 때문이에요. [화날 때 눈물이 가장 짠 까닭] 그러면 눈물 속에 염화 나트륨이 상대적으로 더 많이 남아 눈물이 더욱 짠맛이 나게 되는 것이지요. 반면에 슬플 때 흘리는 눈물은 산성 성분이 많아서 신맛이 나고, 기뻐서 흘리는 눈물은 약간 단맛이 난다고 해요.

5 우리 몸은 우리가 세상을 더 잘 볼 수 있도록 눈물을 계속해서 조금씩 만들어 내고 있어요. 눈물은 우리가 감정을 표현할 때 흘리기도 하지만, 우리 눈을 보호하고 더 잘 볼 수 있도록 도와주어요. [눈물의 중요성 ①] 최근에는 눈물의 면역 성분을 이용해 다양한 치료약까지 개발하고 있다고 해요. [눈물의 중요성 ②] 이처럼 눈물은 사람에게 정말 소중한 존재예요.

핵심 ① 눈물의 역할	핵심 ② 눈물의 생성 기관	핵심 ③ 눈물의 구성 성분
➡ 눈물은 눈을 깨끗하고 건강하게 유지하는 데 매우 중요함.	➡ 눈물은 눈 위쪽에 있는 작은 공장, 눈물샘에서 만들어짐.	➡ 눈물에 물, 염화 나트륨, 기름 성분, 단백질 등이 들어 있음.

주제 눈 건강에 중요한 역할을 하는 눈물

1 이 글은 눈물이 하는 일과 눈물의 구성 성분 등에 대해 설명하고, 눈물이 우리 눈 건강을 지키기 위해 중요한 역할을 하고 있음을 말하고 있습니다.

2 (1) 5에서 눈물은 감정을 표현할 때 흘리기도 하지만, 우리 눈을 보호하고 더 잘 볼 수 있도록 도와준다고 하였습니다. (2) 3에서 눈물에는 소금의 주성분인 염화 나트륨이 들어 있어서 짠맛이 난다고 하였습니다. (3) 4에서 눈물은 감정에 따라 성분이 달라지기도 한다고 하였습니다.

3 5에서 눈물은 우리 눈을 보호하고 더 잘 볼 수 있도록 도와준다고 했고, 최근에 눈물의 면역 성분을 이용해 다양한 치료약까지 개발하고 있다고 했습니다.

4 '감정'은 '어떤 현상이나 일에 대하여 일어나는 마음이나 느끼는 기분.'을 뜻하는 말입니다. 감정에 포함되는 말은 '놀람', '기쁨', '슬픔' 등이 있습니다.

5 2에서 눈물은 눈 위쪽에 있는 눈물샘에서 만들어진다고 했습니다.

6 4에서 기쁠 때 흘리는 눈물이 약간 단맛이 난다고 설명하였지만 그 까닭은 제시되어 있지 않으므로 혜성이가 말한 내용은 더 알아보고 싶은 내용으로 알맞습니다.

7 1에서 눈물의 역할, 2에서 눈물을 생성하는 기관과 눈물이 하는 일, 3, 4에서 눈물의 성분에 대해 알 수 있습니다. 그리고 5에서 눈물은 감정 표현할 때 흘리기도 하지만, 우리 눈을 보호하고 더 잘 볼 수 있도록 도와준다는 점을 알 수 있습니다.

어휘 탄탄 마무리

3 문장에서 어떤 곳의 둘레나 가까운 주변을 뜻하는 의미로 쓰이는 경우는 '주위'가 알맞고, 정신을 차리고 조심하여 미리 준비하거나 무엇에 집중하는 의미로 쓰이는 경우는 '주의'가 알맞습니다.

문해력 상승 읽기 전략

핵심 내용을 따라 읽으며 흐름을 정리해 보세요.

쏙쏙! 내용 정리

1 노래, 친구

2 바닷가, 아기별

3 병, 머리

정답

1 ⑤ 2 ⑤

3 ② 4 ③

5 (1) ㉯ (2) ㉠

6 ④

7 ❶ 친구 ❷ 울음소리
❸ 바위나리
❹ 아기별

어휘 탄탄 마무리

1 (1) — ㉮
(2) — ㉯
(3) — ㉰
(4) — ㉱

2 (1) 깜짝
(2) 훌쩍훌쩍
(3) 맨

3 (1) ② (2) ③

[앞부분 이야기] 사람이나 짐승이 지나간 흔적도 없는 쓸쓸한 바닷가에 모래벌판이 펼쳐져 있었습니다. 이곳에 그 무엇과도 아름다움을 비길 수 없는 '바위나리'라는 오색 꽃이 피었습니다.

1 바위나리는 날마다 노래를 부르면서 친구를 불렀습니다. 그렇지만 바다와 모래벌판과 바람결밖에는 아무것도 없는 이 바닷가에 친구가 될 만한 것은 하나도 없었습니다. 며칠을 기다리고 기다려도 아무도 보이지 않았습니다.

'아, 이렇게 예쁘고 아름다운 나를 귀여워해 줄 친구가 없구나!'

친구를 기다리며 바위나리는 훌쩍훌쩍 울기도 하였습니다.

2 이 울음소리가 밤이면 남쪽 하늘에 맨 먼저 뜨는 아기별의 귀에 들렸습니다. 아기별은 이 울음소리를 듣고 깜짝 놀랐습니다.

'누가 이렇게 슬프게 울까? 내가 가서 달래 주어야겠다.'

아기별은 별나라의 임금님에게 다녀오겠다는 말도 하지 않고 울음소리가 나는 곳을 찾아 내려갔습니다.

울음소리를 따라 바닷가로 내려간 아기별은 바위나리가 혼자 슬프게 울고 있는 것을 보았습니다. 아기별은 바위나리를 한참이나 정신없이 보고만 있었습니다. 그러다가 바위나리의 뒤로 가까이 가서 어깨를 툭 치면서 물었습니다.

"왜 울어요?"

바위나리는 깜짝 놀랐습니다. 돌아다보니 아름다운 별님이 아니겠습니까? 바위나리는 어찌나 좋은지 어쩔 줄을 모르고 이리저리 몸을 흔들며 외쳤습니다.

"별님, 별님!"

잠깐 동안만 달래 주고 돌아가려던 아기별은 바위나리를 보자 더 오래 같이 놀고 싶었습니다. 다른 생각은 다 잊어버렸습니다. 아기별과 바위나리는 이야기도 하고, 노래도 부르고, 놀이도 하면서 밤새는 줄 모르고 놀았습니다.

3 ㉠ 하루는 어디선지 찬 바람이 불어와서 흰 모래가 날리고 바닷물이 몰아치는 바람에 바위나리가 그만 병이 들고 말았습니다. 아름다운 꽃은 시들었고, 바위나리는 괴로워하며 눈물을 흘렸습니다. 그날 밤, 아기별은 추위하는 바위나리를 품 안에 꼭 안아 따뜻하게 해 주고, 머리를 짚어 주기도 하면서 훌쩍훌쩍 울었습니다.

핵심 ① 친구를 기다린 바위나리	핵심 ② 바위나리를 찾아온 아기별	핵심 ③ 바위나리 곁을 지킨 아기별
➡ 바위나리는 날마다 친구를 불렀지만 아무도 바닷가에 오지 않음.	➡ 아기별이 울음소리를 듣고 바위나리를 달래 주러 왔고, 밤새 함께 지냄.	➡ 아기별이 병이 든 바위나리를 꼭 안아 주고, 머리를 짚어 주며 보살핌.

주제 바위나리와 아기별의 아름다운 우정

1 이 글은 바위나리와 아기별의 아름답고 애틋한 우정을 다룬 동화입니다. 이와 같은 동화는 인물의 말과 행동, 생각을 주의 깊게 살펴보며 읽어야 인물의 성격을 파악할 수 있고, 이야기의 내용을 제대로 이해할 수 있습니다.

2 바위나리는 날마다 노래를 부르면서 친구를 불렀는데, 며칠을 기다리고 기다려도 아무도 보이지 않았다고 했습니다.

3 ④ → ⑤ → ③ → ① → ②의 순서대로 일이 일어났습니다.

4 '그런데'는 앞 문장과 관련시키면서 다른 방향의 문장을 이어 줄 때 쓰는 말이므로, 앞에서 일어난 일과 다른 일이 일어난 부분인 ㉠에 쓰기 알맞습니다.

|오답 풀이| ① '혹시'는 '만일에.' 또는 '어쩌다가 우연히.' 등을 뜻할 때 씁니다.
② '그래서'는 앞의 내용이 뒤의 내용의 원인이나 근거, 조건이 될 때 씁니다.
④ '때문에'는 어떤 일의 원인이나 까닭을 나타낼 때 씁니다.
⑤ '왜냐하면'은 '왜 그러냐 하면.'을 뜻할 때 씁니다.

5 인물의 말이나 행동, 생각을 보면 인물의 성격을 짐작할 수 있습니다. 이 글에서 바위나리는 외로움을 잘 타고 마음이 여린 성격입니다. 그리고 아기별은 인정이 많고 착한 성격입니다.

6 아기별은 바위나리의 울음소리를 듣고 바위나리를 위로해 주기 위해 찾아갔습니다. 현실 세계에서 아기별과 같은 친구는 인정이 많고 다른 사람의 아픔을 이해해 주려고 노력하는 사람임을 짐작할 수 있습니다.

7 바위나리와 아기별이 한 일을 차례대로 정리하여 씁니다.

어휘 탄탄 마무리

3 (1) 음식의 온도가 낮다는 내용이므로, ②의 뜻으로 쓰인 문장입니다. (2) 영화관이 사람으로 가득하다는 내용이므로, ③의 뜻으로 쓰인 문장입니다.

문해력 상승
읽기 전략
핵심 너용을 따라 읽으며 흐름을 정리해 보세요.

쏙쏙 내용 정리

1 외부 효과
2 긍정적, 부정적
3 좋은 영향
4 부정적 5 사회 문제

정답

1 서진

2 (1) ㉮
  (2) ㉯
  (3) ㉰

3 ④, ⑤ 4 ④

5 부정적 외부 효과

6 ㉯

7 ① 좋은 ② 꿀벌
  ③ 좋지 않은
  ④ 부정적

어휘 탄탄 마무리

1 (1) 부정적 (2) 긍정적
  (3) 인상 (4) 의도

2 (1) ㉮
  (2) ㉯
  (3) ㉰

3 (1) 해치다 (2) 혜택
  (3) 들르다 (4) 피해

---

1 어느 동네에 서점이 생기면 어떤 일이 벌어질까요? 그 서점에 들러 책을 읽는 사람들이 늘어날 거예요. 그러면 서점 주인은 돈을 벌게 되고, 동네 사람들은 지식과 즐거움을 얻게 되겠지요. 이처럼 어떤 사람의 활동이 자신의 의도와 상관없이 다른 사람에게 영향을 주는 것을 가리켜 '외부 효과'라고 말해요.
외부 효과의 의미 / 핵심어

2 외부 효과는 '긍정적 외부 효과'와 '부정적 외부 효과'로 나눌 수 있어요. 상대에게 혜택을 주면 긍정적 외부 효과이고, 상대에게 손해를 주면 부정적 외부 효과예요.
외부 효과의 분류

핵심 ① 긍정적 외부 효과와 그 예
3 그중에서 사람들에게 좋은 영향을 주는 것인 긍정적 외부 효과를 알아보아요. 한 가지 예를 들어 볼게요. 과수원에 꽃이 피는 상황을 생각해 보세요. 꽃이 피면 꿀벌이 꽃가루를 날라 열매를 맺게 하니, 과수원 주인은 과일을 많이 얻을 수 있게 되지요. 그리고 과수원과 가까운 곳에서 꿀벌을 기르는 사람은 꿀벌이 모아 온 꿀을 얻을 수 있어 좋지요. 이런 경우 과수원 주인과 꿀벌을 기르는 사람은 서로에게 긍정적 외부 효과를 준 것이에요.
긍정적 외부 효과를 보는 경우 ① / 긍정적 외부 효과를 보는 경우 ②

4 그렇다면 부정적 외부 효과는 므엇일까요? 강의 위쪽에 공장이 있고, 아래쪽에 논이 있다고 해 봅시다. 공장에서 강으로 폐수를 버리면 그 물을 사용하는 강 아래쪽 논에서는 농사를 망치게 됩니다. 공장과 상관없는 농부가 손해를 보는 것인데, 이렇게 다른 사람들에게 좋지 않은 영향을 주는 것이 부정적 외부 효과예요.
핵심 ② 부정적 외부 효과와 그 예 / 부정적 외부 효과를 보는 경우

핵심 ③ 외부 효과 관련 주의할 점
5 이러한 부정적 외부 효과는 사회 문제로 이어질 수 있어서 주의해야 해요. 예를 들어 자동차를 이용하면 더디든지 편하게 오갈 수 있어 운전자에게는 좋지요. 하지만 자동차가 내뿜는 매연은 대기 오염의 원인이 되어 다른 사람들의 건강을 해쳐요. 그래서 정부에서는 환경과 관련된 세금을 인상하여 매연을 뿜는 자동차를 덜 타게 하는 등 여러 방법을 사용해 부정적 외부 효과를 줄이려고 노력한답니다.
자동차로 생기는 부정적 외부 효과 / 정부가 부정적 외부 효과를 줄이려고 하는 일

핵심 ① 긍정적 외부 효과와 그 예
➡ 사람들에게 좋은 영향을 줌. 예 과수원 주인과 꿀벌을 기르는 사람

핵심 ② 부정적 외부 효과와 그 예
➡ 사람들에게 좋지 않은 영향을 줌. 예 폐수를 버린 공장과 손해를 본 농부

핵심 ③ 외부 효과 관련 주의할 점
➡ 부정적 외부 효과는 사회 문제로 이어질 수 있어 주의해야 함.

주제 긍정적 외부 효과와 부정적 외부 효과의 차이

1 1에서는 외부 효과를, 3에서는 긍정적 외부 효과를, 4에서는 부정적 외부 효과를 예를 들어 설명한 글입니다.

2 1의 동네 사람들은 서점, 3의 꿀벌을 기르는 사람은 과수원, 4의 농부는 강 위쪽 공장의 폐수로 인해 생기는 외부 효과의 영향을 받았습니다.

3 부정적 외부 효과로 사회 문제가 생길 수 있어 정부는 이를 줄이려 노력하고, 자동차는 운전자에게는 좋지만 자동차의 매연은 다른 사람들의 건강을 해친다고 했습니다.

4 '누이 좋고 매부 좋다'는 어떤 일에 있어 서로에게 모두 이롭고 좋다는 뜻이므로, 사람들에게 좋은 영향을 주는 긍정적 외부 효과를 나타내기에 적절합니다.
|오답풀이| ① '나무랄 데 없이 훌륭하거나 좋은 것에 있는 사소한 흠.'을 뜻합니다.
② '사물의 속 내용은 모르고 겉만 건드리는 일.'을 뜻합니다.
③ '나쁜 일을 계속하면 결국에는 들키고 만다.'를 뜻합니다.
⑤ '무엇에나 순서가 있으니, 그 차례를 따라 하여야 한다.'를 뜻합니다.

5 4~5에서 좋지 않은 영향을 미치는 것은 부정적 외부 효과라고 하였습니다.

6 ㉮, ㉰는 모두 공장에서 폐수를 버려 생기는 사회 문제와 관련이 없습니다.

7 긍정적 외부 효과와 부정적 외부 효과의 차이점을 정리합니다.

어휘 탄탄 마무리

3 '망치다'는 '망하게 하거나 아주 못쓰게 만들다.', '이익'은 '물질적으로나 정신적으로 보탬이나 도움이 되는 것', '머무르다'는 '도중에 멈추거나 일시적으로 어떤 곳에 묵다.', '해'는 '이롭지 않게 하거나 손상을 입힘. 또는 그런 것.'이라는 뜻의 낱말입니다.

문해력 상승 읽기 전략

핵심 내용을 따라 읽으며 흐름을 정리해 보세요.

쏙쏙! 내용 정리

1 인도, 앤디
2 독립심 3 붙임성
4 인내심
5 여행, 공부

정답

1 ②　　2 ⑤
3 ㉰　　4 (2) ○
5 ②, ③, ⑤
6 (1) ○
7 ❶ 붙임성 ❷ 세상
　 ❸ 책　　❹ 여행

어휘 탄탄 마무리

1 (1) • ㉮
　(2) • ㉯
　(3) • ㉰
2 (1) 본질적　(2) 단박
　(3) 의미　　(4) 방랑
3 (1) ①　　(2) ②

---

1 인도를 여행할 때 뉴질랜드에서 온 가족과 만났다. 삼십 대 후반의 어머니와 아버지, 열 살짜리 남자아이 앤디, 여덟 살짜리 여자아이 제시카, 이렇게 네 명이 일 년간 아시아를 여행하고 있었다.
일을 경험한 때
핵심 ① 글쓴이의 경험

2 이들과 다니면서 내가 우선 놀란 것은 앤디와 제시카의 독립심이었다. 그 아이들은 자기 짐을 스스로 지고 다녔다. 좀 버겁다 싶은 배낭인데도 부모는 절대 거들어 주지 않았다. 숙소를 정리한다든지, 빨래를 개고 너는 일도 모두 알아서 한다.
앤디와 제시카가 독립심을 보인 모습 ①
앤디와 제시카가 독립심을 보인 모습 ②

"아이들이 할 수 있는 일을 대신하는 것은 독이다!"
라는 것이 어머니 엘리자베스의 주장이다.

3 아이들은 붙임성도 매우 좋았다. 허름한 식당의 주인아저씨, 손수레에서 파인애플을 깎아 파는 아주머니, 길 가는 학생, 열차 안에서 만나는 할아버지 등 만나는 사람마다 단박에 친해진다.
앤디와 제시카의 붙임성 좋은 모습

4 나를 다시 놀라게 한 것은 그들의 인내심이다. 한번은 콩나물시루 같은 열차를 타고 서서 가게 되었다. 어른인 나도 숨을 쉴 수 없을 만큼 힘든데, 아이들은 짜증을 내기는커녕 자가용을 타고 있는 듯 편안한 얼굴을 하고 있었다. 하도 기특해서 "힘들지?" 하니까 "아니요, 중국에서는 이렇게 서서 열다섯 시간을 간 적도 있는데요." 한다.
앤디와 제시카의 인내심 있는 모습
핵심 ② 글쓴이의 깨달음

5 영락없는 꼬마들이지만, '선택한 방랑 생활'을 통하여 세상을 살아가면서 꼭 필요한 것들을 배우고 있었다.

누구나 오랫동안의 세계 여행을 할 수 있는 것도 아니고 할 필요도 없다. 세계든 제 나라든 여행에서 얻을 수 있는 것은 본질적으로 같다는 것이 내 생각이다. ㉠많이 부딪히고 보고 느끼고 수많은 사람을 만나면서 스스로 깨닫는 '학습' 시간이라는 점에서 여행은 중요하다.
글쓴이가 생각하는 여행이 중요한 이유

중국에는 "만 권의 책을 읽고 만 리를 여행한다."라는 말이 있다. 만 권의 책을 읽는 것만큼이나 여행이 중요하다는 뜻이다. 여행은 아무리 생각하여도 의미 있는 공부이다.
여행의 중요성을 강조하는 말

핵심 ①	글쓴이의 경험

➡ 인도를 여행할 때 뉴질랜드에 온 가족과 만남. 아이들이 독립심, 붙임성, 인내심을 가진 모습을 봄.

핵심 ②	글쓴이의 깨달음

➡ 아이들은 여행을 통하여 세상을 살아가면서 꼭 필요한 것들을 배우고 있었음. 여행은 '학습' 시간임.

주제 여행은 의미 있는 공부이다.

1 이 글은 글쓴이가 인도를 여행할 때 경험한 일과 그때의 생각이나 느낌을 솔직하게 쓴 글입니다. 이처럼 일정한 형식을 따르지 않고 인생이나 자연 또는 일상생활에서의 느낌이나 체험을 생각나는 대로 쓴 글을 '수필'이라고 합니다.

2 앤디와 제시카는 자기 짐을 스스로 지고 다녔고, 숙소를 정리하거나 빨래를 개고 너는 일도 모두 알아서 했습니다. 이 모습을 본 글쓴이는 앤디와 제시카가 독립심을 가졌다고 생각했습니다.

3 앤디와 제시카는 '선택한 방랑 생활'을 통해 세상을 살아가면서 필요한 것들을 배우고 있었다고 했습니다.

| 오답 풀이 | ㉮ 앤디와 제시카는 붙임성이 매우 좋아 만나는 사람마다 단박에 친해졌습니다.
㉯ 앤디와 제시카는 콩나물시루 같은 열차를 타고 서서 가게 된 상황에서도 인내심을 발휘하여 편안한 얼굴로 갔습니다.

4 '이구동성(異口同聲)'은 입은 다르나 목소리는 같다는 뜻으로, 여러 사람의 말이 한결같을 때 사용하기에 알맞습니다.

5 앤디와 제시카는 여행을 하면서 독립심을 가져 스스로 할 일을 알아서 했지만 어른들의 간섭을 싫어한다고 하지는 않았습니다.

6 엘리자베스는 아이들이 할 수 있는 일을 부모가 대신하는 것은 아이들을 바르게 키우는 것이 아니라고 생각하였고, 아이들의 독립심을 키워 주었습니다. 하지만 무조건 아이를 도와줘야 한다고 생각했다면 아이들은 독립심을 키우지 못하고, 어려운 상황에 처했을 때 쉽게 어른에게 의지하는 성격을 가지게 되었을 것입니다.

7 이 글의 글쓴이는 여행을 하며 만난 아이들이 여행을 통하여 세상을 살아가면서 꼭 필요한 것들을 배우고 있는 모습을 보고 여행의 중요성과 의미를 알게 되었습니다.

쏙쏙! 내용 정리

1 전시회　2 그림
3 유물　4 향기
5 역사

정답

1 모란

2 (1) ○　(2) ○
(3) X　(4) X
(5) X

3 ①, ④, ⑤

4 ㉬　5 ④

6 ③

7 ❶ 31일　❷ 종로구
❸ 체험　❹ 모란

어휘 탄탄 마무리

1 (1) 선조
(2) 탐구하다
(3) 상징
(4) 다채롭다

2 (1) ― ㉮
(2) ＼ ㉯
(3) ／ ㉰

3 (1) ①　(2) ②

핵심 ① 전시회의 개요

1 서울 종로구에 있는 국립고궁박물관이 오는 10월 7일부터 10월 31일까지 '인생과 함께한 모란' 전시회를 개최합니다. 이번 전시회에서는 신라 시대부터 조선 시대까지 사랑받았던 [㉠] 의 다채로운 모습을 보여 줍니다.
└ 모란

2 모란은 신라 시대에 중국에서 우리나라로 들어왔다고 전해집니다. 당시 사람들은 모란을 아름다운 꽃으로 여겼고, 부와 행복의 상징으로 생각했습니다.
신라 시대 사람들이 생각한 모란의 의미
조선 시대에는 궁중에서부터 민간에 이르기까지 두루 모란 그림이 유행하여 많은 모란 그림이 그려졌습니다. 이번 전시회에
핵심 ② 전시회의 내용
서는 조선 시대에 그려진 다양한 모란 그림을 감상할 수 있습니다.

3 그리고 이번 전시회에서 모란이 담긴 유물들도 살펴볼 수 있습니다. 모란은 특히 조선 시대의 행사에 자주 등장했습니다. 조선 시대 사람들은 결혼식 같은 중요한 행사가 있을 때 모란꽃 모양으로 만든 떡
모란이 담긴 것을 사용한 때
을 마련하고, 모란 그림이 그려진 병풍을 ㉡ 세웠습니다. 또, 결혼식 때 입는 옷에 모란 무늬의 자수를 수놓았고, 각종 생활용품을 모란 무늬로 장식했습니다. 이러한 유물들을 전시회에서 보고, 역사 속 모란의
모란 무늬로 장식한 것
의미를 생각해 볼 수 있습니다.

4 또, 모란의 향기를 직접 맡아 보는 특별한 체험도 할 수 있습니다. 모란이 향기가 없다는 오해와 달리, 모란은 그윽한 향기가 있습니다. 이번 전시회를 통해 모란의 향기를 직접 느껴 볼 수 있습니다. 모란의 향기를 맡아 보는 것은 여러분에게 아주 특별한 경험이 될 것입니다.
핵심 ③ 전시회의 의미
5 '인생과 함께한 모란' 전시회에서 모란이 가진 아름다움과 역사적 의미를 알아볼 수 있습니다. 이번 전시회를 관람하며 모란꽃의 아름다움을 감상하고, 과거 선조들이 모란을 어떻게 즐기고 사랑했는지 탐구해 보시길 바랍니다.

핵심 ① 전시회의 개요	핵심 ② 전시회의 내용	핵심 ③ 전시회의 의미
➜ 전시회: '인생과 함께한 모란', 기간: 10월 7일~31일, 장소: 국립고궁박물관	➜ 모란 그림과 모란이 담긴 유물을 감상하고, 모란 향기를 체험할 수 있음.	➜ 모란이 가진 아름다움과 역사적 의미를 알아볼 수 있음.

주제 '인생과 함께한 모란' 전시회 안내

1 이 글은 '인생과 함께한 모란' 전시회에 대한 기사문입니다. '인생과 함께한 모란' 전시회에서는 모란의 다채로운 모습을 볼 수 있을 것입니다.

2 조선 시대 행사에 자주 등장했던 모란 유물을 살펴볼 수 있다고 했으며, 조선 시대의 중요한 행사에서 모란 그림이 그려진 병풍을 세웠다고 했습니다. 또, 신라 시대 사람들은 모란을 부와 행복의 상징으로 생각했다고 했습니다.

3 이 글에서는 조선 시대의 모란 그림을 감상할 수 있다고 하였고, 모란이 담긴 유물들을 살펴볼 수 있다고 하였습니다. 또 모란 향기를 맡아 보는 체험을 할 수 있다고 하였습니다.

4 '병풍을 세웠습니다'는 병풍을 땅 위에 수직의 상태로 있게 했다는 뜻이므로 ㉡의 뜻으로 알맞은 것은 ㉬입니다.

5 '인생과 함께한 모란' 전시회에서는 조선 시대에 그려진 다양한 모란 그림과 모란이 담긴 유물들을 전시한다고 했습니다. 특히 조선 시대 결혼식에 쓰였던 모란 그림 병풍, 모란 무늬 자수를 수놓은 결혼식 옷 등의 모란 유물들을 볼 수 있다고 했으므로, 이를 바탕으로 전시회를 관람한 뒤 ④와 같은 말을 할 수 있다고 추론할 수 있습니다.

6 ❸에서 '각종 생활용품을 모란 무늬로 장식했습니다.'라고 하였으므로, 무늬 주전자와 모란 무늬 합 사진은 ❸에 추가하기에 가장 알맞습니다.

7 이 글은 '인생과 함께한 모란' 전시회를 안내하는 글로, 모란과 관련된 여러 정보와 함께 전시회가 개최되는 기간과 장소, 전시 내용 등을 안내하고 있습니다.

어휘 탄탄 마무리

3 (1) 범인이 잘못을 인정하고 죄를 알렸으므로, ①의 뜻으로 쓰였습니다. (2) 지안이가 하얀 옷에 꽃 모양의 수를 놓았으므로, ②의 뜻으로 쓰였습니다.

문해력 상승 읽기 전략

핵심 내용을 따라 읽으며 흐름을 정리해 보세요

쏙쏙! 내용 정리

1 밥, 반찬
2 아궁이
3 솥
4 부뚜막
5 왼쪽
6 속담

정답

1 ②
2 ②
3 ①, ④, ⑤
4 ㉠
5 ②
6 ⑤
7 ① 온돌 ② 부뚜막
③ 왼쪽 ④ 부엌

어휘 탄탄 마무리

1 (1) ㉣ (2) ㉠
(3) ㉢ (4) ㉡

2 (1) 난방
(2) 선반
(3) 지지다(지졌다)

3 (4) ○ (6) ○

핵심 ① 부엌의 뜻과 이름

1 부엌은 집 안에서 밥을 짓고 반찬을 조리하는 곳이다. 지방에 따라 '정지'라고 부르기도 한다. 온돌 난방이 줄고 아파트 생활을 많이 하면서 '주방'이라는 말로 바뀌어 가고 있다.

2 부엌은 온돌 사용에 맞게 발달하여 왔다. **핵심 ②** 재래식 부엌에 있는 것 아궁이의 구조는 밥을 짓고 방을 데우는 두 가지 기능에 알맞게 만들어졌다. 재래식 부엌 바닥이 방보다 훨
(아궁이 구조와 관련 있는 기능)
씬 낮은 것은 아궁이 불길이 안방 구들을 지나면서 방을 데우도록 하기 위하
(재래식 부엌 바닥이 방보다 훨씬 낮은 까닭)
여서이다.

3 아궁이 위에는 솥을 건다. 솥은 무쇠를 녹여서 만들었다. 보통 부엌에는 두세 개의 솥이 걸려 있어서 밥과 국을 한꺼번에 끓이고, 양이 적은 반찬은
(부엌에 걸려 있는 솥의 쓰임새)
냄비에 따로 지졌다. 큰 솥을 가마솥이라고 하는데, 많은 양의 음식을 끓이는 데 사용하였다.

4 아궁이 위에 솥을 걸어 놓는 평평한 언저리가 부뚜막이다. 부뚜막 위 벽,
(부뚜막의 뜻)
손이 닿는 곳에 선반을 만들어 자주 쓰는 그릇을 엎어 놓았다. 이를 '살강'이라고 한다.

핵심 ③ 재래식 부엌의 위치

5 재래식 부엌은 집을 향해서 보아 왼쪽에 둔다. 그것은 솥에서 밥을 풀 때에 대문 쪽으로 내어 퍼서 복이 나가는 일이 없도록 하기 위하여서였다.

6 이처럼 부엌은 예로부터 식사에 관련된 일을 하는 곳으로 사용되어 왔다. ㉠"부뚜막의 소금도 집어넣어야 짜다.", ㉡"부엌에서 숟가락을 얻었다." 등 부엌에 얽힌 여러 속담이 전하여 내려온다.
(부엌과 관련한 속담)

핵심 ① 부엌의 뜻과 이름

→ 부엌은 밥을 짓고 반찬을 조리하는 곳으로, '정지', '주방'이라고도 부름.

핵심 ② 재래식 부엌에 있는 것

→ 재래식 부엌에는 아궁이, 솥, 부뚜막과 살강 등이 있음.

핵심 ③ 재래식 부엌의 위치

→ 재래식 부엌은 집을 향해서 보아 왼쪽에 둠.

주제 우리나라 재래식 부엌의 특징

1 중심 낱말은 글의 내용을 대표하는 낱말을 뜻합니다. 이 글은 '부엌'에 대해 자세히 설명하여 쓴 글로, 중심 낱말은 글에 8번이나 언급된 '부엌'입니다.

2 **2**의 첫 번째 문장에서 부엌이 온돌 사용에 맞게 발달하여 왔음을 알 수 있습니다. 그리고 **4**에서 솥을 걸어 놓는 평평한 언저리가 부뚜막이고, 부엌에 부뚜막이 있었음을 알 수 있습니다.

3 아궁이, 솥, 부뚜막, 살강에 대한 설명을 구분하며 읽어야 합니다.

| 오답 풀이 | ② 무쇠를 녹여서 만든 것은 솥입니다.
③ 온돌 난방이 줄고 아파트 생활을 많이 하면서 '부엌'이 '주방'이라는 말로 바뀌어 가고 있다는 내용만 나왔을 뿐, 아궁이가 아파트 생활에 알맞은 구조로 되어 있다는 내용은 나오지 않았습니다.

4 그중 "부엌에서 숟가락을 얻었다."는 대단치 아니한 일을 하여 놓고 성공이나 한 듯이 자랑함을 비유적으로 이르는 속담입니다.

5 빨간색으로 표시한 부분은 부뚜막 위 벽에 자주 쓰는 그릇을 엎어 놓는 선반인 '살강'입니다.

6 이 글은 재래식 부엌에 대해서 쓴 글로, 기와집과 초가집의 부엌 형태를 나누는 기준에 대한 설명은 찾을 수 없습니다.

7 부엌의 뜻과 재래식 부엌 구조의 발달, 재래식 부엌에서 볼 수 있는 것, 재래식 부엌의 위치 등을 정리하여 씁니다.

어휘 탄탄 마무리

3 '정지'는 '부엌'을 지방에 따라 다르게 일컫는 말이라고 하였으므로 '부엌'과 '정지'는 뜻이 비슷한 관계입니다. (1)과 (2)는 한 낱말이 다른 낱말에 포함되는 관계이고, (3)과 (5)는 뜻이 반대인 관계입니다.

문해력 상승
읽기 전략

핵심 나용을 따라 읽으며 흐름을 정리해 보세요

쏙쏙! 내용 정리

1 왕 2 새, 깃털
3 까마귀 4 모습

정답

1 까마귀 2 ①
3 ⑤ 4 ②
5 (○), ( ), ( )
6 ㉡
7 ❶ 아름다운 새
❷ 꾀꼬리 ❸ 공작
❹ 왕 ❺ 깃털

어휘 탄탄 마무리

1 (1) •———• ㉮
  (2) •   • ㉯
  (3) •   • ㉰
  (4) •———• ㉱

2 (1) 발견하다
  (2) 치장하다
  (3) 으스대다

3 불참하는

---

1 어느 날 산신령이 새들을 불러 모아 놓고 말하였다.
"너희들 가운데 가장 아름다운 새를 왕으로 삼겠다. 일주일 뒤에 모두 모여라."
<u>왕으로 뽑힐 수 있는 조건</u>
핵심 ① 아름다운 새가 되기 노력한 새들
2 새들은 왕으로 뽑히기 위하여 자기를 아름답게 꾸미기 시작하였다. 시냇물에 몸을 닦은 두루미가 물에 자기 몸을 비추며 말하였다.
<u>등장인물 ①</u>
"난 정말 아름다워. 산신령님이 나를 왕으로 뽑아 주실 거야."
<u>등장인물 ②</u>
"흥, 말도 안 돼! 내가 새들의 왕이 될 거야."

옆에 있던 꾀꼬리가 노란 깃털을 뽐내며 말하였다.
<u>등장인물 ③</u>
㉠"너희가 아무리 꾸민다고 해도 내 꽁지를 따라올 수 있겠니?"
<u>등장인물 ④</u>
공작이 알록달록한 꽁지를 활짝 펴며 우쭐대었다.
핵심 ② 다른 새들의 깃털로 꾸민 까마귀
까마귀도 왕이 되고 싶어 날마다 숲속을 돌아다니며 다른 새들이 떨어뜨린 깃털을 주워 모았다. 그러고는 그것을 몸에 꽂아 치장하였다.
"참 신기하네. 빨강, 초록, 노랑, 보라의 깃털을 몸에 꽂으니까 정말 멋진데!
<u>다른 새들이 떨어뜨린 깃털</u>
이 정도면 내가 왕이 될 거야."

3 약속한 날이 되어, 새들이 모두 모였다. 까마귀도 어깨를 으스대며 그곳에 참석하였다. 산신령이 새들을 살펴보다가 말하였다.
"오! 처음 보는 아름다운 새로구나. 너를 새들의 왕으로 삼겠다."
<u>깃털의 색깔이 다양해서</u>
4 그 말을 들은 다른 새들이 모두 놀라며 까마귀를 쳐다보았다.
"처음 보는 새인데, 넌 누구니?" / "난 까마귀야."
<u>까마귀인 줄 알아보지 못하고 한 말</u>
"뭐, 까마귀라고?"
새들이 까마귀를 둘러싸고 물었다.
그때, 공작이 까마귀의 깃털 중에서 자기의 것을 발견하였다.
"어, 이건 내 깃털이잖아?" / "이즌 내 건데……."
핵심 ③ 제 모습으로 돌아온 까마귀
새들이 하나둘 자기의 깃털을 뽑아 갔다. 그러자 까마귀는 ㉡제 모습으로 돌아왔다.
"하하하, 남의 깃털을 자기 깃털인 척하다니."
다른 새들이 모두 까마귀를 보고 비웃었다.
<u>까마귀가 남을 속인 일을 알게 되어서</u>

핵심 ① 아름다운 새가 되기 노력한 새들

➡ 왕으로 뽑히기 위하여 두루미, 꾀꼬리, 공작은 자기를 아름답게 꾸밈.

핵심 ② 다른 새들의 깃털로 꾸민 까마귀

➡ 까마귀는 다른 새들이 떨어뜨린 깃털을 주워 모아 그것을 몸에 꽂아 치장함.

핵심 ③ 제 모습으로 돌아온 까마귀

➡ 새들이 자기의 깃털을 뽑아 가자 까마귀는 제 모습으로 돌아옴.

주제 남을 속이는 것은 잘못된 행동이다.

1 이 글은 왕이 되고 싶은 마음에 다른 새들의 깃털로 자기의 몸을 꾸몄다가 들통이 나 제 모습으로 돌아온 까마귀를 중심으로 사건이 펼쳐졌습니다.

2 ㉠의 말을 한 공작이 알록달록한 꽁지를 활짝 펴며 우쭐대었다고 했으므로, 다른 새들을 무시하는 마음이 담긴 말입니다.

3 다른 새들은 까마귀에게서 자기의 깃털을 뽑아 가면서 "하하하, 남의 깃털을 자기 깃털인 척하다니."라고 말했습니다.

4 ㉡'제'는 어떤 사람에 대해 말할 때 그 사람을 가리키는 말인 '저'에 '의'가 붙은 '저의'가 줄어든 말로, '제'가 이와 같은 뜻으로 쓰인 문장은 ②입니다.
|오답 풀이| ① 나라 이름을 나타내는 말 뒤에 붙어 그 나라에서 만든 제품임을 나타냅니다.
③ 수를 나타내는 말 앞에 써서 순서나 차례가 몇 번째인지를 나타냅니다.
④ '적에'가 줄어든 말입니다.
⑤ 일부 낱말 뒤에 붙어 그것을 재료로 하여 만든 물건임을 나타냅니다.

5 까마귀에게서 자신의 깃털을 발견하고 뽑아 간 공작의 행동에서 너그러운 마음을 느끼기는 어렵습니다. '냉철하다'는 생각이나 판단이 감정에 치우치지 않고 침착하며 사리에 밝다는 뜻으로, 다른 새들의 깃털로 꾸민 까마귀를 왕으로 뽑은 산신령의 행동에는 맞지 않는 표현입니다.

6 까마귀는 왕이 되고 싶어 다른 새들의 깃털로 자기의 몸을 꾸몄고, 결국 들통이 나 다른 새들에게 깃털이 뽑혔습니다. 까마귀를 통해 욕심을 부려 남을 속이는 것은 잘못된 행동이라는 교훈을 얻을 수 있습니다.

7 다른 새들은 자기가 가지고 있는 본디의 모습으로 왕 뽑기에 나갔지만, 까마귀는 왕이 되고 싶은 욕심에 산신령과 다른 새들을 속였습니다.

여휘 탄탄 마무리

3 '불참하다'의 뜻은 '어떤 자리에 참가하지 않다. 참석하지 않다.'입니다.

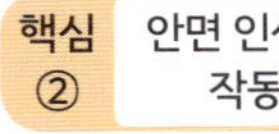

문해력 상승
읽기 전략
핵심 내용을 따라 읽으며 흐름을 정리해 보세요.

쏙쏙! 내용 정리

1 안면 인식

2 카메라 3 비밀번호

4 사생활 침해

5 동의

정답

1 ②

2 ③, ④, ⑤

3 (1) X (2) ○
   (3) ○ (4) X

4 ④

5 ㉮, ㉯, ㉣, ㉰

6 윤호

7 ❶ 얼굴 ❷ 데이터
   ❸ 인식 ❹ 보호

어휘 탄탄 마무리

1 (1) 생체 (2) 인식
   (3) 작동 (4) 분석

2 (1) ─── ㉮
   (2) ─── ㉯
   (3) ─── ㉢

3 (1) 해제하다
   (2) 동의하다
   (3) 식별하다
   (4) 수집하다

---

1 생체 인식 기술은 지문, 홍채, 얼굴과 같은 사람의 생체 정보를 이용해서 개인을 식별하는 기술을 말해요. 그리고 안면 인식 기술은 생체 인식 기술 중 하나예요. **생체 인식 기술의 의미** | **핵심 ① 안면 인식 기술의 의미** 안면 인식 기술은 사람 얼굴의 형태와 눈, 코, 입 같은 부분의 특징을 분석해서 사람을 구별하는 기술이에요.

핵심 ② 안면 인식 기술의 작동 원리
2 안면 인식 기술은 카메라를 사용하여 얼굴의 다양한 특징을 파악하고, 컴퓨터에 저장해 두어요. 눈, 코, 입 등의 위치와 두 눈썹 사이의 거리, 얼굴의 골격 등을 분석하여 개인의 고유한 특징을 데이터로 저장하지요. 그리고 나중에 카메라로 인식한 얼굴을 저장된 얼굴 정보와 비교해서 사람을 식별하는 방식으로 작동해요. 이때, 같은 얼굴일지라도 바라보는 방향이나 표정, 고개의 기울기 정도, 카메라와 얼굴의 거리 등에 따라서 정확하게 인식하지 못할 수도 있어요. 그래서 얼굴 정보를 두 가지 이상 합하여 안면을 인식해요. **얼굴 정보를 두 가지 이상 합하여 안면을 인식하는 까닭**

핵심 ③ 안면 인식 기술의 사용
3 이러한 안면 인식 기술은 오늘날 일상생활에서 자주 활용되는데, 크게 두 가지 용도로 쓰여요. 먼저 비밀번호를 대신하여 사용해요. 스마트폰이나 노트북 같은 기기에는 등록된 얼굴을 카메라에 비추면 자동으로 잠금이 해제되는 기능이 있어요. **안면 인식 기술이 사용되는 예 ①** 그리고 신원 확인용으로 쓰여요. 예를 들어, 공항에서 안면 인식으로 사람을 [㉠] 해서 출입국 심사를 하기도 하지요. **안면 인식 기술이 사용되는 예 ②**

4 하지만 안면 인식 기술을 사용할 때 몇 가지 문제점도 있어요. 첫 번째로, 개인의 얼굴 정보가 저장되어야 하기 때문에 개인 정보를 보호하기 어려울 수 있어요. **안면 인식 기술의 문제점 ①** 두 번째로, 사생활이 침해될 수 있어요. **안면 인식 기술의 문제점 ②** 안면 인식 기술로 개인이 어디에 있었는지, 무엇을 했는지에 대한 자세한 데이터를 수집하고 저장할 수 있기 때문이에요.

5 안면 인식 기술은 현대 사회에서 주목받는 혁신적인 기술로, 우리가 편리한 생활을 누릴 수 있게 해 주었어요. 앞으로 우리는 사람들의 개인 정보를 안전하게 보호하면서, 모두가 동의한 방식으로 안면 인식 기술을 사용하도록 주의를 기울여야 하겠어요. **안면 인식 기술을 사용할 때 고려할 점**

| 핵심 ① | 안면 인식 기술의 의미 | 핵심 ② | 안면 인식 기술의 작동 원리 | 핵심 ③ | 안면 인식 기술의 사용 |

➜ 안면 인식 기술은 사람 얼굴의 특징을 분석해서 사람을 구별하는 기술임.

➜ 카메라로 파악한 얼굴 특징을 저장하고, 인식한 얼굴과 비교함.

➜ 비밀번호를 대신하여 사용하고, 신원 확인용으로도 쓰임.

주제 편리한 생활을 누리게 하는 안면 인식 기술

1 이 글은 생체 인식 기술 중 하나인 안면 인식 기술의 원리와 활용, 그리고 이 기술이 가져올 수 있는 사회적 문제에 대해 설명하고 있습니다. 생체 인식 기술이라는 말이 첫 번째 문단에 나오지만, 글의 주된 내용은 안면 인식 기술에 관한 내용입니다.

2 **2**에서 안면 인식 기술은 눈, 코, 입 등의 위치와 눈썹 사이의 거리, 얼굴의 골격 등을 분석하여 개인의 고유한 특징을 데이터로 저장한다고 하였습니다.

3 **3**에서 안면 인식 기술이 신원 확인용으로 쓰인다고 하였습니다. 또 **4**에서 안면 인식 기술로 개인이 어디에 있었는지, 무엇을 했는지에 대한 데이터를 저장할 수 있다고 하였습니다.

| 오답 풀이 (1) **1**에서 안면 인식 기술이 생체 인식 기술 중 하나라고 하였습니다.
(4) **3**에서 안면 인식 기술은 일상생활에서 자주 활용된다고 하였습니다.

4 공항에서 안면 인식으로 사람을 '알아본다'는 의미의 낱말이 들어가야 하므로 '분별하여 알아봄.'의 뜻을 지닌 '식별'이 들어가야 합니다.

5 **2**에서 안면 인식 기술은 카메라를 사용하여 얼굴의 다양한 특징을 파악하고 컴퓨터에 저장하고, 나중에 카메라로 인식한 얼굴을 저장된 얼굴 정보와 비교해서 사람을 식별하는 방식으로 작동한다고 하였습니다.

6 비밀번호 등과 달리 지문, 홍채, 얼굴 등의 생체 정보는 바꿀 수 있는 정보가 아닙니다. 따라서 유출되었을 때 더 큰 문제가 생길 수 있습니다. 또 안면 인식 기술에는 카메라가 꼭 필요하지만 이미 카메라는 보편화되어 있으며 **3**에서도 안면 인식 기술이 일상생활에서 자주 사용되고 있다고 했습니다.

7 **1**에서 안면 인식 기술의 뜻을, **2**에서 안면 인식 기술의 작동 원리를 찾아 정리합니다. **3**에서 일상생활에서 안면 인식 기술이 사용되는 예를, **4**에서 안면 인식 기술을 사용할 때의 문제점을 확인합니다. **5**에서 안면 인식 기술을 사용할 때 주의해야 할 점을 찾아 정리합니다.

쏙쏙! 내용 정리

1 용궁 2 간
3 육지

정답

1 ④   2 ⑤
3 ②, ③, ④
4 (1) 말씀   (2) 병환
   (3) 잡수시다
5 ④
6 윤서
7 ❶ 간   ❷ 바위틈
   ❸ 용왕   ❹ 꾀, 지혜

어휘 탄탄 마무리

1 (1) ㉮
  (2) ㉯
  (3) ㉰

2 (1) 침착하다
  (2) 염려하다
  (3) 갸륵하다
  (4) 아뢰다

3 (1) ③
  (2) ②

일이 일어난 곳
1 자라가 바닷속 용궁으로 토끼를 데리고 와서 용왕 앞에 선다.

핵심 ① 용궁에 온 토끼
용왕: (긴 수염을 어루만지며) 오랫동안 앓고 있는 병에 네 간이 약이 된다는 말을 듣고 자라를 육지로 보내어 너를 데려오게 하였느니라.

토끼: (깜짝 놀라며) 아니, 제 간을 잡수시겠다고요?

용왕: (신하들을 향하여 큰 소리로) 여봐라, 어서 저 토끼를 묶어라.

2 토끼: (흥분을 가라앉히며 침착하게) 잠깐, 저같이 미천한 짐승이 용왕님을
용왕이 자신을 믿게 하려고 꾸며서 한 말
위하여 죽게 됨은 영광이옵니다. 그러나 꼭 아뢰어야 할 말씀이 있습니다.

용왕: (토끼에게 다가서는 신하들에게 손짓을 하며) 그래? 무슨 말을 하려는지 들어나 보자꾸나. 어서 말해 보아라.

토끼: (용왕 앞으로 바싹 다가서며) 저는 다른 짐승과 달리 아침에는 이슬을
자신의 특별함을 설명하는 말
먹고 저녁에는 산삼을 먹습니다. 그러니 제 간이 만병통치약일 수밖에요.
핵심 ② 꾀를 낸 토끼
그래서 저를 만나기만 하면 간을 달라고 하는 짐승이 많아 밖에 다닐 때는 바위틈 깊은 곳에 간을 숨겨 놓고 다닙니다.

용왕: (놀라는 표정으로) 아니, 그러면 지금은 간이 없다는 말이냐?

토끼: 네, 자라 선생이 용왕님의 병혼에 대하여 알려 주지 않아 바위틈에 간을 둔 채 그냥 따라왔나이다.

자라: (화를 내며) 참으로 간사한 놈이로군. 어찌 간을 넣었다 빼었다 할 수 있
토끼의 말을 믿지 못함.
다는 말인가? 용왕님을 속이려고 하다니 용서할 수가 없구나.

토끼: (애써 웃어 보이며) 용왕님, 신중히 생각하셔야 합니다. 만일 제 배를 갈라도 간이 나오지 않는다면 용왕님의 병환은 영영 고칠 수 없사옵니다.
핵심 ③ 용왕을 속여 육지로 온 토끼
3 용왕: (갑자기 부드러운 목소리로) 토 선생, 간을 가지고 올 수 있겠는가?

토끼: (기쁨을 짐짓 감추며 진지하게) 염려하지 마시옵소서. 저는 간이 없어도 살 수 있습니다. 산속으로 가서 간을 가지고 와 용왕님께 드리겠습니다.

용왕: ㉠ 오, 정말 갸륵한지고! 그대에게 높은 벼슬을 내리겠노라.

육지에 도착하자, 자라의 등에서 훌쩍 뛰어내린 토끼는 신나게 노래를 부르며 이리 뛰고 저리 뛴다.

핵심 ① 자라의 말에 속아 용궁에 온 토끼
➡ 토끼는 용왕이 자신의 간을 먹을 것이라는 말을 듣고 놀람.

핵심 ② 위기를 넘기려고 꾀를 낸 토끼
➡ 토끼는 자신의 간을 바위틈에 숨겨 놓고 다닌다고 거짓말을 함.

핵심 ③ 용왕을 속여 육지로 온 토끼
➡ 용왕이 토끼에게 벼슬을 내리며 보내 줌. 토끼는 육지로 돌아오게 됨.

주제 지혜를 발휘하여 목숨을 건진 토끼

1 1 의 용왕의 말을 통해 토끼의 간이 용왕의 병에 약이 됨을 알 수 있습니다.

2 토끼는 다른 짐승과 달리 아침에는 이슬을 먹고 저녁에는 산삼을 먹어서 자신의 간이 만병통치약일 수밖에 없다고 용왕에게 말했습니다.

3 토끼는 용왕에게 육지에 가서 간을 가져오겠다고 말했지만 가져오지는 않았습니다. 또, 토끼는 살기 위해 꾀를 내어 육지로 간 것이지 용왕에게 간을 가져다 줄 생각은 아니었습니다.

4 '말'의 높임말은 '말씀', '병'의 높임말은 '병환', '먹다'의 높임말은 '잡수시다'입니다.
|오답 풀이| • 말주변: '말을 잘 둘러대는 슬기나 능력.'을 뜻합니다.
• 병치레: '병을 앓아 겪어 내는 일.'을 뜻합니다.
• 삼키다: '무엇을 입에 넣어서 목구멍으로 넘기다.'를 뜻합니다.

5 용왕은 자신을 위해 산속으로 가서 간을 가지고 돌아오겠다고 말하는 토끼에게 감격하여 벼슬을 내리겠다고 말한 것이므로, 감동받은 목소리로 기뻐하며 읽는 것이 알맞습니다.

6 토끼는 자라에게 속아 용궁으로 가서 죽을 뻔한 상황에 처했지만 간을 꺼내 바위틈에 두고 왔다는 거짓말을 하여 위기를 모면합니다. 그리고 그 간을 가지고 오겠다고 약속하여 용왕을 안심시킨 뒤 육지로 돌아와 생명을 구합니다.

7 토끼가 한 일을 차례대로 정리해 보면 글의 내용을 정리할 수 있습니다.

여휘 탄탄 마무리

3 (1) 서울에서 부산까지의 사이를 뜻한 것이므로, ③의 뜻으로 쓰인 문장입니다.
(2) 사람의 몸에 들어온 독성 물질을 없애는 곳을 뜻한 것이므로, ②의 뜻으로 쓰인 문장입니다.

문해력 상승
읽기 전략

핵심 내용을 따라 읽으며 흐름을 정리해 보세요.

쏙쏙! 내용 정리

1 책　　2 교양
3 풍요로운　4 감동
5 지혜　　6 경험

정답

1 호영

2 마음의 양식

3 ⑤　　4 ③

5 ②, ③, ⑤

6 (3) ○

7 ❶ 지식　❷ 삶
　 ❸ 재미　❹ 독서

어휘 탄탄 마무리

1 (1) 사회인
　(2) 폭넓다
　(3) 교양
　(4) 양식

2 (1) ● — ㉮
　(2) ● — ㉯
　(3) ● — ㉰

3 (1) ①
　(2) ②

---

1 독서는 마음의 양식이라고 한다. 건강을 지키기 위하여 음식을 먹듯이, **마음을 살찌우기 위하여 책을 읽어야 한다.** (핵심① 글쓴이의 주장) 독서를 하면 마음이 풍요로워지는 까닭은 무엇일까? (이어질 내용)

2 ㉠**독서를 하면 지식을 얻고 교양을 쌓을 수 있다.** (핵심② 주장에 대한 근거 ①~②) 책에는 새로운 정보와 다양한 지식이 있다. 책을 읽음으로써 폭넓은 지식과 새로운 정보를 얻고(근거①, 독서로 얻는 것①), 그 지식과 정보를 바탕으로 하여 올바른 사회인으로 살아갈 수 있는 교양을 쌓을 수 있다.(독서로 얻는 것②)

3 **독서를 하면 풍요로운 삶을 가꿀 수 있다.**(근거②) 사람들은 새로운 세계를 경험해 보고 싶어 한다. 그래서 히말라야 정상에 도전하기도 하고, 별이나 달의 세계에 가 보고 싶어서 우주선을 만들기도 한다. 그러나 모든 경험을 직접 할 수는 없다. 독서를 하면 직접 경험하지 못한 세계를 ㉡간접 경험하고, 삶을 풍요롭게 가꾸어 나갈 수 있다.(독서의 좋은 점)

4 **독서를 하면 감동과 재미도 얻을 수 있다.**(핵심③ 주장에 대한 근거 ③~④, 근거③) 가슴이 뭉클한 내용을 읽고 감동을 받거나, 재미있는 내용을 읽고 웃기도 하고 즐거워하기도 한다.

5 **또, 독서를 하면 삶의 지혜를 배우게 된다.**(근거④) 책 속의 인물들이 한 행동을 통하여 세상을 올바르게 살아가는 태도와 어려운 일을 해결하는 방법을 배울 수 있다.(독서를 통해 배우는 것)

6 이처럼 우리는 독서를 하면 지식과 교양을 쌓을 수 있고, 간접 경험을 통하여 풍요로운 삶을 가꿀 수 있다. 독서의 즐거움을 경험하고, 책을 즐겨 읽는 태도를 가지도록 노력하자.(글쓴이가 읽는 이에게 하고 싶은 말)

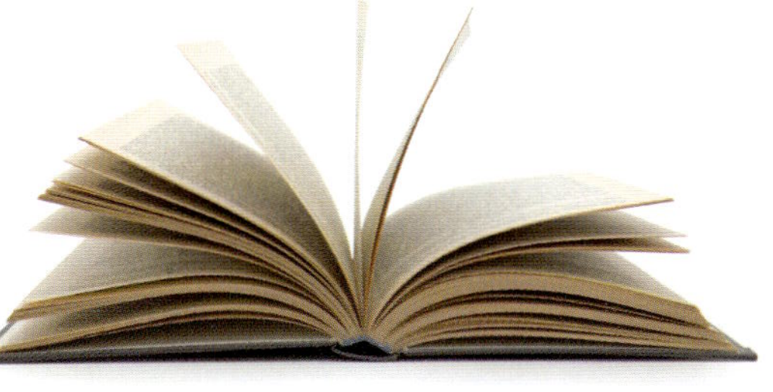

핵심①　글쓴이의 주장	핵심②　주장에 대한 근거 ①~②	핵심③　주장에 대한 근거 ③~④
➔ 마음을 살찌우기 위하여 책을 읽어야 함.	➔ 독서를 하면 지식을 얻고 교양을 쌓을 수 있고, 풍요로운 삶을 가꿀 수 있음.	➔ 독서를 하면 감동과 재미를 얻고, 삶의 지혜를 배우게 됨.

주제　마음을 풍요로워지게 하는 독서를 하자.

1 이 글은 독서를 하면 좋은 이유를 근거로 들어 독서를 하자고 읽는 이를 설득하는 논설문입니다.

2 1에서 독서는 마음의 양식으로, 건강을 지키기 위하여 음식을 먹듯이, 마음을 살찌우기 위하여 책을 읽어야 한다고 했습니다.

3 2에서 책을 읽음으로써 폭넓은 지식과 새로운 정보를 얻을 수 있다고 하였고, 5에서 책 속의 인물들이 한 행동을 통하여 세상을 올바르게 살아가는 태도와 어려운 일을 해결하는 방법을 배울 수 있다고 하였습니다. 3에서 독서를 통해 어려운 일에 직접 도전해 볼 기회를 준다는 내용은 없습니다.

4 ㉠은 독서를 하면 지식을 얻고, 교양을 쌓는 두 가지의 좋은 점이 있다는 내용이므로 '일거양득'이 가장 어울리는 사자성어입니다.

5 직접 경험하지 못한 세계를 책을 통해 간접 경험한 친구는 진호, 미소, 영우입니다. 진호는 우주여행에 대한 잡지를 읽고, 미소는 공룡 시대에 대한 책을 읽고, 영우는 지리 정보를 담은 백과사전을 읽었다고 했습니다.

| 오답 풀이 | · 수아, 지현: 간접 경험이 아닌, 직접 경험한 것을 말했습니다.

6 논설문에는 글쓴이의 주장과 근거가 드러나 있습니다. 근거는 글쓴이의 주장을 뒷받침해 주고, 주장과 관련 있는 내용이어야 합니다.

7 이 글은 독서의 필요성 네 가지(2~5문단)를 정리한 다음 독서의 생활화를 주장했습니다.

어휘 탄탄 마무리

3 (1) 북한산의 맨 꼭대기를 나타낸 것이므로, ①의 뜻으로 쓰인 문장입니다. (2) 좋아한 가수가 최고의 자리를 지킨 것을 나타낸 것이므로, ②의 뜻으로 쓰인 문장입니다.

쏙쏙! 내용 정리

1 월마   2 꾸짖었다
3 초등학교   4 육상
5 올림픽

정답

1 ㉲
2 ④
3 (1) 1   (2) 2
  (3) 3   (4) 6
  (5) 5   (6) 4
4 ⑤
5 ③
6 ㉮, ㉯, ㉱
7 ❶ 소아마비
  ❷ 여덟 살
  ❸ 선수   ❹ 금메달
  ❺ 월마

어휘 탄탄 마무리

1 (1) ㉲   (2) ㉳
  (3) ㉯   (4) ㉮
2 (1) 신기록
  (2) 감탄
  (3) 전용
3 (1) 때어   (2) 떼지

---

1 미국 테네시 주의 가난한 흑인 가정에서 작고 약한 아기가 태어났습니다. 아기의 부모는 아기에게 '월마'라는 이름을 지어 주고, 건강히 자라길 기도했습니다. 그러나 월마는 어렸을 때부터 많은 병을 앓았고, 심지어 네 살 때는 소아마비에 걸려 걸을 수조차 없게 되었습니다.
[핵심 ① 어린 시절의 월마]

2 그러나 월마의 어머니는 좌절하지 않고 50킬로미터나 떨어진 흑인 전용 병원까지 오랜 시간 버스를 타고 다니며 월마에게 물리 치료를 받게 했습니다. 그리고 월마의 어머니는 월마가 걷기 연습을 하다가 넘어져도 도와주지 않고 오히려 월마를 꾸짖었습니다.
월마 어머니의 강인함을 알 수 있음.

"아무도 널 도와주지 않는단다. 그러니 넌 스스로 일어나야만 해."

3 월마는 하루도 빠지지 않고 ┌─ ㉠ ─┐ 연습하여 마침내 여덟 살이 되던 해에 스스로 걸어서 초등학교에 갈 수 있었습니다. 비록 절룩거리긴 했지만, 스스로 걷기 시작한 월마를 보자 어머니는 눈물이 날 만큼 감격스러웠습니다. 그러나 앞으로 갈 길이 더 멀다고 생각하였기 때문에 월마 앞에서는 눈물을 꾹 참았습니다. 월마는 그토록 가고 싶었던 학교에 가게 되어 뛸 듯이 기뻤습니다.
[핵심 ② 학생 시절의 월마]
걸을 수 없었지만 열심히 연습해 스스로 학교에 가게 되어서

"드디어 학교에 갈 수 있어!"

4 초등학교에 입학한 후 삼 년 뒤, 월마는 드디어 보조기를 떼고 걸을 수 있게 되었습니다. 월마는 여기에서 그치지 않고 피나는 연습을 계속하여 열여섯 살에 고등학교에서 가장 우수한 실력을 보이는 육상 선수가 되었습니다. 월마의 친구들은 보조기를 떼고 걸을 수 있게 되었을 뿐 아니라 최고의 육상 선수까지 된 월마를 보며 감탄을 금치 못하였습니다.
월마가 신체적 한계를 극복하고자 끊임없이 노력해서

5 그 후, 스무 살이 된 월마는 미국을 대표하는 육상 선수로 로마 올림픽에 출전하였습니다. 올림픽에 출전한 월마는 올림픽 신기록까지 세우고 금메달을 따내 세상을 놀라게 했습니다. 많은 이들을 감동시킨 그녀는 선수 생활에서 물러난 뒤,『고등학교에서 학생들을 가르쳤습니다. 또, 자신의 이름을 딴 재단을 만들어 가난한 아이들을 도왔으며, 죽는 날까지 어린 선수들이 마음껏 달릴 수 있는 교육 환경을 만들어 주고자 노력하였습니다.』
[핵심 ③ 어른이 된 월마]
『 』: 은퇴 후에 월마가 한 일

핵심 ① 어린 시절의 월마	핵심 ② 학생 시절의 월마	핵심 ③ 어른이 된 월마
➜ 월마는 어렸을 때부터 많은 병을 앓았고, 네 살 때 걸을 수 없게 됨.	➜ 열심히 연습해 걸어서 초등학교에 갔고, 고등학교에서 우수한 선수가 됨.	➜ 미국을 대표하는 육상 선수로 올림픽에서 신기록을 세우고 금메달을 따냄.

[주제] 끝까지 포기하지 않고 신체적 한계를 극복한 월마

1 이 글은 '월마 루돌프'라는 육상 선수의 삶과 그를 통해 배울 수 있는 삶의 태도를 쓴 전기문입니다.

2 월마의 어머니는 흑인 전용 병원까지 버스를 타고 다니며 월마에게 물리 치료를 받게 했고, 걷기 연습을 하던 월마가 넘어져도 스스로 일어나야 한다고 말하면서 도와주지 않았습니다.

3 이야기의 시간적 배경을 생각하며 월마의 어린 시절부터 어른이 되기까지 일어난 사건을 차례대로 정리해 봅니다.

4 '힘에 겨운 곤란이나 난관을 뚫고 나가려고 비상한 결심을 하거나 꾹 참다.'는 뜻의 '이를 악물다'가 ㉠에 어울립니다.

5 월마는 끝까지 포기하지 않고 열심히 노력하는 끈기 있는 성격으로 마침내 원하는 바를 이루어 낸 인물입니다. 따라서 '원한다면 무엇이든지 될 수 있다.'라는 말을 남겼을 것이라 짐작할 수 있습니다.

6 월마에게서 '도전(가치 있는 것이나 목표한 것을 얻기 위해 어려움에 맞섬.)', '끈기(쉽게 포기하지 않고 계속해서 참고 견디는 성질.)', '집념(한 가지 일에만 매달려 마음을 쏟음. 또는 그 마음이나 생각.)'을 본받을 수 있습니다.

7 어린 시절부터 성인이 되기까지 월마가 겪은 일을 차례대로 정리하여 빈칸에 알맞은 말을 씁니다.

어휘 탄탄 마무리

3 '가마솥에 장작을 때다', '발길을 떼지 못하다'와 같이 표현하는 것이 알맞습니다. 발음이 비슷해서 혼동하기 쉬운 낱말의 의미를 정확하게 기억하여 사용하도록 합니다.

문해력 상승
읽기 전략
핵심 내용을 따라 읽으며 흐름을 정리해 보세요

쏙쏙! 내용 정리

1 엄마, 넓다

2 아빠, 없다

정답

1 (1) 바다
(2) 엄마, 아빠

2 ③　　3 ⑤

4 ①, ③

5 ⑤　　6 ④

7 ❶ 엄마　❷ 아빠
❸ 갈매기 떼
❹ 바다

어휘 탄탄 마무리

1 (1)～㉮
(2)
(3)
(4)～㉴

2 (1) 둥실둥실
(2) 번쩍
(3) 다독다독

3 갖가지

바다

박필상

1연 **핵심 ①** 엄마처럼 가슴이 넓은 바다

1 바다는 엄마처럼

가슴이 넓습니다.

온갖 물고기와
조개들을 품에 안고
파도가
칭얼거려도
다독다독 달랩니다.
— 바다를 엄마에 빗댄 까닭

2연 **핵심 ②** 아빠처럼 못하는 게 없는 바다

2 바다는 아빠처럼

못하는 게 없습니다.

㉠ 시뻘건 아침 해를
번쩍 들어 올리시고
배들도
갈매기 떼도
둥실둥실 띄웁니다.
— 바다를 아빠에 빗댄 까닭

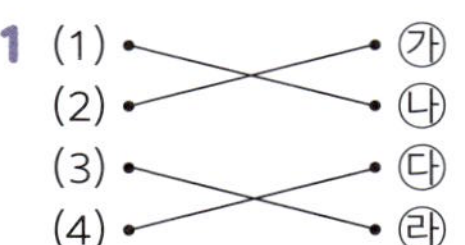

핵심 ① 엄마처럼 가슴이 넓은 바다

➜ 바다는 온갖 물고기와 조개들을 품에 안고, 파도를 달래 줌.

핵심 ② 아빠처럼 못하는 게 없는 바다

➜ 바다는 아침 해를 들어 올리고, 배와 갈매기 떼를 띄워 줌.

주제 엄마처럼 인자하고, 아빠처럼 강한 바다

1 말하는 이가 바다를 보고, 바다가 엄마, 아빠와 닮은 점을 노래한 시입니다.

2 1연에서 바다가 엄마처럼 가슴이 넓다고 한 까닭을 알 수 있습니다.

3 1연에서 파도가 칭얼거려도 바다가 달랜다고 표현했습니다. 2연에서 바다는 시뻘건 아침 해를 번쩍 들어 올리고, 배들과 갈매기 떼를 둥실둥실 띄운다고 표현했습니다.

4 '시뻘겋다'는 '매우 뻘겋다.'라는 뜻의 낱말이므로, '붉다', '뻘겋다', '새빨갛다' 등의 낱말과 뜻이 비슷합니다.

| 오답 풀이 | ② '시퍼렇다'는 '매우 퍼렇다.'라는 뜻을 가진 낱말입니다.
④ '샛노랗다'는 '매우 노랗다.'라는 뜻을 가진 낱말입니다.
⑤ '알록달록하다'는 '여러 가지 밝은 빛깔의 점이나 줄 등이 조금 성기고 고르지 아니하게 무늬를 이룬 상태이다.'라는 뜻을 가진 낱말입니다.

5 문제에 제시된 시는 「여름날 숲속에서」로, 크고 우람한 나무 밑둥치를 보고 아버지의 다리를 떠올린 내용입니다. 시 「바다」는 바다를 보고 엄마와 아빠를 떠올렸으므로, 두 시 모두 자연물을 보고 가족을 떠올렸습니다.

6 1연에서는 바다가 엄마처럼 가슴이 넓다고 표현했으므로 따뜻하고 다정한 바다를 의미하고, 2연에서는 바다가 아빠처럼 못하는 게 없다고 표현했으므로 든든하고 믿음직스러운 바다를 의미합니다.

7 이 시에서 바다와 엄마의 공통점은 무엇을 품에 안고 달래 주는 점이고, 바다와 아빠의 공통점은 무거운 것을 들어 올리고 띄우는 점입니다.

어휘 탄탄 마무리

3 '온갖'은 '이런저런 여러 가지의.'라는 뜻의 낱말입니다. '온통'은 '있는 전부.'를 뜻하고, '별개'는 '관련성이 없어 서로 다름.'을 뜻하므로 '온갖'과 뜻이 비슷한 낱말이 아닙니다.

쏙쏙! 내용 정리

1 이 2 부리
3 혀 4 입, 물
5 없는

정답

1 ① 2 ③
3 ④
4 (1) 길다 (2) 좁다
  (3) 무겁다 (4) 무르다
5 (1) ○ (2) △ (3) △
6 ③
7 ❶ 딱따구리
  ❷ 두꺼비 ❸ 해마
  ❹ 먹이

어휘 탄탄 마무리

1 (1) 담그다
  (2) 갉다
  (3) 진공청소기
  (4) 갈고리

2 (1) ──── ㉮
  (2) ──── ㉯
  (3) ──── ㉰

3 (1) 삼키다
  (2) 단단하다
  (3) 구부러지다
  (4) 집다

---

1 우리가 아는 동물은 대부분 이가 있습니다. 동물은 이로 먹이를 잡거나 씹어서 삼킵니다. 그러나 이가 없는 동물도 있습니다. 이가 없는 동물도 저마다 다른 방법으로 먹이를 먹습니다.
설명 대상

핵심 ① 이가 없는 동물이 먹이를 먹는 방법 ①
2 부리를 이용하여 먹이를 잡거나 먹는 동물이 있습니다. 『독수리는 튼튼하고 끝이 갈고리처럼 구부러진 부리로 먹이를 찢어 먹습니다. 딱따구리는 가볍고 단단한 부리로 구멍을 파 나무에 숨어 있는 곤충을 잡아먹습니다. 그리고 왜가리는 머리를 물에 담그지 않고도 길고 끝이 뾰족한 부리로 먹이를 잡아먹을 수 있습니다.』
중심 문장 『 』: 부리를 이용하는 동물

핵심 ② 이가 없는 동물이 먹이를 먹는 방법 ②
3 혀로 먹이를 잡거나 먹는 동물도 있습니다. 『카멜레온은 곤봉처럼 생긴 아주 긴 혀를 총처럼 쏘아서 벌레를 잡아 삼킵니다. 두꺼비도 카멜레온보다는 짧지만 길고 넓은 혀로 번개처럼 빠르게 벌레를 잡아 삼킵니다. 달팽이는 치설이라고 하는, 강판처럼 거친 혀로 잎이나 꽃을 갉아 먹습니다.』
중심 문장 『 』: 혀를 이용하는 동물

핵심 ③ 이가 없는 동물이 먹이를 먹는 방법 ③
4 입으로 먹이를 빨아들이거나 물과 함께 마시는 동물도 있습니다. 『바다에 사는 해마는 기다란 주둥이 끝에 달린 진공청소기처럼 생긴 긴 입으로 아주 작은 동물을 빨아들입니다. 흰긴수염고래와 같이 고래수염이 있는 고래들은 크릴새우를 바닷물과 함께 들이마십니다. 그런 다음에 물은 고래수염 사이로 뱉어 내고 크릴새우만 걸러서 삼킵니다.』
중심 문장 『 』: 입을 이용하는 동물

5 이가 없는 동물도 저마다 여러 가지 방법으로 먹이를 먹습니다. 부리를 이용하여 먹이를 잡거나 먹기도 하고, 혀로 먹이를 잡거나 먹기도 하며, 입으로 먹이를 빨아들이거나 물과 함께 마시기도 합니다.
글의 중심 내용

핵심 ① 이가 없는 동물이 먹이 먹는 방법 ①	핵심 ② 이가 없는 동물이 먹이 먹는 방법 ②	핵심 ③ 이가 없는 동물이 먹이 먹는 방법 ③
➔ 부리를 이용하여 먹이를 잡거나 먹음. 예) 독수리, 딱따구리, 왜가리	➔ 혀로 먹이를 잡거나 먹음. 예) 카멜레온, 두꺼비, 달팽이	➔ 입으로 먹이를 빨아들이거나 물과 함께 마심. 예) 해마, 흰긴수염고래

주제 이가 없는 동물이 먹이를 먹는 여러 가지 방법

1 이 글은 이가 없는 동물이 먹이를 먹는 방법에 대하여 쓴 글로, 이가 없는 동물들이 어떻게 먹이를 먹는지 예를 들어 자세히 설명하고 있습니다.

2 딱따구리와 왜가리는 이가 없어 부리를 이용하여 먹이를 잡거나 먹습니다.

3 3 에서 카멜레온은 곤봉처럼 생긴 아주 긴 혀를 총처럼 쏘아서 벌레를 잡아 삼킨다고 했습니다.

4 '무르다'는 '단단하거나 뻣뻣하지 않고 여리다.'를 뜻하는 낱말입니다.

5 중심 내용은 다른 내용을 대표할 수 있는 내용이고, 세부 내용은 중심 내용을 자세히 설명하는 내용입니다.

|오답 풀이| 4 에서 입으로 먹이를 빨아들이거나 물과 함께 마시는 동물에 해마와 흰긴수염고래가 있다고 했습니다. 따라서 '입으로 먹이를 빨아들이거나 물과 함께 마시는 동물도 있습니다.'가 중심 내용이고, 나머지는 구체적인 예를 들어 중심 내용을 설명해 주는 세부 내용입니다.

6 제시된 내용은 끈끈한 혀로 먹이를 먹는 개미핥기에 대한 내용이므로, 혀로 먹이를 잡거나 먹는 동물에 대해 설명하는 3 에 어울리는 내용입니다.

7 이가 없는 동물 가운데 부리를 이용해 먹이를 먹는 동물, 혀를 이용해 먹이를 먹는 동물, 입을 이용해 먹이를 먹는 동물에 무엇이 있는지 글에서 찾아 정리하고 글의 중심 내용을 한 문장으로 요약합니다.

어휘 탄탄 마무리

3 '삼키다'는 '무엇을 입에 넣어서 목구멍으로 넘기다.', '단단하다'는 '사물이 어떤 힘에 의해 모양이 변하지 않을 정도로 딱딱하다.', '구부러지다'는 '한쪽으로 굽어 휘어지다.', '집다'는 '손가락이나 발가락으로 물건을 잡아서 들다.'라는 뜻의 낱말입니다.

문해력 상승
읽기 전략
핵심 내용을 따라 읽으며 흐름을 정리해 보세요.

쏙쏙! 내용 정리

1 가게, 볼펜
2 재닛   3 프린들
4 서약서

정답

1 ⑤   2 ④
3 ④
4 (1) 가리키다
　 (2) 가르쳐
5 프린들   6 상현
7 ❶ 프린들   ❷ 닉
　 ❸ 재닛   ❹ 서약서
　 ❺ 볼펜(펜)

어휘 탄탄 마무리

1 (1) ● ─── ● ㉮
　 (2) ●　 ╳　 ● ㉯
　 (3) ● ─── ● ㉰

2 (1) 나서다
　 (2) 건네주다
　 (3) 가리키다
　 (4) 심각하다

3 (1) ②
　 (2) ①
　 (3) ①

[앞부분 이야기] 닉과 재닛이 길을 가는데 재닛이 금빛 볼펜을 길바닥에 툭 떨어뜨렸다. 닉은 그 펜을 집어서 재닛에게 건네주면서 '펜'이라고 하지 않고, 프린들이라고 말했다. 재닛은 프린들이 무엇인지 물었지만 닉은 대답해 주지 않았고, 닉은 기발한 계획을 실천에 옮기기로 했다.

1 이튿날, 수업이 끝난 뒤 계획이 시작되었다. 핵심 ① 프린들을 달라고 한 닉과 친구들 닉은 페니 팬트리 가게에 가서 계산대에 있는 아주머니에게 프린들을 달라고 했다.

아주머니는 눈을 가늘게 뜨고 물었다. / "뭐라고?"
프린들이라는 말을 처음 들은 가게 아주머니의 반응 ①
"프린들요. 까만색으로요."

닉은 이렇게 말하며 싱긋 웃었다. 아주머니는 한쪽 귀를 닉 쪽으로 돌리며
프린들이라는 말을 처음 들은 가게 아주머니의 반응 ②
닉에게 몸을 더 가까이 기울었다.

"뭘 달라고?" / "프린들요."

닉은 아주머니 뒤쪽 선반에 있는 볼펜을 가리켰다. / "까만색으로요."
프린들이라는 말을 처음 들은 가게 아주머니의 반응 ③
아주머니는 닉에게 볼펜을 주었다. 닉은 아주머니에게 45센트를 건네주고는 "안녕히 계세요." 하고 인사한 뒤 가게를 나섰다.

2 엿새 뒤, 재닛이 그 계산대 앞에 서 있었다. 똑같은 가게, 똑같은 아주머니였다.
시간의 흐름
그 전날은 존이 다녀갔고, 그 전날은 피트가, 그 전날은 크리스가, 그 전날은 데이브가 다녀갔다. 재닛은 닉의 부탁을 받고 프린들을 사러 온 다섯
팬트리 가게에 프린들을 사러 온 친구들
번째 아이였다.

핵심 ② 프린들을 알게 된 아주머니
3 재닛이 프린들을 달라고 하자, 아주머니는 볼펜 쪽으로 손을 뻗으며 물었다. / "파란색, 까만색?"

닉은 옆에 있는 사탕 진열대 앞에 서 있다가 씨익 웃었다.
닉은 자신의 계획대로 되어 가는 것을 확인하고 웃었음.
프린들은 이제 펜을 가리키는 어엿한 낱말이다.

4 30분 뒤, 5학년 아이들이 심각한 표정을 지으며 닉의 방에서 회의를 했다. 존, 피트, 데이브, 크리스, 재닛이었다. 닉까지 합하면 여섯 명. 여섯 명의 비밀 요원이었다!

아이들은 오른손을 들고 닉이 쓴 서약서를 읽었다.
핵심 ③ 닉이 쓴 서약서를 읽은 친구들(존, 피트, 데이브, 크리스, 재닛)
나는 오늘부터 영원히 펜이라는 말을 쓰지 않겠다. 그 대신 '　㉠　'(이)란 말을 쓸 것이며, 다른 사람들도 그렇게 하도록 최선을 다할 것을 맹세한다.

핵심 ① 프린들을 달라고 한 닉과 친구들
➡ 닉과 친구들은 차례대로 팬트리 가게에 가서 볼펜이 아닌 프린들을 달라고 함.

핵심 ② 프린들을 알게 된 가게 아주머니
➡ 재닛이 프린들을 달라고 하자, 아주머니가 볼펜을 꺼내 주려고 함.

핵심 ③ 닉이 쓴 서약서를 읽은 친구들
➡ 닉과 친구들은 펜이라는 말 대신 '프린들'이란 말을 쓰기로 맹세함.

주제 사용하는 사람들 사이의 약속을 통해 만들어지는 말

1 ⑤가 동화(이야기글)에 대한 설명으로, 이 글의 특징으로 알맞습니다.
|오답 풀이| ① 극본에 대한 설명입니다.
　　　　　 ② 논설문에 대한 설명입니다.
　　　　　 ③ 전래 동화에 대한 설명입니다.
　　　　　 ④ 일기에 대한 설명입니다.

2 닉은 가게 아주머니에게 프린들의 진짜 의미를 설명해 주지 않았고, 볼펜을 가리키기만 했습니다.

3 닉은 자신의 부탁을 받은 친구들이 차례로 다녀간 후, 아주머니가 프린들이라고 말해도 볼펜으로 알아듣는 것을 확인하고 씨익 웃었습니다.

4 화장실 쪽으로 손가락을 향하게 하여 다른 사람에게 알려 준 것에는 '가리키다'가 알맞고, 컴퓨터 다루는 방법을 설명해 주어 알게 해 준 것에는 '가르치다'가 알맞습니다.

5 **1**~**3**에서 닉과 친구들이 '펜'이라는 말 대신 '프린들'이라는 말을 쓰는 내용이 나오므로 '펜' 대신에 쓸 말이 '프린들'이라는 것을 짐작할 수 있습니다.

6 닉은 사람들이 '펜'을 '프린들'이라고 부르게 하는 새로운 계획을 세우고 행동으로 옮기고 있습니다. 닉과 성격이 가장 비슷한 사람은 항상 새로운 놀이를 생각해 내는 '상현'입니다.

7 닉과 친구들이 한 일을 시간의 흐름에 따라 파악하고 정리해 봅니다.

어휘 탄탄 마무리

3 (1) 몸을 앞으로 낮아지게 한 것이므로, ②의 뜻으로 쓰인 문장입니다. (2) 작품을 정성들여 만들었으므로, ①의 뜻으로 쓰인 문장입니다. (3) 안내 방송을 듣기 위해 노력하는 상황이므로, ①의 뜻으로 쓰인 문장입니다.

쏙쏙! 내용 정리

1 가위 2 포장지
3 씌웁니다 4 옆면
5 손

정답

1 ②

2 (1) 3 (2) 2 (3) 1

3 ⑤   4 ③

5 ①

6 포장지 자르기, 포장지 씌우기, 옆면 포장하기

7 ❶ 준비한다 ❷ 자른다 ❸ 씌운다 ❹ 포장한다

어휘 탄탄 마무리

1 (1) 위쪽
  (2) 가장자리
  (3) 씌우다
  (4) 맞추다

2 (1) ━ ㉮
  (2) ━ ㉯
  (3) ━ ㉰

3 (1) ①
  (2) ③

---

1 다른 사람에게 선물할 때 예쁘게 포장해 주면 받는 사람의 기쁨은 훨씬 커집니다. 그럼 선물 상자를 예쁘게 포장하는 방법을 알아볼까요?

글에서 설명하는 내용
준비물 선물 상자, 포장지, 양면테이프, 가위

핵심 ① 선물 상자를 포장하는 방법 ①
2 먼저, 선물을 포장할 포장지를 자릅니다. 상자를 포장지의 가운데에 놓고 두께를 ㉠재어 손으로 눌러 표시해 둡니다. 표시해 둔 부분을 접고, 남는 부분을 가위로 자릅니다.

핵심 ② 선물 상자를 포장하는 방법 ②
3 다음은, 선물 상자에 포장지를 씌웁니다. 포장지에 상자를 올려놓은 다음, 포장지 양 끝이 가운데에서 겹치도록 씌웁니다. 겹치는 부분을 2~3센티미터 두고 남는 부분을 자릅니다. 그러고 나서 겹치는 부분의 한쪽을 1센티미터 정도 접습니다. 접은 부분에 양면테이프를 붙입니다. 이때 포장지를 상자 가운데에 맞추어 당기면서 붙입니다.
포장지를 씌우는 방법

핵심 ③ 선물 상자를 포장하는 방법 ③
4 그런 다음 옆면을 포장합니다. 옆면 포장지를 상자 위쪽 가장자리에 맞추어 아래로 접고, 양옆 포장지를 가장자리에 맞추어 안쪽으로 접습니다. 아래쪽은 접은 선이 상자의 가운데에 오도록 접으면 됩니다. 접은 부분에 양면테이프를 붙여 마무리합니다. 반대쪽도 같은 방법으로 합니다.

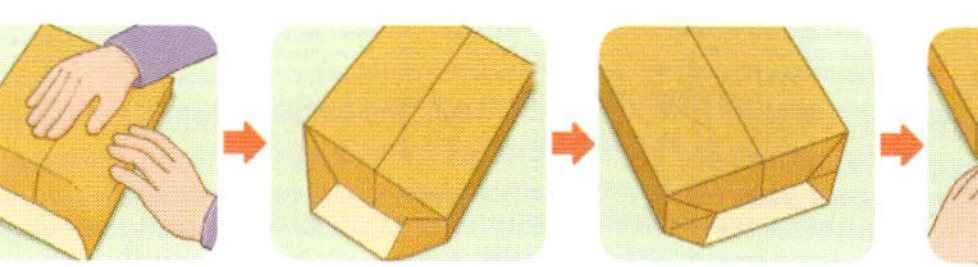

5 선물 상자를 깔끔하고 예쁘게 포장하려면 포장지가 구겨지지 않도록 해야 합니다. 또 접는 부분은 손으로 힘을 주어 눌러서 접습니다.
주의할 점 ①
주의할 점 ②

핵심 ① 선물 상자를 포장하는 방법 ①
➜ 선물을 포장할 포장지를 자름.

핵심 ② 선물 상자를 포장하는 방법 ②
➜ 선물 상자에 포장지를 씌움.

핵심 ③ 선물 상자를 포장하는 방법 ③
➜ 선물 상자의 옆면을 포장함.

주제 선물 상자를 예쁘게 포장하는 방법

1 이 글은 선물 상자를 포장하는 방법을 차례대로 설명한 글입니다.
| 오답 풀이 | ① 광고문의 특징입니다.
③ 편지의 특징입니다.
④ 기행문의 특징입니다.
⑤ 일기의 특징입니다.

2 2에서 '포장지 자르기' 방법의 순서를 알 수 있습니다. (3) → (2) → (1)의 순서대로 포장지를 자릅니다.

3 선물 상자에 포장지를 씌운 다음 옆면을 포장할 때, 가장 먼저 할 일입니다.

4 ③은 자로 길이의 정도를 알아보았다는 의미이므로, '재다'가 ㉠과 같은 뜻으로 쓰였습니다.
| 오답 풀이 | ①, ② 고기 등의 음식을 양념하여 그릇에 차곡차곡 담아 두다.
④ 동작이 재빠르다.
⑤ 잘난 척하며 으스대거나 뽐내다.

5 상자보다 큰 크기의 포장지를 쓰는 것이 알맞고, 가위를 사용해 포장지를 자릅니다. 또, 접는 부분은 손으로 힘을 주어 눌러서 접고, 양면테이프를 붙여 옆면 포장을 마무리해야 선물 상자를 깔끔하고 예쁘게 포장할 수 있습니다.

6 선물 상자를 포장하는 방법을 크게 3단계로 정리할 수 있습니다.

7 선물 상자를 포장할 때 준비물을 챙기고, 포장지를 자른 다음 선물 상자에 포장지를 씌웁니다. 끝으로 선물 상자의 옆면을 포장합니다. 일의 순서에 맞게 알맞은 내용을 글에서 찾아 정리하여 씁니다.

어휘 탄탄 마무리

3 (1) 물건을 상자 안에 넣어 싼 것이므로, ①의 뜻으로 쓰인 문장입니다. (2) 도로를 단단하고 평평하게 만든 것이므로, ③의 뜻으로 쓰인 문장입니다.

문해력 상승
읽기 전략
핵심 내용을 따라 읽으며 흐름을 정리해 보세요.

쏙쏙! 내용 정리

1 빛 공해　2 수면
3 곤충　4 조절
5 주의

정답

1 인공조명
2 ④　3 ①, ②
4 (1)　　　㉮
　(2)　　　㉯
　(3)　　　㉰
5 ③
6 ③
7 ❶ 빛　❷ 공해
　❸ 철새　❹ 인공조명

어휘 탄탄 마무리

1 (1) ㉯　(2) ㉭
　(3) ㉰　(4) ㉮
2 (1) 인공조명
　(2) 정상적
　(3) 공해
3 (1) 읽었다
　(2) 잃었다
　(3) 잊었다

---

1 인공조명이란 태양이나 달빛 같은 자연의 빛이 아니라, 전등처럼 사람이
핵심어
만들어 낸 빛을 말합니다. 인공조명을 사용하면 편리하지만 과도하게 사용
하면 '빛 공해'라는 문제를 일으킵니다. '빛 공해'란 인공조명이 너무 밝거나
인공조명의 뜻
지나치게 많아 야간에도 낮처럼 밝은 상태가 유지되는 현상을 말합니다. 인
빛 공해의 뜻
공조명이 우리에게 미치는 영향을 자세히 알아보겠습니다.

핵심 ① 인공조명으로 생기는 문제 ①
2 첫 번째로, 인공조명은 밤을 낮처럼 밝게 만들기 때문에 ㉠사람들의 수
면에 문제를 일으킵니다. 우리 몸은 잠을 자기 위해 '멜라토닌'이라는 호르몬
인공조명으로 수면에 문제가 생기는 까닭
을 필요로 합니다. 그런데 밝은 빛은 이 호르몬의 분비를 방해합니다. 인공조
명이 내는 밝은 빛 때문에 잠을 충분히 자지 못하면 건강을 해칠 뿐만 아니
라 집중력이 떨어져서 성인은 일을 잘하기 어렵고, 학생은 학교에서 수업을
잘 듣지 못하게 됩니다.

핵심 ② 인공조명으로 생기는 문제 ②
3 두 번째로, 인공조명으로 밤이 밝아지면 사람과 더불어 살아가는 수많은
동물에게도 나쁜 영향을 끼칩니다. 예를 들어, 밤하늘의 별을 보고 길을 찾는
철새들은 밝은 빛 때문에 방향을 잃을 수 있습니다. 또, 곤충들은 낮과 밤을
인공조명으로 피해를 입는 동물들의 예
구별하지 못하고 정상적인 생활을 하지 못하게 됩니다. 그래서 결국에는 지
구에 살아가는 곤충의 수가 줄어드는 문제를 낳기까지 합니다.

4 이러한 인공조명으로 인해 생기는 문제들을 해결하기 위해서 우리가 할
수 있는 일이 있습니다. 첫째, 필요한 곳에만 불을 켜고, 사용하지 않는 조명
은 끄는 습관을 가집니다. 둘째, 밤에는 밝기를 조절할 수 있는 조명을 사용
인공조명 문제를 해결하기 위해 할 일 ①
하거나, 눈이 덜 부신 노란색 조명을 사용하는 것이 좋습니다. 이렇게 하면
인공조명 문제를 해결하기 위해 할 일 ②
빛 공해를 줄이는 데 도움이 됩니다.

핵심 ③ 글쓴이의 주장
5 우리 모두가 인공조명을 사용할 때 조금 더 주의를 기울여 건강도 지키고
환경도 보호합시다. 빛 공해를 줄이기 위한 우리의 작은 노력이 모여 큰 변화
를 만들 것입니다.

핵심①　인공조명으로 생기는 문제 ①
→ 인공조명은 사람들의 수면에 문제를 일으킴.

핵심②　인공조명으로 생기는 문제 ②
→ 인공조명은 수많은 동물에게 나쁜 영향을 끼침.

핵심③　인공조명으로 생기는 문제 ③
→ 인공조명을 사용할 때 주의를 기울여 건강도 지키고 환경을 보호해야 함.

주제　빛 공해를 일으키는 인공조명을 사용할 때 주의를 기울이자.

1 이 글은 인공조명에 의한 빛 공해와 그 영향에 대해 설명하고, 빛 공해를 줄여야 한다고 주장하는 글입니다.

2 2에서 밝은 빛은 멜라토닌의 분비를 방해한다고 하였으므로 ④가 알맞습니다. 이 글에서 인공조명 때문에 사람들의 수면에 문제가 생긴다고 하였으므로, ①과 ⑤는 알맞지 않습니다.

3 3에서 철새들은 밝은 빛 때문에 방향을 잃을 수 있다는 내용과 곤충들이 낮과 밤을 구별하지 못하고 정상적인 생활을 하지 못해서 곤충의 수가 줄어든다는 부분을 통해 답을 찾을 수 있습니다.

4 '인공'의 뜻과 '부화', '지능', '조명'의 뜻을 생각하면 각각의 낱말의 뜻을 파악할 수 있습니다.

5 4에서 빛 공해로 인한 문제들을 해결하기 위해서 우리가 할 수 있는 일을 살펴볼 수 있습니다. 최대한 밝은 조명을 사용하자는 내용은 글에 없습니다.

6 경민이와 라영이는 인공조명으로 인한 빛 공해로 시민들이 겪는 불편을 없애려고 △△시에서 빛 공해 관리 정책을 내놓았다는 사실과 관련해 대화를 나누었습니다. 이 정책은 글쓴이의 주장을 실현할 수 있고, 글쓴이의 주장과 관련 있는 내용입니다.

7 이 글은 인공조명의 사용과 그로 인한 빛 공해 문제를 설명하고 해결 방안을 제시하는 구조로 되어 있습니다.

어휘 탄탄 마무리

3 (1) 책을 소리 내어 말로 나타낸 것이므로, '읽다'가 알맞습니다. (2) 길을 찾지 못하게 된 것이므로, '잃다'가 알맞습니다. (3) 한번 알았던 것을 기억하지 못하는 것이므로, '잊다'가 알맞습니다.

쏙쏙! 내용 정리

1 항아리　2 농부
3 판결　4 아버지

정답

1 ④　　2 ④
3 ③　　4 ①
5 윤정, 우성
6 ㉣
7 ❶ 항아리
　 ❷ 부자 영감
　 ❸ 관가
　 ❹ 아버지

어휘 탄탄 마무리

1 (1)　㉮
　(2)　㉯
　(3)　㉰
　(4)　㉱

2 (1) 판결
　(2) 궁리
　(3) 괭이질

3 가려내다

---

1 옛날 어느 마을에 부지런한 농부가 살고 있었다. 이 농부는 열심히 일해
＜이야기의 배경＞ ＜중심인물 ①＞
욕심쟁이 부자 영감의 밭을 샀다. 그 밭은 돌멩이가 많아 농사를 지을 수 없
＜중심인물 ②＞
었다. 그래서 농부는 매일 밭을 ㉠갈고 돌멩이를 골라냈다.

그러던 어느 날, 농부가 괭이질을 하다가 커다란 항아리를 발견했다. 일을
＜사건의 발단＞
마친 농부는 항아리에 괭이를 넣어 집으로 돌아왔다.

㉡이튿날 아침, 농부는 항아리에서 괭이를 꺼냈다. 그런데 항아리 안에는
괭이가 또 하나 들어 있었다. 농부는 다시 괭이를 꺼냈다. 그런데도 항아리
＜농부가 요술 항아리라고 생각한 까닭＞
안에는 여전히 괭이가 있었다.

'이거 혹시 요술 항아리가 아닐까?'
핵심 ① 요술 항아리로 부자가 된 농부와 다툰 부자 영감
농부는 일부러 엽전 하나를 항아리 안에 넣었다가 꺼냈다. 그랬더니 정말
항아리 안에 엽전이 그대로 남아 있었다. 꺼내고 또 꺼내어 엽전은 마당에 그
득 쌓였다. 농부는 부자가 되었다.

2 이 소문은 온 마을에 퍼져 농부에게 밭을 판 욕심쟁이 부자 영감도 듣게
＜농부가 요술 항아리로 부자가 되었다는 소문＞
되었다. 부자 영감은 그 요술 항아리를 어떻게 하면 빼앗을 수 있을지 온갖
㉢궁리를 하다가 농부를 찾아갔다.

"자네, 그 요술 항아리는 어디서 얻었는가?"

"제 밭에서 파내었습니다."

"나는 자네에게 밭만 팔았지, 항아리는 팔지 않았네. 그러니 항아리를 내놓
＜부자 영감이 항아리를 달라고 말한 근거＞
게."

"안 됩니다. 항아리는 제 것입니다."

3 두 사람은 다툼 끝에 ㉣고을 원님에게 가서 판결을 받기로 했다. 그런데
＜중심인물 ③＞
원님도 그 항아리가 몹시 탐이 났다.
핵심 ② 요술 항아리를 욕심 낸 원님과 항아리에 빠진 원님의 아버지
"이 항아리 때문에 사이좋던 이웃이 다툴 수는 없다. 이 항아리를 관가에
㉤보관하겠다. 그러면 서로 다투지 않고 잘 지낼 것이다."

결국, 농부와 부자 영감은 항아리를 둔 채 돌아갔다.

4 그날 저녁, 원님의 아버지가 요술 항아리를 보았다. 원님의 아버지는 항
＜중심인물 ④＞
아리에 무엇이 들어 있는지 궁금하여 허리를 굽히고 안을 들여다보았다. 그
러다가 그만 항아리 안에 빠지고 말았다.

| 핵심 ① | 요술 항아리로 부자가 된 농부와 다툰 부자 영감 |

➜ 농부가 밭에서 항아리를 발견해 부자가 됨. 부자 영감이 그 항아리를 내놓으라고 하여 농부와 부자 영감이 다툼.

| 핵심 ② | 요술 항아리를 탐낸 원님과 항아리에 빠진 원님의 아버지 |

➜ 원님은 농부와 부자 영감에게 항아리를 관가에 보관하겠다고 함. 결국 원님의 아버지가 요술 항아리 안에 빠짐.

주제 욕심이 지나치면 화를 부른다.

---

1 이 글에 부지런한 농부, 욕심쟁이 부자 영감, 원님, 원님의 아버지가 나옵니다.

2 농부는 돌멩이가 많아 농사를 지을 수 없었던 밭을 사서 매일 밭을 가는 부지런한 성격입니다.

3 글의 끝부분에 원님의 아버지가 허리를 굽혀 요술 항아리를 들여다보다가 항아리 안에 빠졌다는 내용을 통해 ③이 글의 내용과 다른 것을 알 수 있습니다.

4 '묻다'는 '물건을 흙이나 다른 물건 속에 넣어 보이지 않게 쌓아 덮다.'라는 뜻의 낱말이므로, '갈다'와 뜻이 반대입니다.

|오답 풀이|　② 이튿날: 어떤 일이 있은 그다음의 날.
　　　　　③ 궁리: 마음속으로 이리저리 따져 깊이 생각함. 또는 그런 생각.
　　　　　④ 고을: 옛 말투로 지방. 마을.
　　　　　⑤ 보관하겠다: 물건을 맡아서 간직하고 관리하겠다.

5 농부와 부자 영감이 요술 항아리를 두고 다투다가 결국 원님에게 갔다는 내용을 통해 대화로 모든 문제가 해결되지는 않는다는 것을 알 수 있습니다.

6 농부가 요술 항아리에 괭이를 넣었을 때 하나 더 생기고, 엽전을 넣었을 때 엽전이 계속 나왔습니다. 이를 통해 항아리에 들어간 원님의 아버지도 항아리에서 계속 나와 여러 명이 생길 것임을 짐작할 수 있습니다.

7 요술 항아리에 얽힌 일을 시간의 흐름에 따라서 정리합니다. 이 글에서는 결말이 드러나지는 않았지만, 원님의 아버지가 항아리 안에 빠져 원님에게 곤란한 일이 생길 것을 짐작할 수 있습니다.

어휘 탄탄 마무리

3 '골라내다'는 '여럿 가운데서 어떤 것을 구별해서 집어내다.'라는 뜻이므로, '여럿 가운데서 어떤 것을 골라내다.'라는 뜻의 '가려내다'와 뜻이 비슷합니다.

문해력 상승
읽기 전략

핵심 내용을 따라 읽으며 흐름을 정리해 보세요.

쏙쏙! 내용 정리

1 순서　　2 산가지
3 첫 번째　4 불리하다
5 윗부분　6 쌓인
7 많은

정답

1 산가지 떼어 내기
2 ⑤　　3 ④
4 ③　　5 ㉰
6 (2) ○
7 ❶ 떼어 내는
　❷ 첫 번째 사람
　❸ 우승자 ❹ 산가지

어휘 탄탄 마무리

1 (1) 더미　　(2) 가능성
　(3) 벌칙　　(4) 우승자
2 (1) ―――― ㉮
　(2) ―――― ㉯
　(3) ―――― ㉰
3 (1) 맞이하다
　(2) 가리다
　(3) 익히다
　(4) 움켜잡다

　산가지 놀이 중에서 떼어 내기 놀이는 두 명 이상 네 명 정도의 사람들이 산가지만 준비하면 장소를 불문하고 어디에서든지 할 수 있다. 산가지 떼어 내기 놀이의 순서와 규칙을 익혀 보자. (설명 대상)

핵심 ① 산가지 떼어 내기 놀이 방법 ①
1 먼저, 산가지를 떼어 내는 순서를 정한다. 가위바위보를 하여 순서를 정하는데 자기 차례가 되어야 산가지를 떼어 낼 수 있다.

핵심 ② 산가지 떼어 내기 놀이 방법 ②
2 가위바위보에서 첫 번째 순서가 된 사람이 산가지를 모두 움켜잡았다가 놓는다. 움켜잡았던 산가지를 놓으면 산가지가 바닥에 흩어지거나 겹쳐 놓이게 된다. 첫 번째 사람은 다른 산가지를 건드리지 않고 산가지를 떼어 내기 쉽다. 첫 번째 사람이 먼저 산가지를 떼어 가져간다.

3 두 번째 사람은 첫 번째 사람이 떼어 낸 다음, 산가지를 떼어 낸다. 이때에도 다른 산가지를 건드리지 않게 조심한다. 두 번째 사람도 다른 산가지를 건드리지 않았다면 떼어 낸 산가지를 가져간다. 만약, 다른 산가지를 건드리면 산가지를 가져가지 않고 그대로 둔다.

(산가지 떼어 내기 놀이의 규칙 ①)
4 쉽게 떼어 낼 수 있는 산가지가 없을 때 자기 차례를 맞이한 사람은 ㉠불리하다. (산가지 떼어 내기 놀이에서 불리한 경우) 산가지를 떼어 내려다가 쌓여 있는 산가지 전체를 다시 흩어 놓게 된다. 다른 산가지를 건드리면 산가지를 떼어 올 수 없으면서 다음 사람이 떼어 내기 쉽도록 산가지를 흩어 주기만 할 뿐이다. (쉽게 떼어 낼 수 있는 산가지가 없을 때 차례를 맞이하면 불리한 이유)

(산가지 떼어 내기 놀이의 규칙 ②)
5 쌓여 있는 산가지의 윗부분에서 떼어 내지 못하면 다른 부분에서 떼어 낼 수 있는 산가지를 찾아보아야 한다. 아랫부분에서 다른 산가지를 움직이지 않고 떼어 낼 수 있는 산가지를 찾기도 한다. 어렵지만 이렇게 산가지를 떼어 낼 수 있다면 이길 가능성이 높다. 다음 사람은 산가지를 잘 떼어 내지 못할 가능성이 높기 때문이다.

6 쌓인 산가지가 다 없어질 때까지 순서대로 산가지를 떼어 낸다. 처음에는 먼저 떼어 내는 사람이 잘 떼어 낼 수 있지만, 순서가 지나갈수록 앞사람이 어떻게 산가지 더미를 흩어 놓았는지에 따라 달라진다.

핵심 ③ 산가지 떼어 내기 놀이의 규칙 ③
7 맨 마지막에는 우승자를 가린다. 가져온 산가지가 가장 많은 사람이 우승한다. 우승자는 산가지가 가장 적은 사람에게 벌칙을 줄 수 있다.

핵심 ① 산가지 떼어 내기 놀이 방법 ①	핵심 ② 산가지 떼어 내기 놀이 방법 ②	핵심 ③ 산가지 떼어 내기 놀이 방법 ③
➔ 가위바위보를 하여 산가지를 떼어 내는 순서를 정함.	➔ 첫 번째 사람부터 순서대로 산가지를 떼어 가져감.	➔ 맨 마지막에 우승자를 가림. 가져온 산가지가 가장 많은 사람이 우승함.

주제 산가지 떼어 내기 놀이의 순서와 규칙

1 이 글은 산가지 놀이 중에서 떼어 내기 놀이에 대해 설명하였습니다.

2 산가지 떼어 내기 놀이를 할 때, 다른 산가지를 건드리면 산가지를 가져가지 않고 그대로 둬야 합니다.

｜오답 풀이｜ ① 쉽게 떼어 낼 수 있는 산가지가 없을 때 자기 차례를 맞이한 사람은 불리하지만 놀이를 멈추지는 않습니다.
② 첫 번째 순서가 된 사람이 산가지를 모두 움켜잡고 놓습니다.
③ 쌓여 있는 산가지의 윗부분에서 떼어 내지 못하면 다른 부분에서 떼어 낼 수 있는 산가지를 찾아보아야 합니다.
④ 순서가 지나갈수록 앞사람이 어떻게 산가지 더미를 흩어 놓았는지에 따라 달라집니다.

3 산가지가 없어질 때까지 놀이를 한 다음, 산가지를 가장 많이 가지고 있는 사람이 이기게 된다고 했습니다.

4 '유리하다'는 '이익이 있다.'라는 뜻이므로 '불리하다'와 뜻이 반대입니다.

5 산가지는 옛날에 수를 셈하는 데 쓰던 막대기입니다. 산가지를 떼어 내는 놀이 방법을 설명한 글에 산가지를 가지고 노는 모습의 그림이 알맞습니다.

6 놀이의 이름이 '산가지로 모양 만들기 놀이'라는 점과 ㉠의 앞뒤 내용을 살펴볼 때, (2)의 내용이 알맞습니다.

7 산가지 떼어 내기 놀이 방법과 규칙을 글에서 찾아 정리하고, 산가지 떼어 내기 놀이는 어떤 놀이인지 한 문장으로 요약합니다.

어휘 탄탄 마무리

3 '맞다'는 '시간이 흐름에 따라 오는 어떤 때를 대하다.', '골라내다'는 '여럿 가운데서 어떤 것을 골라서 따로 집어내다.', '공부하다'는 '학문이나 기술을 배우고 익히다.', '쥐다'는 '손가락을 오므려 힘 있게 잡다.'라는 뜻의 낱말입니다.

문해력 상승
읽기 전략
핵심 내용을 따라 읽으며 흐름을 정리해 보세요.

쏙쏙! 내용 정리

1 산꼭대기 2 콧수염
3 아인슈타인
4 호기심 5 현실

정답

1 ②   2 ④
3 ①   4 ㉮
5 민준 6 ⑤
7 ❶ 기관차 ❷ 탐정
  ❸ 상상
  ❹ 아인슈타인

어휘 탄탄 마무리

1 (1) ─ ㉮
  (2) ─ ㉯
  (3) ─ ㉰

2 (1) 불가능한
  (2) 희끗한
  (3) 존재하는
  (4) 영락없는

3 (1) ②
  (2) ①

---

1 "산꼭대기에 왜 열차가 있지?" / 영롱이는 열차에 가까이 다가갔다.
"도대체 이게 뭐야? 이런 게 왜 여기에 있어?"
둥그런 앞판 위에 굴뚝이 세 개 있고, 몸체 아래에는 커다란 쇠바퀴 여럿이
이어져 있었다. 영락없는 증기 기관차였다. (열차가 증기 기관차처럼 보인 까닭)

핵심① 아저씨를 처음 만난 영롱이
2 등 뒤에서 갑자기 사람이 나타났다. 희끗한 머리카락이 아무렇게나 헝클
어지고 콧수염이 윗입술을 살짝 가린 아저씨였다. (아저씨의 모습) 아저씨는 무릎까지 내려
오는 흰색 가운을 입고 있었다. 차림새가 의사 같기도 하고 과학자 같기도 했다. (중심인물 ②) (아저씨의 차림새)

3 "난 이 열차, 그러니까 탐정 사무소의 주인인 명탐정 아인슈타인이란다." (아저씨가 자신을 소개하는 말)
"이 기차가 탐정 사무소라고요?"
영롱이는 아저씨의 모습을 다시 살펴보았다.

4 "난 말이다, 이 세상의 빛과 시간이 무엇인지 알고 싶단다. 영롱이 넌 빛
과 시간이 뭐라고 생각하니?" (아저씨가 알고 싶은 것)
"아저씨, 사실 전 똑똑한 아이가 아니에요. 저한테 물어보지 마시고 그냥
알아듣게 설명을 해 주세요."

핵심② 호기심의 중요성을 말한 아저씨
"그렇게 스스로를 생각하고 있다니 안타깝구나. 자신이 모르는 것에 대해
서 끝까지 ㉠호기심을 가지고 알아내려고 노력하는 것이 중요하단다. 열
정적인 호기심이 세상을 바꾸니까."
영롱이는 커다란 눈을 끔뻑이며 아저씨의 다음 말을 기다렸다.
"빛을 타고 날아가는 상상을 해 보았니? 빛처럼 빠르게 날아갈 수 있다면
이 세상에 어떤 일이 일어날까? 난 항상 이런 상상을 하며 살아." (아저씨가 하는 상상의 내용)

5 "그건 만화 영화에서나 나오는 일인걸요."
핵심③ 상상의 중요성을 말한 아저씨
"상상은 지식보다 훨씬 중요해. 지금은 불가능한 일일지라도 상상하면서
그것을 현실로 만들어 내는 거야." / "정말 그럴까요?"

㉢ "바닷속을 마음껏 다닐 수 있는 잠수함이 처음부터 있었겠어? 『해저 2만
리』라는 책이 쓰일 때만 해도 잠수함은 존재하지 않았지. 하지만 바닷속
을 다니는 잠수함을 상상했기 때문에 잠수함이 현실에 생겨난 거야." (상상력의 중요성을 알려 주는 예)
영롱이는 아저씨의 말이 다 이해되지는 않았다. 그렇지만 탐정 사무소를
구경하고 나니 세상을 바꿀 수 있는 '상상'이란 게 무엇인지 궁금해졌다.

핵심①	아저씨를 처음 만난 영롱이	핵심②	호기심의 중요성을 말한 아저씨	핵심③	상상의 중요성을 말한 아저씨

➡ 영롱이는 산꼭대기에서 발견한 열차에서 명탐정 아인슈타인 아저씨를 만남.

➡ 아저씨는 영롱이에게 열정적인 호기심이 세상을 바꾼다고 말함.

➡ 아저씨는 영롱이에게 상상은 지식보다 훨씬 중요하다고 말함.

주제 호기심을 가지고 상상하며 살아야 한다.

1 이 글은 영롱이가 산꼭대기에서 열차를 발견하고 아저씨를 만나며 겪게 되는
이야기로, 실제로 있을 법한 일을 꾸며 낸 동화입니다. 따라서 영롱이와 아저씨
가 한 일을 알아보며 읽는 것이 알맞습니다.

2 아저씨의 차림새가 의사 같기도 하고 과학자 같기도 했습니다.
오답 풀이 ① 아저씨는 희끗한 머리카락에 콧수염이 있습니다.
② 아저씨는 상상은 지식보다 훨씬 중요하다고 말했습니다.
③ 아저씨는 빛처럼 빠르게 날아가는 상상을 항상 한다고 했습니다.
⑤ 아저씨는 잠수함을 상상했기 때문에 잠수함이 현실에 생겨난 것이라고
말했습니다.

3 ①은 영롱이가 증기 기관차를 보고 한 말이고, ②~⑤는 아저씨가 영롱이에게
한 말입니다.

4 ㉯는 '노파심'의 뜻이고, ㉰는 '질투심'의 뜻입니다.

5 "『해저 2만 리』라는 책이 쓰일 때만 해도 잠수함은 존재하지 않았지."라는 말
을 통해 그 당시에는 잠수함이 발명되지 않았다는 것을 짐작할 수 있습니다.

6 아저씨는 지금은 불가능한 일일지라도 상상하면 그것을 현실로 만들 수 있다
고 생각합니다. 아저씨가 영롱이에게 한 말의 앞뒤 내용을 살펴보고, ㉢에 이
어서 할 말을 찾아야 합니다.

7 인물의 행동과 대화 내용을 통해 이야기의 흐름을 파악하고 빈칸에 들어갈 말
을 글에서 찾아서 씁니다.

어휘 탄탄 마무리

3 (1) 신문에 기사가 실렸다는 뜻이므로, ②의 뜻으로 쓰인 문장입니다. (2) 집 밖
으로 나왔다는 의미이므로, ①의 뜻으로 쓰인 문장입니다.

쏙쏙! 내용 정리

1 원료　2 다시
3 오염　4 물건
5 이점　6 실천

정답

1 재활용, 재사용
2 ②　　3 ④
4 ③　　5 ③
6 재활용품
7 ❶ 물건　❷ 판매
　❸ 재활용　❹ 재사용

어휘 탄탄 마무리

1 (1) 이점
　(2) 원료
　(3) 경제적
　(4) 분리배출
2 (1) — ㉯
　(2) — ㉮
　(3) — ㉰
3 (1) ①
　(2) ②
　(3) ①

문해력 상승 읽기 전략

핵심 내용을 따라 읽으며 흐름을 정리해 보세요

여러분,
지구를 지키는 두 가지 방법!
무엇인지 알고 있나요?

재활용이란 한 번 사용한 물건을 다시 사용할 수 있도록 새로운 물건의 원료로 이용하는 것이에요.

재사용은 이미 사용한 물건을 버리지 않고 다시 쓰는 것을 뜻해요. 같은 용도로 계속 쓰는 것이죠.

재활용은 쓰레기 처리량을 줄여 환경 오염을 막는 데 도움을 줘요. 한국의 재활용률은 높답니다.

플라스틱, 종이, 유리, 금속 등으로 만든 물건이 재활용될 수 있는 재활용품이에요. → 재활용 가능한 물건

배출한 플라스틱은 부수고 녹여 '펠릿'으로 만들어 써요. 유리도 색깔별로 ㉠분류하면 재활용돼요.
→ 재활용 과정

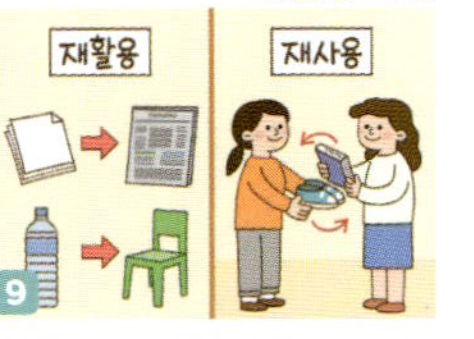

반면에 재사용은 새로운 자원을 덜 쓰게 해요. 물건을 오래 쓰면 경제적이에요.

잘 쓰지 않는 인형이나 신발 등의 물건은 기부하세요. 벼룩시장에서 판매할 수도 있답니다. → 재사용 사례

재활용은 새로운 것을 만들기 위해 변형하는 것!
재사용은 그대로 다시 쓰는 것! → 재활용, 재사용의 차이

가정에서는 분리배출하며 재활용할 수 있어요. 또 필요 없는 물건을 물려주거나 교환해 물건을 오래 재사용할 수 있어요.
→ 재활용, 재사용의 실천 방법

재활용과 재사용을 실천하면 환경을 보호할 수 있고, 불필요한 소비가 줄어들어서 경제적인 이점도 누릴 수 있지요.

지금부터 우리 모두 재활용과 재사용을 함께 실천해 보아요.
지구를 지키고, 더 나은 미래를 만들어요!

핵심 ① 재활용과 재사용의 의미	핵심 ② 재활용과 재사용의 좋은 점	핵심 ③ 재활용과 재사용 권유
➡ 재활용은 사용한 물건을 새로운 물건의 원료로 이용하는 것이고, 재사용은 이미 사용한 물건을 다시 쓰는 것임.	➡ 재활용과 재사용을 실천하면 환경을 보호할 수 있고, 경제적인 이점도 누릴 수 있음.	➡ 재활용과 재사용을 함께 실천하여 지구를 지키고, 더 나은 미래를 만들기를 바람.

주제 재활용과 재사용의 차이와 중요성

1 이 글은 지구를 지킬 수 있는 재활용과 재사용의 의미와 중요성에 대해 설명하는 12컷 카드 뉴스로, 중심이 되는 낱말은 '재활용'과 '재사용'입니다.

2 네 번째 카드에서 '한국의 재활용률은 높답니다.'라고 하였습니다. 따라서 ② '우리나라의 재활용률은 세계에서 가장 낮다.'는 내용이 틀렸습니다.

3 '재활용과 재사용을 실천하면 환경을 보호할 수 있고, 불필요한 소비가 줄어들어서 경제적인 이점도 누릴 수 있지요.'라고 하였습니다. 따라서 환경을 보호하면서 소비를 줄일 수 있다는 것이 재활용과 재사용의 장점입니다.

4 '분류하다'는 '여럿을 종류에 따라서 나누다.'의 뜻으로 유리를 색깔별로 나눈다는 의미로 사용된 낱말입니다. 따라서, '일정한 기준에 따라 전체를 몇 개로 갈라 나누다.'의 의미를 지닌 '구분하다'와 바꾸어 쓸 수 있습니다.

5 신제품을 바로 구입하는 것은 재활용과 재사용을 실천한 사례로 볼 수 없습니다.
|오답 풀이| ①, ④, ⑤ 물건이 재사용될 수 있도록 실천한 예시입니다.
②　분리배출로 재활용을 실천한 예시입니다.

6 종이류, 유리병, 금속 캔 등을 분리배출하는 방법을 정리한 내용입니다.

7 이 글은 지구를 지킬 수 있는 재활용과 재사용의 의미와 중요성에 대해 설명하는 카드 뉴스입니다. 재활용과 재사용을 하면 환경도 보호하고 경제적인 이점을 얻을 수 있으므로 재활용과 재사용을 실천하자는 내용을 담고 있습니다.

어휘 탄탄 마무리

3 (1) 자동차가 매연을 내뿜는 것이므로, ①의 뜻으로 쓰인 문장입니다. (2) 학교가 졸업생이 나오도록 한 것이므로, ②의 뜻으로 쓰인 문장입니다. (3) 공장 지대에서 오염 물질을 내보낸 것이므로, ①의 뜻으로 쓰인 문장입니다.

쏙쏙 내용 정리

1 보행자　2 횡단보도
3 옷　4 자전거
5 교통안전

정답

1 ③　2 ㉯
3 ②　4 률
5 ③　6 ③
7 ❶ 횡단보도
　❷ 앞
　❸ 자전거
　❹ 교통사고

어휘 탄탄 마무리

1 (1) ㉣　(2) ㉠
　(3) ㉢　(4) ㉡
2 (1) 통행　(2) 착용
　(3) 부상
3 (1) 띠고　(2) 띄다
　(3) 띠고　(4) 띄다

1 도로교통공단이 발표한 통계 자료에 따르면『지난해 도로에서 교통사고로 인해 부상을 당하거나 숨진 사람은 모두 194만여 명으로, 16초마다 1명이 상처를 입거나 사망했습니다. 특히, 보행자 사고의 경우 전체 교통사고의 35퍼센트를 차지하는데 그중 절반 이상이 어린이가 주로 다니는 도로에서 일어난 어린이 교통사고입니다.』따라서 운전자에게 어린이 보행 안전에 대한 교육을 더욱 철저히 해야 하는 것은 물론이고, 어린이 스스로도 교통 법규를 지켜야 할 것입니다. 교통사고를 줄이기 위해 우리가 할 일을 알아봅시다.
『 』: 통계 자료를 통해 교통사고의 심각성을 일깨움.
└ 설명 대상

핵심 ① 교통사고를 줄이는 방법 ①

2 첫째, 횡단보도를 건널 때 주의해야 합니다. 신호등이 설치되어 있는 횡단보도에서는 초록색 신호를 확인한 뒤, 차량이 완전히 정지했을 때 주위를 살피며 건너야 합니다. 특히 신호등이 없는 횡단보도에서는 더욱 조심해야 하고, 좌우를 잘 살핀 뒤에 차량이 다니지 않을 때 건너야 합니다.
신호등이 없는 횡단보도를 건너는 방법

핵심 ② 교통사고를 줄이는 방법 ②

3 둘째, 어둡거나 비가 오는 날에 길을 건널 때에는 특히 조심해야 합니다. 밤길을 다닐 때에는 불빛이 잘 반사되는 흰색 계통의 옷을 입어야 합니다. 그리고 비가 오는 날에도 흰색이나 노란색과 같은 밝은 색상의 옷을 입는 것이 좋습니다. 그래야 운전자의 눈에 쉽게 띄어 사고 위험을 줄일 수 있습니다. 그리고 우산을 사용할 때에는 앞을 가리지 않도록 우산을 들고, 차량이 오는지 확인하며 걸어야 합니다.
밝은 색상의 옷을 입어야 하는 까닭

핵심 ③ 교통사고를 줄이는 방법 ③

4 마지막으로, 자전거를 탈 때에도 안전 수칙을 잘 지킵니다. 자전거를 탈 때에는 혼잡한 차량 도로를 이용하건 안 되고, 반드시 자전거 도로를 이용해야 합니다. 그리고 헬멧과 무릎 보호대 등 안전 장비를 꼭 착용해야 합니다.
자전거 이용 안전 수칙 ①
또, 길을 건널 때에는 자전거에서 내려서 자전거를 끌고 안전하게 통행해야 합니다.
자전거 이용 안전 수칙 ②
자전거 이용 안전 수칙 ③

5 교통사고 발생률을 줄이는 일은 사회 구성원 모두의 책임입니다. 우리 모두가 교통안전 수칙을 지키고, 안전한 행동을 습관으로 만들면 큰 사고를 막을 수 있습니다. → 당부의 말로 글을 마무리함.

핵심 ① 교통사고를 줄이는 방법 ①	핵심 ② 교통사고를 줄이는 방법 ②	핵심 ③ 교통사고를 줄이는 방법 ③
➜ 횡단보도를 건널 때 주의해야 함.	➜ 어둡거나 비 오는 날 길을 건널 때 조심해야 함.	➜ 어둡거나 비 오는 날 길을 건널 때 조심해야 함.

주제　교통사고를 줄이기 위해 우리가 할 일

1 이 글은 교통사고를 예방하는 방법에 대해 설명한 글입니다.

2 1 에서 보행자 사고의 경우, 전체 교통사고의 35퍼센트를 차지한다고 했습니다. 2 에서 신호등이 있는 횡단보도에서는 초록색 신호를 확인한 뒤, 차량이 완전히 정지했을 때 주위를 살피며 건너야 한다고 했습니다.

3 4 에서 자전거를 탈 때 지켜야 할 수칙으로 안전 장비를 착용하고, 차량 도로 대신 자전거 도로를 이용하라고 하였습니다. 또 길을 건널 때 자전거에서 내려야 한다고 했습니다.

4 빈칸의 앞말이 모음자로 끝나거나 'ㄴ' 받침으로 끝나지 않고, 'ㅇ' 받침으로 끝났으므로 '발생률'이라고 표기하는 것이 알맞습니다.

5 교통사고가 발생하면 어떻게 행동해야 하는지에 대한 답은 글을 통해 찾을 수 없습니다.

6 '현황'이란 현재의 상황을 뜻하는 낱말입니다. 이 글의 처음 부분에서 어린이 보행자 사고에 대한 통계 자료 결과 내용을 다루었고, 문제 6번 지문에서도 스쿨 존 내 어린이 보행자 사고에 대한 사실과 분석 결과를 다루었습니다.

7 이 글에서는 교통사고를 줄이는 방법을 세 가지로 설명하고 있습니다. 교통사고를 예방하기 위해 횡단보도를 건널 때 주의하고, 어둡거나 비 오는 날에는 밝은 색상의 옷을 입고, 자전거 이용 시에는 안전 수칙을 잘 지킬 것을 당부하고 있습니다.

어휘 탄탄 마무리

3 (1) 중요한 임무를 가진 것이므로, '띠다'가 알맞습니다. (2) 한복이 눈에 쉽게 보인 것이므로, '띄다'가 알맞습니다. (3) 역사적 사명을 가진 것이므로, '띠다'가 알맞습니다. (4) 영우의 모습이 눈에 보인 것이므로, '띄다'가 알맞습니다.

문해력 상승
읽기 전략
핵심 내용을 따라 읽으며 흐름을 정리해 보세요.

쏙쏙! 내용 정리

1 미나 2 울음소리
3 언니 4 나
5 고양이

정답

1 '나', 미나, '나'의 언니
2 ④ 3 ①, ④
4 (1) ㉯ (2) ㉮ (3) ㉰
5 ①, ④
6 ①, ④, ⑤
7 ❶ 고양이 ❷ 집
  ❸ 언니 ❹ 위로

어휘 탄탄 마무리

1 (1) — ㉮
  (2) — ㉯
  (3) — ㉰
  (4) — ㉱

2 (1) 요청하다
  (2) 뾰로통하다
  (3) 쏘아붙이다

3 안쓰럽다, 애처롭다

[앞부분 이야기] '나'는 길에서 본 아픈 새끼 고양이를 돕고 싶어 동물 병원에 가지만 실패하고, 강아지를 기르는 미나에게 가서 죽어 가는 새끼 고양이 이야기를 했습니다.

1 미나라면 당장 새끼 고양이를 데리러 가자고 할 줄 알았습니다. 그런데 미나는 '그래서 뭐 어쨌다고?' 하는 표정이었습니다.
중심인물 ① '나'의 예상과 다른 미나의 행동

화가 나서 나도 모르게 목소리가 날카로워졌습니다.
중심인물 ②

"너는 새끼 고양이가 불쌍하지도 않니?"
핵심 ① 고양이에게 관심 없는 미나

"그렇게 새끼 고양이가 불쌍하면 네가 데려다주면 되잖아? 네 돈으로 치료해 주고, 네가 데려다 길러."

미나는 뾰로통하여 가시처럼 톡 쏘아붙였습니다.

'내가?' / 말문이 막혔습니다. 할 말이 없어 미나네 집을 나왔습니다.

2 집으로 돌아왔습니다. / "왜 그래?"

풀 죽은 내 얼굴을 보고 언니가 물었습니다. 나는 고개를 저었습니다. 아무 말도 하고 싶지 않았습니다. 방으로 들어왔습니다. 그런데 이상한 일이었습니다. 자꾸만 새끼 고양이 울음소리가 나를 따라다니는 것이었습니다. 욕실
중심인물 ③
로 가면 욕실로, 주방으로 가면 주방으로.
집 안에서 새끼 고양이의 울음소리가 '나'를 계속 따라다님.

핵심 ② 고양이에게 함께 가 준다고 한 언니

3 나는 언니에게 새끼 고양이 이야기를 하였습니다. 동물 병원에 갔던 일도, 미나에게 도움을 요청한 것도.

"참, 얘가 왜 이래? 잊어버려. 죽으면 환경미화원 아저씨께서 치우실 거야."

언니는 아무것도 아닌 일이라는 듯 가볍게 웃었습니다.

4 "고양이가 있는 곳이 어디야?"
마음이 바뀌어 고양이를 찾아 나서려고 한 언니
언니는 검정 비닐봉지와 꽃삽을 들고 나를 재촉하였습니다.

"정말, 언니가 같이 갈 거야?"

"밥도 안 먹고 그러는 너를 보니 용감한 이 언니가 도와주어야겠어. 고양이가 살았다면 병원에 데려다주고, 죽었다면 땅에 묻어 주자."
언니가 검정 비닐봉지와 꽃삽을 챙긴 까닭
나는 그때처럼 언니가 고마운 적이 없었습니다.
핵심 ③ 고양이가 있던 자리에 간 '나'와 언니

5 나는 달려갔습니다. 고양이는 있던 자리에 없었습니다. 비닐봉지 몇 개만 휘날릴 뿐이었습니다. / "누가 데려가서 치료해 주었을 거야."
마음 아파하는 '나'를 위로해 주는 언니의 말
언니가 위로하듯 말하였습니다. 나는 고개를 끄덕였습니다.

핵심 ① 고양이에게 관심 없는 미나
핵심 ② 고양이 이야기를 들은 언니
핵심 ③ 고양이가 있던 곳에 간 '나'와 언니

➡ '나'는 미나가 새끼 고양이를 데리러 가 주길 바랐지만 미나는 거절함.

➡ '나'는 언니에게 새끼 고양이 이야기를 했고, 언니가 도와주겠다고 함.

➡ '나'와 언니는 새끼 고양이가 있던 자리에 갔지만, 새끼 고양이는 없었음.

주제 아픈 새끼 고양이를 가엾게 여기고 돌봐 주고 싶은 마음

1 이야기에서 어떤 일을 겪는 사람을 '인물'이라고 합니다. 이 이야기에는 '내'가 만난 사람들이 차례로 나오는데, 1~5에서 '나'는 미나와 언니를 만나 대화를 나누었습니다.

2 '나'는 새끼 고양이를 도와주고 싶어 했지만 도와주지 못한 채 집에 왔습니다.
|오답풀이| ① 새끼 고양이 울음소리가 나를 따라다닌 것이지 무서워한다는 내용은 나오지 않았습니다.
② 미나가 '나'의 고민을 대수롭지 않게 여겼습니다.
③ 언니보다 친구를 소중하게 생각하는 내용은 나오지 않았습니다.
⑤ 처음에는 언니에게 말하지 않았지만 3에서 말했습니다.

3 1에서 화가 나서 나도 모르게 목소리가 날카로워졌다고 했고, 4에서 그때처럼 언니가 고마운 적이 없었다고 했습니다.

4 '나'는 미나가 새끼 고양이를 데려다 기르라고 한 말에 말문이 막혔고, 집에 돌아와 계속 고양이를 생각했으며, 자신을 위로해 주는 언니의 말에 고개를 끄덕였습니다.

5 글에서 인물이 한 말이나 행동을 살펴보면 성격을 짐작할 수 있습니다. 미나는 친구의 말에 냉정하지만 솔직하게 답했습니다. 또, 언니는 새끼 고양이를 걱정하는 동생의 마음을 헤아려 새끼 고양이가 있던 자리로 함께 찾아가는 등 적극적인 모습을 보였습니다.

6 이 글에 등장하는 '나'는 아픈 새끼 고양이를 가엾게 여기는 인물로, 길에서 우연히 본 아픈 새끼 고양이를 계속 생각했습니다. 민철이 또한 키우던 강아지가 죽었을 때 슬퍼했으므로 두 인물은 동물을 사랑하고, 착하고, 인정이 많은 점이 닮았습니다.

7 이야기를 읽고 내용을 정리할 때에는 중심인물이 한 일을 차례대로 정리합니다. 이 글은 장소의 변화에 따라 중심인물이 한 일을 정리할 수 있습니다.

문해력 상승
읽기 전략
핵심 내용을 따라 읽으며 흐름을 정리해 보세요.

쑥쑥! 내용 정리

1 매체	2 파견
3 봉수	4 목판
5 인쇄	6 청각
7 인터넷	8 효율적

정답

1 ④ 2 ⑤

3 (1) X (2) X
 (3) ○ (4) X
 (5) ○

4 시각, 청각

5 ㉡ 6 (3) ○

7 ❶ 소식 ❷ 전쟁
 ❸ 영상 ❹ 정보

어휘 탄탄 마무리

1 (1) 여부 (2) 봉수
 (3) 수단 (4) 활자

2 (1) ● ╲ ╱ ● ㉮
 (2) ● ╱ ╲ ● ㉯
 (3) ● ─── ● ㉰

3 (1) 공유하다
 (2) 파견하다
 (3) 위급하다
 (4) 활용하다

---

1 **핵심 ① 매체의 의미**
매체란 내용을 전달하는 수단이다. 매체를 영어로 미디어(media)라고 하는데 '중간의'를 뜻하는 라틴어에서 생겨난 말이다. 즉, 매체는 중간에서 전달하는 역할을 하는 것이다. 옛날과 오늘날의 매체를 알아보자.
미디어(매체)의 유래

2 **핵심 ② 옛날의 매체 소개**
아주 먼 옛날에는 사신을 통해 소식을 전했다. 왕이 지방이나 타국에 메시지를 전할 때 사신을 파견했다. 사신은 말이나 배를 타고 멀리 가서 소식을 전하는 중요한 역할을 했다.

3 다음으로, 봉수로 소식을 전했다. 낮에는 연기를 피우고, 밤에는 햇불을 피워서 지방에서의 전쟁 상황을 중앙에 알린 것이다. 삼국 시대부터 조선 시대까지 봉수로 의사소통을 했다. 연기나 불의 개수로 신호를 보냈는데, 연기나 불이 많을수록 더욱 위급하다는 의미였다.
봉수로 소식을 전한 방식

4 끝으로 목판 인쇄술이나 금속 활자를 이용했다. 우리나라의 목판 인쇄술이나 금속 활자 기술은 매우 앞섰다. 목판이나 금속 활자로 같은 내용의 책을 여러 권 빠르고 정확하게 만들면서 많은 사람이 정보를 공유하게 됐다.
목판이나 금속 활자의 장점

5 **핵심 ③ 오늘날의 매체 소개**
오늘날에는 다양한 특성의 매체가 더 많이 생겼다. 그중 책, 잡지, 신문 등을 대량으로 만드는 인쇄 매체가 있다. 인쇄 매체는 다른 매체보다 보존이 쉽고 반복해서 볼 수 있다. 문자, 사진, 그림 등으로 표현한다.
인쇄 매체의 표현 수단

6 다음으로 시각과 청각을 모두 이용하는 영상 매체가 있다. 텔레비전 영상물이나 영화 등이 영상 매체에 속한다. 영상 매체는 동영상이나 문자, 음성, 음악, 음향 등을 표현 수단으로 한다.
영상 매체의 표현 수단

7 끝으로 인터넷 매체가 있다. 정보 통신 기술이 발달하면서 생겨난 인터넷 매체는 인쇄 매체와 영상 매체의 표현 수단을 모두 활용할 수 있다는 특징이 있다. 인터넷 매체의 등장으로 우리 사회는 크게 변했다.
인터넷 매체의 특징

8 이처럼 사람들은 옛날부터 오늘날까지 다양한 매체로 정보를 기록하고, 전달해 왔다. 매체가 발달하면서 시간과 공간의 제약을 덜 받으며 많은 정보를 주고받게 되었다. 따라서 우리는 정보의 사실 여부를 판단하며 매체를 효율적으로 이용하는 태도를 가져야 한다.
매체를 이용하는 바람직한 태도

핵심 ①	핵심 ②	핵심 ③
매체의 의미	옛날의 매체 소개	오늘날의 매체 소개
➡ 매체란 내용을 전달하는 수단임. 즉, 중간에서 전달하는 역할을 함.	➡ 옛날에는 사신, 봉수, 목판 인쇄술이나 금속 활자를 이용함.	➡ 오늘날에는 인쇄 매체, 영상 매체, 인터넷 매체를 이용함.

주제 옛날과 오늘날에 사용한 매체의 종류와 특징

1 이 글에서 매체 사용의 문제점은 다루지 않았습니다. 또 사신의 역할과 중요성, 금속 활자의 역사적 의미, 인터넷 매체의 등장으로 변화된 사회 모습은 중심 내용이 아니므로 글을 쓴 목적과 거리가 멉니다.

2 사신에 대한 설명은 2 에서 찾을 수 있습니다. 왕이 지방이나 타국에 메시지를 전할 때 사신을 파견했다는 부분에서 ⑤가 알맞은 설명이라는 것을 알 수 있습니다.

3 5 에서 인쇄 매체에 대한 설명을 찾을 수 있습니다.
오답 풀이 (1), (2) 시각과 청각을 모두 이용하는 영상 매체는 동영상이나 문자, 음성, 음악, 음향 등을 표현 수단으로 합니다.
(4) 삼국 시대부터 조선 시대까지 이용한 매체는 봉수입니다.

4 '감각'이란 눈, 코, 귀, 혀, 살갗을 통하여 바깥의 어떤 자극을 알아차리는 것을 뜻하는 말입니다. '시각'과 '청각'은 '감각'에 포함되는 낱말입니다.

5 3 에서 옛날에 봉수로 전쟁 상황을 중앙에 알렸으며 연기나 불의 개수로 신호를 보냈는데, 연기나 불이 많을수록 더욱 위급하다는 의미였다고 했으므로 가장 연기와 불이 많은 그림이 가장 위급한 상황을 알린 것이라 볼 수 있습니다.

6 주어진 글은 금속 활자에 대해 설명한 내용으로, 특히 『직지심체요절』이 만들어진 시기와 의의를 쓴 것입니다. 따라서 4 에 어울리는 내용입니다.

7 옛날과 오늘날의 매체를 구분하며 중요 내용을 정리합니다.

어휘 탄탄 마무리

3 '함께하다'는 '누구와 일, 경험, 마음 등을 같이하다.', '보내다'는 '일정한 임무나 목적으로 가게 하다.', '이용하다'는 '대상을 필요에 따라 이롭게 쓰다.'라는 뜻의 낱말입니다.

쏙쏙! 내용 정리

1 거친 말 2 못
3 못 자국

정답

1 ② 2 ③
3 ② 4 ③
5 (1) 거친 말
 (2) 상처
6 ④
7 ❶ 아이 ❷ 못
 ❸ 아버지 ❹ 자국
 ❺ (거친) 말

어휘 탄탄 마무리

1 (1) — ㉮
 (2) — ㉯
 (3) — ㉰
2 (1) 어리둥절하게
 (2) 떨구고
 (3) 엄하게
 (4) 부릅뜨고
3 (1) ③ (2) ①
 (3) ②

---

1 어느 마을에 거친 말을 자주 하는 아이가 있었습니다. 아이는 하루에도
일이 일어난 곳 / 등장인물 ①
몇 번씩 화를 참지 못하고 아무에게나 버럭 화를 내고 거친 말을 내뱉었습니다. 아버지는 아이를 더 이상 그대로 둘 수 없다고 생각했습니다. 아버지는
아이가 한 잘못된 행동
등장인물 ②
아이를 불러 이렇게 말했습니다.

핵심① 아들에게 못을 박게 한 아버지
"얘야, 앞으로는 거친 말을 할 때마다 이 자루에서 못을 하나씩 꺼내어 울타리에 박아라."

아이는 아버지께 못이 가득 든 자루를 건네받고 투덜거렸습니다.

"아버지는 왜 이런 귀찮은 일을 하라고 하시는 거야."

2 다음 날, 아이는 아버지와의 약속을 까맣게 잊고 늘 하던 대로 습관처럼 거친 말을 내뱉었습니다. 아버지는 그때마다 용서하지 않고 엄하게 눈을 부릅뜨며 못을 박도록 했습니다. 아이는 하루에도 여러 번 밖으로 나가 울타리에 못을 박아야 했습니다.
아버지의 단호한 모습

"밖에 나가서 울타리에 못 박는 건 귀찮고 힘들어."
핵심② 못을 박지 않게 된 아들
아이는 거친 말을 더 이상 하지 말아야겠다고 다짐했습니다. 스무 번, 열 번, 다섯 번…… 아이가 못을 박는 횟수는 눈에 띄게 줄었고, 얼마 되지 않아 더 이상 ㉠울타리에 못을 박지 않아도 되었습니다. 아이는 콧노래를 흥얼거리며 아버지에게 달려갔습니다.
아이가 더 이상 거친 말을 하지 않게 됨.

"아버지! 오늘은 한 번도 거친 말을 하지 않았어요!"
뿌듯한 마음
3 아버지는 아들을 조용히 밖으로 데리고 나갔습니다. 아이는 어리둥절한 채로 아버지를 따라 나갔습니다.
핵심③ 아들에게 못을 뽑게 한 아버지
"자, 네가 그동안 박아 놓은 못을 다시 뽑아라."

아이는 낑낑거리며 못을 뽑으려고 하였지만 단단히 박힌 못은 쉽게 뽑히지 않았습니다. 아이는 겨우겨우 못을 뽑아내고 거친 숨을 내쉬었습니다. 그런데 못을 빼낸 울타리에는 깊이 팬 못 자국이 남아 있었습니다. 아버지는 못
거친 말도 다른 사람에게는 못 자국처럼 상처로 남음을 의미함.
자국을 쓰다듬으며 말하였습니다.

[㉡]

아버지의 말씀을 들은 아들은 고개를 푹 떨구고 말았습니다.

핵심① **아들에게 못을 박게 한 아버지**
➡ 아버지는 아들에게 거친 말을 할 때마다 울타리에 못을 박으라고 함.

핵심② **못을 박지 않게 된 아들**
➡ 아들은 거친 말을 더 이상 하지 않아 울타리에 못을 박지 않게 됨.

핵심③ **아들에게 못을 뽑게 한 아버지**
➡ 아버지는 아들에게 박았던 못을 빼게 함. 울타리에 못 자국이 남아 있었음.

주제 **울타리의 못 자국처럼 거친 말은 다른 사람에게 상처를 남긴다.**

1 어느 마을에 거친 말을 자주 하는 아이가 있었는데, 하루에도 몇 번씩 아무에게나 버럭 화를 내고 거친 말을 내뱉었다고 했습니다.

2 아버지는 아이가 거친 말을 하는 습관을 고쳐 주기 위해 두 가지를 시켰습니다. 거친 말을 할 때마다 못을 하나씩 울타리에 박으라는 것과 거친 말을 더 이상 하지 않게 되었을 때 그동안 박아 놓은 못을 다시 뽑으라는 것입니다.

3 ②에서 아이는 못 박는 일이 귀찮고 힘들다고 생각하여 거친 말을 더 이상 하지 않기로 했고, 못을 박는 횟수가 줄어들어 결국 울타리에 못을 박지 않게 된 것입니다.

4 '눈에 띄다'가 '두드러지게 드러나다.'라는 뜻을 가진 관용 표현입니다.

5 '못'은 아이가 쓰는 거친 말을 의미하고, '못 자국'은 거친 말로 인해 마음에 난 상처를 의미합니다.

6 ④는 '말은 한번 하면 되돌리기가 어렵다.'라는 뜻으로, 거친 말이 다른 사람의 가슴에 못 자국처럼 상처로 남는다는 아버지의 말씀과 일치하는 격언입니다.

|오답 풀이| ① 말은 쉽게 퍼지니 말을 조심하라는 말입니다.
② 말귀를 알아듣지 못하는 사람과는 아무리 말해 봐야 소용없다는 말입니다.
③ 언제든지 말은 바르게 해야 한다는 말입니다.
⑤ 비밀도 새어 나가기 쉬우니 늘 말을 조심하라는 말입니다.

7 이 글은 한번 박힌 못은 쉽게 뽑히지 않듯이 우리가 한 말도 한번 말하면 되돌리기가 쉽지 않다는 점, 우리가 아무렇지도 않게 생각하고 한 거친 말이 다른 사람에게는 못 자국처럼 상처로 남는다는 점을 일깨워 줍니다.

쏙쏙! 내용 정리

1 예의　　2 비공식
3 공식　　4 듣는
5 유지

정답

1 ③　　2 ②
3 5　　4 ③
5 (1) 사적인 관계
　 (2) 공식적인 상황
　 (3) 공적인 관계
　 (4) 높임말
6 ③
7 ❶ 축하　❷ 공식적인
　 ❸ 형식　❹ 관계

어휘 탄탄 마무리

1 (1) 사적
　 (2) 공손하다
　 (3) 공식적
　 (4) 축사
2 (1) → ㉯
　 (2) → ㉮
　 (3) → ㉰
3 (1) ①　　(2) ②
　 (3) ①

핵심 ① 인사말의 의미

1 인사말은 사람들이 서로 만나거나 헤어질 때, 또는 축하하거나 격려할 때, 고마움을 나타낼 때에 예의를 갖추어서 사용하는 말입니다. 이러한 인사말은 친구나 가족처럼 가까운 사람들과 주고받을 수도 있고, 학교나 학교 밖에서 개최하는 여러 행사에서도 사용합니다. 인사말의 특성을 알아봅시다.

핵심 ② 인사말의 특성 ①

2 인사말에는 비공식적인 상황에서의 인사말과 공식적인 상황에서의 인사말이 있습니다. 먼저 비공식적인 상황에서의 인사말은 사적인 관계의 상대방과 주고받는 인사말을 뜻합니다. <u>비공식적인 상황에서의 인사말의 뜻</u> 따라서 비공식적인 상황에서의 인사말은 운동장에서 친구와 이야기를 나누거나 가정에서 어머니나 아버지와 대화를 나눌 때와 같이 편안한 상황에서 친근하게 인사를 나눌 때 사용하는 인사말입니다.

3 반면 공식적인 상황에서의 인사말은 공적인 관계의 청중을 상대로 하는 인사말입니다. <u>공식적인 상황에서의 인사말의 뜻</u> 따라서 공식적인 상황에서의 인사말은 환영사나 송별사, 감사의 말이나 축사 등과 같이 조금 더 정중하고 공식적인 인사를 나눌 때 사용하는 인사말입니다. 공식적인 상황에서는 주로 높임말 표현을 사용합니다.

핵심 ③ 인사말의 특성 ②

4 인사말은 듣는 사람과의 관계에 따라 달라질 수 있습니다. 듣는 사람과의 관계는 지위나 나이, 친한 정도 등에 따라 형성되는 관계입니다. <u>듣는 사람과의 관계를 만드는 기준</u> 사적인 관계인지 공적인 관계인지에 따라 인사말의 내용과 형식이 달라질 수 있습니다. <u>듣는 사람과의 관계에 따라 달라지는 것</u> 쉽게 말해 친구에게는 "안녕?", 선생님께는 "안녕하세요?"라고 인사말을 하는 것입니다.

5 적절한 인사말은 다른 사람과의 관계를 형성하고 유지하거나 발전시키는 데 도움을 줍니다. <u>적절한 인사말을 해야 하는 까닭</u> 상냥한 말씨에 공손한 태도로 하는 인사는 서로의 관계를 좋게 만들지만, 퉁명스러운 말씨와 거만한 태도로 하는 인사는 상대방을 불쾌하게 만들 뿐만 아니라 인간관계를 어렵게 만들 수 있습니다. 그러므로 상대방을 존중하는 마음을 가지고 인사말을 하는 상황과 듣는 사람과의 관계에 따라 적절한 인사말을 해야 합니다. <u>글쓴이가 하고 싶은 말</u>

핵심 ① 인사말의 의미	핵심 ② 인사말의 특성 ①	핵심 ③ 인사말의 특성 ②
→ 인사말은 만나거나 헤어질 때, 축하할 때 등 예의를 갖추어서 사용하는 말임.	→ 인사말은 상황(비공식적인 상황, 공식적인 상황)에 따라 달라짐.	→ 인사말은 듣는 사람과의 관계(사적인 관계, 공적인 관계)에 따라 달라짐.

주제　인사말을 하는 상황과 듣는 사람과의 관계에 따라 달라지는 인사말

1 이 글은 인사말의 특성에 대해 설명하며 읽는 이가 이해하기 쉽도록 정보를 제공하고 있습니다.

2 환영사, 송별사, 감사의 말, 축사 등과 같이 조금 더 정중하고 공식적인 인사를 나눌 때 사용하는 인사말은 공식적인 상황에서의 인사말에 해당합니다.

|오답 풀이| ①, ③, ④, ⑤ 비공식적인 상황에서의 인사말을 설명한 것입니다.

3 5에서 적절한 인사말은 다른 사람과의 관계를 형성하고 유지하거나 발전시키는 데 도움을 준다고 했습니다. 그래서 적절한 인사말을 해야 한다고 밝혔으므로, 적절한 인사말의 중요성을 설명한 것입니다.

4 '주고받다'는 '서로 주기도 하고 받기도 하다.'라는 뜻의 낱말로 '대화를 주고받다'는 '대화를 나누다.'와 같이 바꾸어 쓸 수 있습니다.

5 첫 번째 그림에서 말하는 두 사람은 친구와 비공식적인 상황에서의 인사말을 하였고, 두 번째 그림에서 말하는 사람은 친구들과 선생님 앞에서 발표하는 공식적인 상황에서의 인사말을 하였습니다.

6 ①에 대한 답은 1에서, ②에 대한 답은 2에서, ④에 대한 답은 3에서, ⑤에 대한 답은 5에서 찾을 수 있습니다.

7 인사말은 인사말을 하는 상황과 듣는 사람과의 관계에 따라 달라진다는 특성이 있음을 알고, 적절한 인사말을 하자는 내용으로 글을 요약하여 봅니다.

어휘 탄탄 마무리

3 (1) 가족으로 이루어진 공동체가 평화롭고 행복한 것이므로, ①의 뜻으로 쓰인 문장입니다. (2) 지구가 곧 멸망한다는 것을 임시로 받아들인 것이므로, ②의 뜻으로 쓰인 문장입니다. (3) 한 단란한 공동체를 본 것이므로, ①의 뜻으로 쓰인 문장입니다.

문해력 상승
읽기 전략
핵심 내용을 따라 읽으며 흐름을 정리해 보세요.

쏙쏙! 내용 정리

1 운동　2 속도
3 슐박　4 한궁
5 규칙

정답

1 ①　2 ③
3 (2) ○　(3) ○
4 ⑤　5 ⑤
6 ㉮
7 ❶ 종이컵 ❷ 슐런
　❸ 한궁 ❹ 운동

어휘 탄탄 마무리

1 (1) ㉯　(2) ㉰
　(3) ㉮　(4) ㉱
2 (1) 표적
　(2) 관문
　(3) 추가
3 (1) 들여왔다
　(2) 들어오다
　(3) 들여와

1 생활 속에서 쉽게 할 수 있는 운동에 관심이 높아지면서 예전에 볼 수 없던 새로운 운동이 많이 늘어나고 있습니다. 이 운동 가운데에는 새로 고안해 만든 운동도 있고, 외국에서 예전부터 즐겼지만 우리나라에는 늦게 들어온 운동도 있습니다. 그리고 우리나라 전통 놀이를 새롭게 변형시켜 만든 운동도 있습니다.
중심 내용 ─ 새로운 운동의 유래가 다양함.

핵심 ① 새로운 운동 ①
2 새로 만든 운동으로 스포츠 스태킹이 있습니다. 스포츠 스태킹은 1980년대에 미국 어린이들이 종이컵으로 하던 놀이에서 유래한 운동입니다. 이 운동을 할 때에는 컵 열두 개를 다양한 방법으로 쌓고 내리는 기술과 속도가 중요합니다. 이 운동을 하면 근육을 사용하는 능력과 집중력을 높일 수 있습니다.
스포츠 스태킹을 하는 방법
스포츠 스태킹의 장점

핵심 ② 새로운 운동 ②
3 외국에서 최근에 우리나라에 들어온 운동으로 '슐런'이 있습니다. 슐런은 네덜란드에서 예전부터 즐기던 것인데, 슐박이라는 놀이판의 끝에 있는 관문 네 곳에 나무 원반 서른 개를 밀어 넣는 운동입니다. 관문마다 점수가 다르지만, 원반을 네 곳에 골고루 넣으면 추가 점수가 있습니다. 점수가 높은 사람이 이기는 운동이므로 원반을 한 곳에 몰아넣는 것보다 네 곳에 골고루 넣는 것이 높은 점수를 얻을 수 있어 유리합니다. 슐런은 규칙이 간단해서 누구나 쉽게 배울 수 있고, 손힘을 조절하는 능력과 집중력 ㉠향상에 도움을 줍니다.
슐런을 하는 방법
슐런의 장점

핵심 ③ 새로운 운동 ③
4 마지막으로, 우리나라 전통 놀이를 새롭게 바꾸어 만든 한궁이 있습니다. 한궁은 우리나라 전통 놀이인 투호와 외국의 다트를 합쳐서 만든 운동입니다. 자석 한궁 핀을 표적 판에 던져 높은 점수를 얻는 사람이 이기며, 왼손과 오른손으로 각각 다섯 번씩 던져야 하기 때문에 양손 근육을 골고루 발달시킬 수 있습니다.
한궁을 하는 방법
한궁의 장점

5 ______㉡______ 규칙이 간단해 『쉽게 배울 수 있고, 특별한 운동 기술이 없어도 누구나 즐길 수 있습니다. 또 긴 시간과 넓은 장소가 필요하지 않기 때문에 생활 속에서 틈틈이 즐길 수도 있습니다.』여러분도 한번 해 보는 게 어떨까요?
『 ┛: 새로운 운동을 하면 좋은 점

핵심 ① ──
| 핵심 ① | 새로운 운동 ①: 스포츠 스태킹 |
➜ 스포츠 스태킹은 종이컵으로 하던 놀이에서 유래한 운동임.

핵심 ② ──
| 핵심 ② | 새로운 운동 ②: 슐런 |
➜ 슐런은 외국에서 예전부터 즐기다가 최근에 우리나라에 들어온 운동임.

핵심 ③ ──
| 핵심 ③ | 새로운 운동 ③: 한궁 |
➜ 한궁은 우리나라 전통 놀이를 새롭게 바꾸어 만든 운동임.

주제　새로운 운동의 종류와 방법

1 이 글에서 스포츠 스태킹, 슐런, 한궁과 같은 새로운 운동을 소개하였습니다.

2 2 에서 스포츠 스태킹은 1980년대에 미국 어린이들이 하던 종이컵 놀이에서 유래되었다고 하였습니다.

3 슐런에 대한 설명은 3 에서 찾을 수 있습니다.
|오답 풀이| (1) 각 관문마다 점수가 다릅니다.
　　　　(4) 금속 원반이 아닌 나무 원반을 밀어 넣고, 점수가 가장 높은 사람이 우승합니다.

4 '향상'은 '실력, 수준, 기술 등이 더 나아짐. 또는 나아지게 함.'을 뜻하므로 실력이나 수준이 더 좋아지는 경우에 '향상'이라는 말을 쓸 수 있습니다. 불을 끄고 스마트폰을 사용하면 눈 건강이 나빠지므로 '향상'은 알맞지 않습니다.

5 우리나라 전통 놀이인 투호와 서양 놀이 다트를 합쳐서 만든 운동이라고 한 부분을 통해 ⑤는 내용을 바르게 이해한 것으로 볼 수 있습니다.

6 5 에서는 규칙이 간단하고 누구나 쉽게 참여할 수 있고, 어디서나 쉽게 즐길 수 있는 새로운 운동의 장점을 이야기하고 있습니다. 따라서, 새로운 운동들은 장점이 많다는 내용이 ㉡에 들어가는 것이 알맞습니다.

7 이 글은 '스포츠 스태킹', '슐런', '한궁'이라는 새로운 운동을 소개하며, 이들이 가진 장점과 우리 생활에 미치는 긍정적인 영향을 설명하고 있습니다.

어휘 탄탄 마무리

3 '새 세탁기를 들여오다.', '외국 문화가 들어오다.', '물건을 들여오다.'와 같이 표현하는 것이 알맞습니다. 발음이 비슷해서 혼동하기 쉬운 낱말의 의미를 정확하게 기억하여 사용하도록 합니다.

문해력 상승
읽기 전략
핵심 내용을 따라 읽으며 흐름을 정리해 보세요.

쏙쏙! 내용 정리

① 물고기 ② 젊은이
③ 감동 ④ 박석 고개

정답

1 ③ 2 ④
3 ⑤ 4 ③
5 (1) ㉰
 (2) ㉱
 (3) ㉯
6 ③
7 ❶ 물고기 ❷ 돈
 ❸ 어머니 ❹ 박석 고개

어휘 탄탄 마무리

1 (1) ● ● ㉮
 (2) ● ● ㉯
 (3) ● ● ㉰
 (4) ● ● ㉱
2 (1) 저물다
 (2) 떠보다
 (3) 휘젓다
3 감격하다, 감명하다

---

1 옛날, 어느 마을에 박씨 성을 가진 젊은이가 살고 있었습니다. 박씨는 눈이 먼 홀어머니를 모시고 가난하게 살았습니다.
(이야기의 배경 / 등장인물 ①)

하루는 어머니께서 생선 반찬을 먹고 싶어 하셨습니다. 젊은이는 물고기를 잡으러 하루 종일 냇물을 휘젓고 다녔지만 작은 물고기 한 마리밖에 잡지 못하였습니다.
(박씨가 어머니를 위해 한 일)

2 그때 그곳을 지나가던 선비가 젊은이에게 생선을 많이 잡았느냐고 물었습니다.
(등장인물 ②)

"한 마리밖에 잡지 못하여 걱정입니다."

"걱정이라니요?"

핵심 ① 젊은이와 만난 임금님
젊은이는 선비에게 생선 반찬을 먹고 싶어 하시는 어머니 이야기를 해 주었습니다. 사실, 선비는 임금님이었습니다. 선비는 젊은이의 마음을 떠보고 싶었습니다.

"나도 사실 물고기를 구하러 이곳에 왔소. 많은 돈을 줄 테니 그 물고기를 내게 팔지 않겠소?"

"죄송하지만 그럴 수 없습니다." ← 많은 돈을 받을 수도 있었지만 거절함.

"그렇다면 할 수 없군. 그런데 ㉠날이 벌써 저물었으니, 혹시 젊은이 집에서 하루 머물 수 있겠소?"

젊은이는 허락하였습니다.

3 "생선을 많이 잡았니?"

집에 돌아온 젊은이에게 어머니께서 물으셨습니다.
(등장인물 ③)

"네, 생선이 많으니 제 걱정은 마세요."

핵심 ② 젊은이의 행동에 감동한 임금님
젊은이는 정성스럽게 생선을 발라서 어머니 입에 넣어 드렸습니다. 어머니는 앞이 안 보이기 때문에 젊은이가 저녁을 먹지 못하는 것을 몰랐습니다. 이 모습을 지켜본 임금님은 깊이 감동하였습니다.

핵심 ③ 젊은이에게 상을 내린 임금님
4 이튿날, 임금님은 젊은이에게 넓은 땅을 상으로 주었습니다. 이후 사람들은 그 땅을 '박석 고개'라고 불렀다고 합니다.
(임금님이 젊은이에게 준 땅의 이름)

| 핵심 ① | 어머니를 생각하는 젊은이 | 핵심 ② | 젊은이의 행동에 감동한 임금님 | 핵심 ③ | 상을 받은 젊은이 |

➜ 젊은이는 임금님이 물고기를 많은 돈에 팔라고 했지만 거절함.

➜ 임금님은 젊은이가 저녁도 먹지 못한 채 어머니께 생선을 드리는 모습을 봄.

➜ 임금님은 젊은이에게 넓은 땅을 상으로 줌. 그 땅이 '박석 고개'라고 불림.

주제 돈보다 어머니를 먼저 생각한 깊은 효심

1 이야기에서 일이 일어난 때와 곳을 '배경', 일어난 일을 '사건', 일을 겪는 사람이나 동물을 '인물'이라고 합니다. 이야기는 이 '인물', '배경', '사건'을 찾으며 읽어야 합니다.

2 하루는 어머니께서 생선 반찬을 먹고 싶어 하셨습니다. 그래서 젊은이는 물고기를 잡으러 하루 종일 냇물을 휘젓고 다닌 것입니다.

3 젊은이는 어머니께서 드시고 싶어 한 생선 반찬을 해 드리려고 임금님의 제안을 거절했고, 생선이 한 마리뿐이어서 자신은 먹지 않고 어머니만 정성껏 챙겨 드렸습니다. 임금님은 이러한 모습을 보고 감동한 것입니다.

4 '저물다'는 '해가 져서 어두워지다.'를 뜻하는 낱말입니다.

5 젊은이가 누구에게 어떤 마음으로 말한 것일지 짐작해 본 다음 어울리는 목소리를 찾습니다. (1)과 (2)는 젊은이가 임금님(선비)에게 말한 것이고, (3)은 어머니에게 말한 것입니다.

6 이 이야기에 등장하는 젊은이는 생선 반찬을 먹고 싶어 하는 어머니를 위해 하루 종일 물고기를 잡고, 어머니께 생선 반찬을 드리려고 비싼 값에 물고기를 사겠다는 임금님의 제안도 거절했습니다.

7 이야기를 읽고 내용을 정리할 때에는 중심인물이 한 일을 차례대로 정리합니다. 이 이야기에서 중심인물은 젊은이와 임금님입니다.

어휘 탄탄 마무리

3 '감격하다'는 '마음에 깊이 느끼어 매우 감동하다.', '감명하다'는 '잊을 수 없는 큰 감동을 느끼다.'라는 뜻이므로 '감동하다'와 뜻이 비슷합니다. '감질나다'는 '원하는 정도에 미치지 못해 마음이 초조하고 안타깝다.'라는 뜻입니다.

8주 01일차

본문 148~151쪽

문해력 상승 읽기 전략

핵심 내용을 따라 읽으며 흐름을 정리해 보세요.

쏙쏙! 내용 정리

1 악어　2 몸집
3 짐승　4 눈물
5 악어가죽　6 청소부

정답

1 ㉮　　2 ⑤
3 ⑤
4 악어, 호랑이, 사자
5 (　), (　), (○)
6 ⑤
7 ❶ 이빨　❷ 공룡
　❸ 눈물　❹ 생태계

어휘 탄탄 마무리

1 (1) 자손
　(2) 윤
　(3) 위장
　(4) 포유류

2 (1) ━━━ ㉮
　(2) ╳ ㉯
　(3) ╳ ㉰

3 (1) 꼽다
　(2) 희생되다
　(3) 낚아채다
　(4) 우툴두툴하다

---

1 지구에서 가장 못생기고 흉측한 동물을 꼽으라면 아마도 악어를 꼽을 수 있을 것이다. 날카로운 이빨과 부리부리한 눈, 우툴두툴한 가죽 때문에 사람들은 악어를 무서워한다. 악어는 인도, 미국, 아프리카, 중남미 등 주로 열대 지방에서 살고 있다.
　　　　　　　　　　　　악어가 사는 곳

2 악어는 파충류로서, 원래 먼 옛날에 지구에 살았던 공룡의 자손으로 보기도 한다. **핵심 ① 악어의 특징 ①: 힘과 먹이 잡는 법** 몸집은 공룡보다 작아졌지만, 힘은 공룡처럼 세다. 인도에서는 해마다 악어에게 희생되는 사람이 많다고 한다. 그래서 악어는 코브라와 함께 사람을 해치는 무서운 동물로 여겨지고 있다.

3 육식 동물인 악어는 사람을 해치는 것은 물론이고 짐승이나 물고기들을 닥치는 대로 먹어 치운다. 심지어는 악어를 잡아먹기도 한다. 악어가 먹이를 잡을 때에는 물속에서 바위처럼 위장하고 있다가 먹이가 나타나면 번개처럼 낚아챈다.
다른 동물의 고기를 먹고 사는 동물
악어가 먹이를 잡는 모습
이러한 방법은 호랑이나 사자와 같은 포유류가 먹이를 잡는 것과는 다르다.

4 한 번쯤 '악어의 눈물'이라는 표현을 들어 본 적이 있을 것이다. 이 표현은 고대 이집트 나일강에 살던 한 악어가 사람을 잡아먹은 뒤 그를 위해 눈물을 흘린 전설에서 유래했다. 악어가 먹잇감에게 미안하여 눈물을 흘린 것이라고 여겨 '악어의 눈물'은 '거짓 눈물'의 의미로 쓰인다. 그런데 실제로 악어는 먹이를 먹을 때에 눈물을 흘린다. 눈물을 만들고 내보내는 눈물샘의 신경이 입을 움직이는 신경과 연결되어 있기 때문이다.
'악어의 눈물'이라는 표현의 유래
핵심 ② 악어의 특징 ②: 눈물과 악어가죽

5 악어의 가죽은 매우 질기고 윤이 나서 악어가죽으로 만든 가방이나 허리띠 등은 값이 비싸고 인기가 높다. 하지만 사람들이 악어가죽을 얻으려고 악어를 되는대로 잡기 때문에 악어의 수가 점점 줄어들고 있다는 사실을 기억해야 한다.
악어의 수가 줄어드는 까닭

6 악어는 위험한 동물이기는 하지만, 강이나 늪에서 죽은 짐승이나 물고기들을 먹어 치우기 때문에 청소부의 역할도 한다. 그런 악어가 급격하게 줄어들면 환경이나 생태계에도 문제가 생길 것이라고 환경 전문가들은 걱정하고 있다.
핵심 ③ 악어의 특징 ③: 역할
악어가 줄어드는 경우의 문제

핵심 ①	악어의 특징 ①: 힘과 먹이 잡는 법

➜ 악어는 힘이 세고, 짐승이나 물고기들을 닥치는 대로 먹어 치움.

핵심 ②	악어의 특징 ②: 눈물과 악어가죽

➜ 악어는 먹이를 먹을 때 눈물을 흘림. 악어가죽은 매우 질기고 윤이 남.

핵심 ③	악어의 특징 ③: 역할

➜ 악어는 청소부의 역할도 함. 급격하게 줄어들면 문제가 생길 수 있음.

주제 점점 줄어드는 악어, 그 특징

1 ㉮는 나열, ㉯는 순서의 짜임에 대한 설명입니다. 이 글은 악어의 특징을 나열하여 설명하였으므로, ㉮의 짜임입니다.

2 악어는 인도, 미국, 아프리카, 중남미 등 주로 열대 지방에서 살고 있습니다.

3 악어는 죽은 짐승을 먹어 치우고, 공룡처럼 힘이 세고, 코브라와 함께 사람을 해치는 무서운 동물로 여겨지고 있고, 악어가죽으로 만든 가방과 허리띠는 값이 비싸고 인기가 높다고 했습니다.

4 '악어는 파충류로서'라는 부분을 통해 악어가 파충류에 포함되고, '이러한 방법은 호랑이나 사자와 같은 포유류가 먹이를 잡는 것과는 다르다.'에서 호랑이와 사자가 포유류에 포함됨을 알 수 있습니다.

5 4에서 '악어의 눈물'은 '거짓 눈물'의 의미로 쓰인다고 했습니다. 잘못을 했을 때 가짜로 자신의 잘못을 회피하려 하거나 다른 사람의 동정을 얻으려고 흘리는 눈물이 '악어의 눈물'이라고 표현하기에 적절합니다.

6 5에서는 '악어의 수가 점점 줄어들고 있다는 사실을 기억해야 한다.'라는 문장으로 끝맺었으므로 악어의 수가 줄어들지 않도록 악어를 되는대로 잡아들이는 행동을 멈추자는 생각이 담겨 있음을 짐작할 수 있습니다.

7 이 글은 악어가 가진 신체적 특징, 악어의 생활 모습 등을 설명하고 악어가 급격히 줄어드는 경우에 대해 전문가가 걱정한다는 내용으로 마쳤습니다.

어휘 탄탄 마무리

3 '지목하다'는 '사람이나 사물을 어떠하다고 가리켜 정하다.', '바쳐지다'는 '무엇을 위해 내놓거나 쓰여지다.', '잡아당기다'는 '잡아서 자기 있는 쪽으로 끌어당기다.', '울퉁불퉁하다'는 '물체의 거죽이나 면이 고르지 않게 여기저기 몹시 나오고 들어간 데가 있다.'라는 뜻의 낱말입니다.

36

문해력 상승
읽기 전략
핵심 내용을 따라 읽으며 흐름을 정리해 보세요.

쏙쏙! 내용 정리

1 토끼, 솥 **2** 밖

3 솥뚜껑

정답

1 ⑤   **2** ①, ⑤

3 불이야, 산불이야!

4 ㉺

5 (1) ○   (2) X
(3) ○

6 ①

7 ❶ 토끼 ❷ 솥
❸ 꼬마 ❹ 사냥꾼

어휘 탄탄 마무리

1 (1) • ㉮
(2) • ㉯
(3) • ㉰

2 (1) 웬일
(2) 데
(3) 동동
(4) 함부로

3 (1) ②
(2) ①
(3) ③

- 때: 이른 아침

- 곳: 마을 근처에 있는 대장간

- 나오는 인물: 꼬마, 사냥꾼, 토끼, 참새 1, 참새 2, 참새 3, 까마귀 1, 까마귀 2, 까마귀 3 [해설] 극본어서 때, 곳, 나오는 사람, 무대와 무대 바뀜 등을 설명하는 부분

1 토끼: 아저씨, 살려 주세요! 사냥꾼이 뒤쫓아 와요. [대사] 인물이 하는 말

꼬마: 뭐, 사냥꾼이?

토끼: 절 좀 숨겨 주세요.

참새 1, 2, 3: 빨리빨리, 숨겨 주어요

까마귀 1, 2, 3: 바보 같은 꼬마, 뭘 하고 있니? 사냥꾼이 뒤쫓아 온다는데. 토끼를 도와주고 싶은 급한 마음
꼬마: 까마귀, 넌 가만히 있어!

토끼: (발을 동동 구르며) 빨리요. [지문] 괄호 안에 써서 인물의 행동이나 표정을 나타내는 부분
꼬마: (주위를 살피며) 어디다 감춰 주나……. 이것 참 야단났네.

참새 1, 2, 3: 빨리요! 저기 사냥꾼이 오고 있어요. 토끼를 도와주는 말 ①
까마귀 1, 2, 3: 솥 안에다 숨겨 주면 될 게 아니야.
핵심 ① 토끼를 숨겨 준 꼬마와 새들 토끼를 도와주는 말 ②
꼬마: 그렇군, 솥 안이 좋아. (㉠) 토끼야, 빨리 솥 안에 들어가거라!

꼬마가 토끼를 솥 안에 감추고 나자 사냥꾼이 나타난다.

2 꼬마: 솥에 물부터 길어 넣어야지. (물통을 들고 밖으로 나가다가 사냥꾼에게) 주인님이 와 계시니까 함부로 뒤지지 마셔야 해요. 사건이 바뀌는 계기

사냥꾼: 오냐. (㉡) 이상하다. 아까부터 자꾸만 아무 데나 손을 대지 말라고 하니 웬일일까? 정말 솥 안에 물이 없을까? (솥뚜껑에 손을 댄다.) 아무것도 만지지 못하게 하는 것에 의아해함.
핵심 ② 사냥꾼이 도망가게 만든 새들
참새 1, 2, 3: (숲속에서 고개를 내밀며) 불이야, 산불이야!

까마귀 1, 2, 3: (숲속에서 고개를 내밀며) 까옥까옥!

사냥꾼: 뭐, 산불? (밖으로 달려 나간다.)

핵심 ③ 토끼를 도와준 꼬마
3 꼬마, 재빨리 들어와 물통을 내려놓고 솥뚜껑을 열어 토끼를 도망치게 한다. 토끼, 달아나면서 꼬마에게 고맙다고 인사한다.

핵심 ① 토끼를 숨겨 준 꼬마와 새들
➡ 꼬마와 참새들, 까마귀들이 사냥꾼에 쫓기던 토끼를 솥 안에 숨겨 줌.

핵심 ② 사냥꾼이 도망가게 만든 새들
➡ 참새들이 산불이 났다고 말하자 솥뚜껑을 열어보려던 사냥꾼이 도망감.

핵심 ③ 토끼를 도와준 꼬마
➡ 꼬마가 솥뚜껑을 열어 토끼가 도망치게 돕고, 토끼는 고맙다고 인사함.

주제 위험에 처한 토끼를 구한 꼬마와 새들의 지혜

1 극본은 무대 위에서 공연할 것을 생각해 대사를 중심으로 쓴 문학 작품입니다.

2 꼬마는 토끼를 솥 안에 숨겨 주었습니다. 또, 사냥꾼의 말로 보아 꼬마가 사냥꾼에게 아무 데나 손을 대지 말라고 했음을 알 수 있습니다.

3 꼬마가 솥 안에 토끼를 숨겨 주었는데 사냥꾼이 솥뚜껑을 열어 보려고 하자 참새들이 산불이 났다고 하면서 사냥꾼의 시선을 돌렸습니다.

4 토끼는 꼬마의 도움으로 솥 안에 숨어서 목숨을 구할 수 있었습니다. 꼬마에게 은혜를 입은 토끼의 마음과 관련 있는 사자성어를 찾아봅니다.

| 오답 풀이 | ㉮ 입신양명(立身揚名): 꼬마나 토끼가 사회적으로 높은 지위에 오르거나 유명하게 된 상황이 아니므로 적절하지 않습니다.
㉯ 동상이몽(同床異夢): 꼬마는 토끼를 돕고, 토끼는 자신을 도와준 꼬마에게 고마워했습니다. 각각 딴생각을 하는 상황이 아니므로 적절하지 않습니다.

5 사냥꾼이 아무 데나 손을 대지 말라고 하는 꼬마의 말을 의심한 것은 맞지만 솥 안에 직접 들어가지 않았고, 사냥꾼에게 위기가 닥친 상황은 아닙니다.

6 사냥꾼이 쫓아오고 있는 긴박하고 위급한 상황이므로 꼬마가 다급한 목소리로 말하는 것이 가장 어울립니다. 또, 사냥꾼은 자꾸 손을 대지 말라고 하는 것이 이상하다고 하였으므로 머리를 갸우뚱거리는 행동이 어울립니다.

7 이 글에 나온 인물들이 한 말과 행동을 시간의 흐름에 따라 정리하여 중요 내용을 정리할 수 있습니다.

어휘 탄탄 마무리

3 (1) 잠을 자고 싶은 마음이 없어진 것이므로, ②의 뜻으로 쓰인 문장입니다. (2) 술래에게 잡히지 않게 빨리 간 것이므로, ①의 뜻으로 쓰인 문장입니다. (3) 바쁘게 살다 보니 시간이 빨리 지나간 것이므로, ③의 뜻으로 쓰인 문장입니다.

문해력 상승
읽기 전략
핵심 내용을 따라 읽으며 흐름을 정리해 보세요.

쏙쏙! 내용 정리

1 채식　2 건강
3 보호　4 균형
5 식생활

정답

1 ③　　2 ②
3 ①　　4 (1) ○
5 ㉡　　6 ㉢
7 ❶ 채식　❷ 환경
　 ❸ 영양소　❹ 변화

어휘 탄탄 마무리

1 (1) 질환
　(2) 위주
　(3) 목초지
　(4) 채식

2 (1) ● ＼ ／ ● ㉮
　(2) ● ╳ ● ㉯
　(3) ● ／ ＼ ● ㉰

3 (1) ①
　(2) ②

---

1 여러분은 어제 무엇을 먹었나요? 기름지고 열량이 높은 육류나 즉석 음식을 많이 먹지는 않았나요? 이런 고단백, 고지방의 식사 습관은 비만 등 여러 질병의 발병 위험을 증가시켜요. 또한 육류를 생산해 내는 과정이 환경에 나쁜 영향을 끼치기도 하지요. 그래서 ㉠최근 건강을 지키고 환경을 보호하기 위해 채식을 하는 사람이 많아졌어요. 채식을 하면 좋은 점을 자세히 알아보고 채식을 해요.
　글의 내용과 관련해 궁금증을 유발하는 질문 / 글쓴이의 주장

핵심 ① 근거: 채식의 좋은 점 ①
2 채식은 건강에 좋아요. 채소는 사람에게 꼭 필요한 엽록소, 철, 인과 같은 물질과 비타민을 제공해 줘요. 그래서 채소와 과일이 풍성한 식사는 질병을 감소시켜요. ㉡특히, 채소 위주의 식단은 심장 질환의 발병을 감소시켜요. 또 채소와 과일은 몸속으로 들어온 활성 산소를 없애 노화를 예방한다고 알려져 있고, 채소에 많이 들어 있는 섬유질은 변비도 예방하여 주지요.
　채소가 건강에 좋은 까닭 ① / 채소가 건강에 좋은 까닭 ②~③

핵심 ② 근거: 채식의 좋은 점 ②
3 채식을 하면 환경을 보호할 수 있어요. 현대인들은 육류를 많이 섭취하는데 『이 육류를 생산하기 위해 엄청난 양의 곡물과 물을 소비하고 있어요. 그래서 오늘날에는 ㉢방목장 건설을 위해 열대 우림을 파괴하고, 너무 많은 방목으로 인해 목초지가 사막화되고 있어요. 또 목초지와 양계장 등의 시설물에서 발생하는 오물은 흙과 물을 오염시키고, 오물 더미에서 발생하는 가스는 대기를 오염시키지요.』 『』: 육류의 생산이 환경에 끼치는 악영향

4 흔히 사람들은 채식을 하게 될 경우, 영양 불균형을 염려해요. 하지만 밭에서 나는 쇠고기라는 별명이 있는 콩은 각종 영양소로 이루어져 있어요. ㉣비타민 종류의 섭취가 조금 부족하기는 하지만 이는 다른 과일이나 음식으로 충분히 보충할 수 있어요. 균형 잡힌 채식을 하면 우리 몸에 필요한 영양소를 충분히 얻을 수 있어요.
　채식의 문제점을 보완하는 방법

5 채식을 부담스럽게 생각하는 사람도 있어요. 동물성 식품을 ㉮빼면 무엇을 어떻게 먹어야 할지 잘 모르기 때문이지요. ㉤하지만 요즈음에는 채식주의자를 위한 다양한 요리법이 개발되고 있어요. 게다가 우리 고유의 음식 중에 자연의 맛과 향을 살린 것이 많아 큰 어려움 없이 즐겁게 채식을 할 수 있어요.
핵심 ③ 주장: 채식을 하자.
채식으로 식탁 위의 작은 변화를 일으켜 건강한 식생활을 해요.

핵심 ① 근거: 채식의 좋은 점 ①	핵심 ② 근거: 채식의 좋은 점 ②	핵심 ③ 주장: 채식을 하자.
→ 채식은 건강에 좋음.	→ 채식을 하면 환경을 보호할 수 있음.	→ 채식으로 건강한 식생활을 하길 바람.

주제 채식을 통해 식탁 위의 작은 변화를 일으키자.

1 이 글은 채식의 장점을 근거로 들어 읽는 이에게 채식을 하자고 설득하는 논설문입니다.

2 4 에서 흔히 사람들은 채식을 하게 될 경우, 영양 불균형을 염려한다고 언급했습니다. 하지만 균형 잡힌 채식을 하면 우리 몸에 필요한 영양소를 충분히 얻을 수 있다고 했습니다.

3 3 에서 육류를 생산하기 위해 엄청난 양의 곡물과 물을 소비한다고 했습니다.

4 ㉮의 '빼다'는 '전체에서 일부를 없애거나 덜다.'라는 뜻의 낱말입니다.
| 오답 풀이 | (2) '옷차림을 깨끗하고 단정하게 하다.'라는 뜻입니다.
　　　　　 (3) '꼭 그대로 물려받다.'라는 뜻입니다.
　　　　　 (4) '두렵거나 싫어서 하지 않으려고 하다.'라는 뜻입니다.

5 제시된 기사문의 내용은 채식만 하는 사람들이 심장 질환으로 사망할 확률이 낮다는 것이므로, '특히, 채소 위주의 식단은 심장 질환의 발병을 감소시켜요.'와 관련이 깊습니다.

6 이 글에서 글쓴이는 '친환경적인 농사 방법을 도입하자.', '음식을 고르게 먹자.'가 아닌, '건강에 좋고, 환경을 보호할 수 있는 채식을 하자.'는 주장을 펼쳤습니다.

7 채식의 좋은 점과 채식의 문제점을 보완하는 방법을 정리한 다음 식탁 위의 작은 변화, 즉 채식을 하자는 주장을 밝혔습니다.

어휘 탄탄 마무리

3 (1) 전염병을 미리 막기 위한 행동이므로, ①의 뜻으로 쓰인 문장입니다. (2) 대통령이 외국 환경 보호 단체의 방문을 받은 것이므로, ②의 뜻으로 쓰인 문장입니다.

문해력 상승 읽기 전략

핵심 내용을 따라 읽으며 흐름을 정리해 보세요.

쏙쏙! 내용 정리

1 환자 2 농부
3 문 4 의사

정답

1 ㉯ 2 ②
3 ④ 4 ②
5 ①
6 (1) 정직한
  (2) 인정이 많은
7 ❶ 병원비 ❷ 퇴원
  ❸ 농부 ❹ 차비

어휘 탄탄 마무리

1 (1) ㉮ (2) ㉰
  (3) ㉯ (4) ㉱
2 (1) 모내기
  (2) 차비
  (3) 인심
3 (1) 쥐어 (2) 지고

---

1 "선생님, 106호 환자가 간밤에 사라졌습니다."

의사 선생님은 멋쩍게 웃으며 간밤의 일을 고백하였습니다.

<u>환자가 사라진 까닭을 이미 알고 있어서</u>
2 병원에 한 농부가 입원을 하였습니다. <u>농부는 건강을 회복하고도 퇴원을</u>
<u>간밤에 사라진 106호 환자</u>
할 수 없었습니다.

"이 돈을 다 어찌 갚누."

<u>워낙 가난한 형편이라 병원비를 낼 엄두가 나지 않았던 것입니다.</u> 그렇다
<u>농부가 처한 상황</u>
고 언제까지 ㉠손 놓고 있을 수 없는 노릇이었습니다. 생각다 못한 농부는
의사를 찾아가 말하였습니다.

핵심 ① 의사 선생님에게 부탁한 농부
"선생님, 이제 곧 모내기를 해야 하는데, 병원비를 다 내야 집에 갈 수 있다
고 하더군요. 저희 집은 제가 있어야 농사를 짓습니다. 선생님, 제가 돈을
벌어서 꼭 갚을 테니 제발 퇴원시켜 주시면 안 될까요?"
<u>농부의 정직한 성격을 알 수 있음</u>
3 농부의 사정을 딱히 여긴 의사 선생님은 이러한 제안을 하였습니다.

"그럼 이렇게 합시다. 내가 밤에 문을 열어 놓을 테니 살짝 도망치세요."

마치 남의 병원 의사처럼 인심을 쓰는 말에 농부는 깜짝 놀랐습니다.
<u>의사가 자기 병원인데도 돈을 받지 않고 농부를 도망가게 해 준다고 해서</u>
"그래도 그건……."

핵심 ② 농부를 도와준 의사 선생님
"생각해 보십시오. 돈이 없으니 퇴원은 힘들 테고. 그렇다고 병원에 있으면
가족이 배를 곯아야 하니 가족을 위하여 몰래 도망이라도 쳐야지요."

"네, 그런데……."

4 그날 밤, 의사 선생님은 농부와 약속한 대로 직원들이 퇴근한 틈을 타 병
원 뒷문을 열어 두었습니다. 그리고 머뭇거리는 농부의 손에 따로 마련한 돈
을 쥐어 주기도 하였습니다.
<u>병원비를 받지 않으면서 차비까지 준 인정 많은 의사 선생님</u>

"이거 얼마 안 됩니다. 차비라도 하세요."

농부는 고마움의 눈물을 흘렸습니다.
<u>의사 선생님의 따뜻한 마음에 감동해서</u>

핵심 ① 의사 선생님에게 부탁한 농부

➡ 한 농부가 돈을 벌어서 갚을 테니 퇴원시켜 달라고 부탁함.

핵심 ② 농부를 도와준 의사 선생님

➡ 의사 선생님은 병원 뒷문을 열어 두어 농부가 도망칠 수 있게 해 줌.

주제 다른 사람을 생각하는 따뜻한 마음을 가진 의사 장기려

1 이 글을 읽어 보면, 어려운 형편의 농부를 도와주기 위해 병원 뒷문을 열어 주었던 장기려 의사 선생님의 행동을 통해 다른 사람을 생각하는 따뜻한 마음을 알 수 있습니다.

2 농부는 워낙 가난한 형편이라 병원비를 낼 엄두가 나지 않았다고 했습니다. 그래서 의사 선생님을 찾아가 돈을 벌어서 꼭 갚을 테니 제발 퇴원시켜 달라고 부탁했습니다.

3 **3**에서 농부는 마치 남의 병원 의사처럼 인심을 쓰는 의사 선생님의 말에 깜짝 놀랐다고 했습니다.

4 '손을 놓다'는 '하던 일을 그만두거나 잠시 멈추다.'의 뜻을 가진 관용 표현이므로 ㉠은 '가만히 있을 수 없는.'이라는 뜻입니다.

5 이어지는 내용을 보면, 환자가 스스로 도망간 것이 아니라 의사 선생님의 권유로 간밤에 사라진 것이므로, 이런 사정을 이미 다 알고 있어 멋쩍게 웃었다는 것을 짐작할 수 있습니다.

6 이 글에서 농부는 자신의 처지를 의사 선생님에게 정직하게 말했습니다. 그리고 의사 선생님은 가난한 농부의 형편이 어떠한지 헤아린 다음 인정을 베풀었습니다.

7 일이 일어난 차례에 따라 중요한 내용을 정리하고, 의사 선생님의 행동을 통해 본받을 수 있는 점을 생각해 봅니다.

어휘 탄탄 마무리

3 '놀잇감을 손에 쥐다.', '지게를 등에 지다.'와 같이 표현하는 것이 알맞습니다. 발음이 비슷해서 혼동하기 쉬운 낱말의 의미를 정확하게 기억하여 사용하도록 합니다.

문해력 상승
읽기 전략
핵심 내용을 따라 읽으며 흐름을 정리해 보세요.

쏙쏙! 내용 정리

1 할머니, 하루

정답

1 ②　　2 ②
3 ⑤　　4 폐지
5 시경
6 (1) ㉮　(2) ㉯
　(3) ㉰
7 ❶ 결석　❷ 물수건
　❸ 이불　❹ 할머니

어휘 탄탄 마무리

1 (1) ――――― ㉮
　(2) ＼ ／ ㉯
　(3) ／ ＼ ㉰
　(4) ――――― ㉰
2 (1) 종일
　(2) 조용히
　(3) 곁
3 구제하기

딱 하루만 더 아프고 싶다
정연철

1
㉠ 하루 종일
골목골목 돌아다니며
손수레에 폐지 담는 할머니
　할머니께서 하시는 일
내가 감기 몸살로 결석하자
핵심 ① '나'를 보살펴주시는 할머니
일도 안 나가고

㉡ 물수건으로 얼굴 닦아 주고
죽 먹여 주고
약 먹여 주고
이불까지 덮어 주고는
곁에서 걸레로
조용히 방을 닦는다

할머니 나 먹여 살리려면
일 나가야 하는데
㉢ 핵심 ② 할머니와 함께 있고 싶은 '나'
딱 하루만 더
아프고 싶다

・㉠: 고생하시는 할머니의 모습을 알 수 있는 부분
・㉡: 아픈 '나'를 위해 할머니께서 하신 일을 알 수 있는 부분
・㉢: '나'의 마음을 알 수 있는 부분

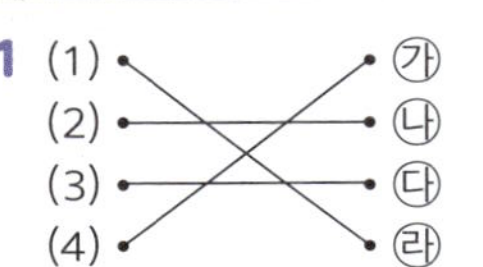

핵심 ① '나'를 보살펴주시는 할머니
→ 아파서 결석한 '나'를 위해 할머니께서 일도 안 나가고 곁에서 간호해 주심.

핵심 ② 할머니와 함께 있고 싶은 '나'
→ 할머니는 일 나가셔야 하시만 '나'는 딱 하루만 더 아프고 싶음.

주제　할머니와 손주의 각별한 사랑

1 이 글은 말하는 이가 하루 동안 있었던 일을 노래한 시로, 할머니와 함께 있고 싶어 하루 더 아프고 싶은 마음이 직접 드러나 있습니다.

2 시의 4행에서 말하는 이가 처한 상황을 직접 나타냈습니다.
| 오답 풀이 | ① 말하는 이는 감기 몸살로 결석했습니다. 꾀병인지는 드러나 있지 않습니다.
③ 할머니께서 아픈 말하는 이를 돌봐 주고 계십니다.
④ 할머니께서 손수레에 폐지를 담는다고 하였지만, 말하는 이가 도왔는지는 알 수 없습니다.
⑤ 할머니께서 아픈 말하는 이 곁에서 걸레로 방을 닦으셨습니다.

3 말하는 이의 곁에서 방을 조용히 닦으신 것이 할머니께서 말하는 이를 대신해 하신 일이라고 보기는 어렵습니다.

4 시어란, 시에 쓰인 말입니다. 제시된 두 가지 단서를 통해 '이 시어'는 '폐지'를 가리킨다는 점을 알 수 있습니다.

5 준수는 시를 읽고 시의 장면을 떠올려 말했고, 현아는 자신의 경험과 비교하여 말했습니다.

6 시의 장면마다 말하는 이의 마음이 잘 드러나 있습니다. 말하는 이가 할머니에 대해 어떤 마음일지 짐작합니다.

7 이 글은 할머니께서 폐지를 주워야만 생계가 유지되는데도 일을 나가지 않고 아픈 손주를 돌보는 모습을 통해 손주에 대한 할머니의 사랑을 느낄 수 있는 시입니다.

어휘 탄탄 마무리

3 '살리다'는 '잃어 가던 생명을 다시 지니게 하다.'라는 뜻의 낱말입니다. '구제하다'는 '자연적인 재해나 사회적인 피해를 당하여 어려운 처지에 있는 사람을 도와주다.'의 뜻을 가지고 있으므로, '살리다'와 바꾸어 쓸 수 있습니다.

하루 한장 문해력 향상 프로젝트

하루한장 어휘

구 성 1~6학년 단계별 [6책]

콘셉트 문해력의 기초를 다지는 초등 필수 어휘 학습서

키워드 필수 어휘 익히기

하루한장 독해＋ 플러스

구 성 1~6학년 단계별 [6책]

콘셉트 본격적인 독해 훈련으로 실전 문해력을 높이는 독해 실전서

키워드 실전 문해력 높이기

하루한장 독해

구 성 1~6학년 단계별 [6책]

콘셉트 교과서와 연계된 읽기 목표를 바탕으로 기본 문해력을 다지는 독해 기본서

키워드 기본 문해력 다지기

하루한장 독해 비문학 독해

구 성 1~6학년 단계별 [사회편 6책, 과학편 6책]

콘셉트 사회·과학 교과 연계 읽기로 교과 공부력과 문해력을 확장하는 독해 심화서

키워드 비문학 독해력 강화하기

www.mirae-n.com

학습하다가 이해되지 않는 부분이나 정오표 등의 궁금한 사항이 있나요?
미래엔 홈페이지에서 해결해 드립니다.

교재 내용 문의
1:1 문의 | 자주하는 질문

교재 자료 및 정답
동영상 강의 | 쌍둥이 문제 | 정답과 해설 | 정오표

초등학교

학년	반	이름

하루한장 쏙셈

쏙셈 시작편
초등학교 입학 전 연산 시작하기
[2책] 수 세기, 셈하기

쏙셈
교과서에 따른 수·연산·도형·측정까지 계산력 향상하기
[12책] 1~6학년 학기별

쏙셈+플러스
문장제 문제부터 창의·사고력 문제까지 수학 역량 키우기
[12책] 1~6학년 학기별

쏙셈 분수·소수
3~6학년 분수·소수의 개념과 연산 원리를 집중 훈련하기
[분수 2책, 소수 2책] 3~6학년 학년군별

하루한장 한국사

큰별★쌤 최태성의 한국사
최태성 선생님의 재미있는 강의와 시각 자료로
역사의 흐름과 사건을 이해하기
[3책] 3~6학년 시대별

하루한장 한자

그림 연상 한자로 교과서 어휘를 익히고 급수 시험까지 대비하기
[4책] 1~2학년 학기별

하루한장 급수 한자

하루한장 한자 학습법으로 한자 급수 시험 완벽하게 대비하기
[3책] 8급, 7급, 6급

하루한장 ENGLISH BITE

ENGLISH BITE 알파벳 쓰기
알파벳을 보고 듣고 따라쓰며 읽기·쓰기 한 번에 끝내기
[1책]

ENGLISH BITE 파닉스
자음과 모음 결합 과정의 발음 규칙 학습으로
영어 단어 읽기 완성
[2책] 자음과 모음, 이중자음과 이중모음

ENGLISH BITE 사이트 워드
192개 사이트 워드 학습으로 리딩 자신감 키우기
[2책] 단계별

ENGLISH BITE 영문법
문법 개념 확인 영상과 함께 영문법 기초 실력 다지기
[Starter 2책 , Basic 2책] 3~6학년 단계별

ENGLISH BITE 영단어
초등 영어 교육과정의 학년별 필수 영단어를
다양한 활동으로 익히기
[4책] 3~6학년 단계별